미국 패권 연구

미국 패권 연구

백창재 지음

인간사랑

이 저서는 2006 정부(교육과학기술부)의 재원으로 한국학술진흥재단의 지원을
받아 수행된 연구임(KRF-2006-812-B00007)

서문

박사논문을 준비하던 시절부터 필자는 미국이라는 나라와 미국의 대외적 패권, 그리고 국제질서의 변화에 대해 천착해 왔다. '미국의 세기'였던 20세기는 물론이고, 21세기 국제질서의 성격 역시 미국과 미국 패권의 변화를 빼놓고는 생각하기 힘들기 때문이다. 이 책은 이에 대한 지난 20년간의 연구를 중간 결산한 작업이다.

이 책의 원고가 출판과정에 있는 동안 미국발 금융위기가 전 세계를 엄습했다. 많은 이들이 대공황의 재림을 두려워하고 있는 가운데 위기에 놓인 국제질서와 미국에 관해 논의가 분분하다. 금융위기를 몰고 온 미국에 대한 비난뿐 아니라, 신자유주의 국제질서의 붕괴 시나리오나 케인즈주의의 부활 가능성, 그리고 미국 패권의 몰락과 새로운 패권의 부상까지 점쳐지고 있다. 2008년 미국 대선에서 오바마가 승리하자 미국의 극적인 변화 가능성도 제기된다.

지금 이 시점이 세계와 미국에게 중대한 기로임은 분명하다. 또 다양한 가능성과 시나리오들이 제시되는 것도 당연하다. 하지만 이 시점일수록 간과하지 말아야 할 점이 두 가지 있다.

하나는 패권국으로서 미국이 지닌 힘의 '크기'에 관한 것이다. 이번 경제위기가 미국 경제력의 쇠퇴를 드러냈거나 가져오리라는 '기대'와는 다르게 이 경제위기야말로 세계 경제에 대한 미국 경제의 압도적 영향력을 다시 한 번 절감하게 만들고 있다. 미국 주택시장의 버블 붕괴로부터 전 세계적 규모의 금융위기와 실물위기가 파급되었다는 사실뿐만 아니라 경제위기 해결의 관건이 미국 경제의 복구에 있다는 점을 감안해도 그렇다. 미국 패권을 구성하는 다양한 차원의 힘 중 가장 취약한 것으로 평가되는 경제력에 있어서도 미국이 지닌 힘은 경이로운 수준인 것이다.

다른 하나는 국제질서에 대한 패권국 미국의 관리방식에 관한 것이다. 이렇게 압도적인 힘을 지닌 패권국의 주도 혹은 최소한의 협조 없이 국제질서의 근본적 치유는 불가능하다. 과연 미국은 일정한 희생과 부담을 감수하면서 기존 국제안보질서와 국제경제질서의 근본적 재편을 이끌 것인가? 과연 미국은 신자유주의와 세계 금융의 근본적 변형을 원할 것인가? 과연 오바마 정부는 미국을 '변화'시킬 수 있을 것인가? 긍정적인 전망을 하기에 미국 패권은 너무 '미국적'일 수 있다.

이 책의 2장에서부터 6장까지는 여러 매체에 발표된 글을 수정한 것이다.* 출판을 허락해 준 세종연구소, 극동문제연구소, 서울대학교 국제지역연구소, 오름 출판사에 감사드린다. 또한 꼼꼼하고 신속하게 교정작업을 도와준 서울대학교 정치학과 석사과정의 이소정 양에게 고마움을 표하며, 인간사랑 편집진의 탁월한 편집에도 감사드린다.

2008년이 저무는 즈음에 관악에서
백창재

---

* "패권의 부침과 국제질서 : 팩스 브리타니카, 팩스 아메리카나, 그리고 그 이후", 오기평 편, 『21세기 미국 패권과 국제질서』, 오름, 2000, pp. 99－152 ; "패권과 국제 정치경제질서 : 패권안정론의 비판적 평가", 『국제 · 지역연구』, 12 : 1 (2003), pp. 1－20 ; "쇠퇴기 패권국 대외경제정책의 국내정치적 기반", 『한국과 국제정치』, 17 : 2 (2001), pp. 1－37 ; "금융세계화와 미국 : 국가, 패권, 자본", 『국가전략』, 12 : 3 (2006), pp. 37－72 ; "미국 외교정책의 일방주의의 기반", 『국가전략』, 9 : 1 (2003), pp. 111－134.

★★★ 목차 ★★★

서장

미국 패권과 국제질서

이 연구는 미국 패권의 성격을 분석하고 이를 기반으로 미국의 대외정책과 국제질서에 대한 영향을 가늠해 보는 데 목적이 있다.

주지하듯이 현재의 국제질서는 관점에 따라 다양하게 규정될 수 있다. 탈냉전(post Cold War), 세계화(globalization), 단극(unipolarity), 탈근대(postmodernity), 신중세(neo-medievalism), 팩스 아메리카나(pax Americana) 혹은 글로벌 거버넌스(global governance) 등이 그것이다. 이러한 다양한 성격 중 힘의 분포, 즉 미국의 압도적 힘의 우위를 본 연구에서는 가장 근본적인 요인으로 간주한다. 다른 변화들의 방향과 폭 및 속도를 결정할 추동력이 미국 패권의 존재와 그 행사 방식에서 나오기 때문이다.

이러한 관점은 국제관계의 역사와 현실에 의해 쉽게 정당화될 수 있다. 예컨대 19세기 자유주의 질서는 영국 패권의 존재와 역할에 의해 수립되고 변화되었다. 제2차 세계대전 이후 내장형 자유주의(embedded liberalism) 질서와 냉전질서의 수립·유지·변화 과정 역시 미국 패권을 제외하고는 설명하기 어렵다. 마찬가지로 신자유주의와 세계화의 추이, 그리고 탈냉전 이후 국제안보질서의 변화는 압도적인 힘의 우위를 지니고 있는 "미국" 변수로 가늠할 수 있는 것이다.

이 책의 제2장에서는 대표적인 패권국으로 평가되는 19세기 영국과 제2차 세계대전 이후 미국의 사례를 비교·분석한다. 우선 두 패권국이 실제 얼마나 압도적인 힘의 우위를 지녔었고, 이 힘을 바탕으로 어떻게 국제질서를 관리했는지 살펴본다. 특정한 국제질서가 수립·유지되고 변화하는 데 패권국의 존재가 얼마나 중요한지를 보이려는 것이다. 이 장의 결론 부분에서는 두 패권국과 패권질서를 비교하여 유사성과 상이성을 검토한다. 국제질서를 관리하는 역할을 수행했다는 면에서는 유사하지만, 힘의 성격과 국제질서의 성격에 있어서 미국은 영국과 크게 다르다는 점에 주목하기 위해서이다. 따라서 미국 패권의 '미국적' 요인을 고려해야 할 필요성이 제기된다.

사실 패권(hegemony)에 대해서는 그간 많은 연구가 이루어졌다. 역사적으로는 19세기 팩스 브리타니카(pax Britanica)와 영국 패권의 부침에 관해 연구되어 왔고, 제2차 세계대전 이후 미국의 패권적 역할에 대한 연구들도 진행되어 왔다. 이론적으로는 1970년대 이후 국제관계학에서 다양한 이론들이 개발되었다. 국제체계의 안정성과 패권 간의 연관성을 설정했던 패권안정론(hegemonic stability theory)이

선구적인 이론이며, 국제체계의 변화를 패권의 교체로 파악하는 이론도 개발되었다. 또한 최근에는 그람시의 헤게모니 개념을 국제체계에 적용하는 패권 이론도 제시되고 있다.

문제는 서구 학계의 기존 패권 이론들이 가치편향성과 개념적 모호성을 지니고 있어서 패권과 연관된 국제질서의 현실을 제대로 설명하지 못한다는 데 있다. 예컨대 패권안정론은 미국 패권의 정당성을 전제하고 있어서 패권이 국제 공공재를 공급하는 역할을 수행한다고 단정한다. 또한 그람시적(Gramscian) 패권 이론은 패권의 전제로 구성국들의 동의를 강조한다. 그러나 기존 이론들을 입증하기 위해 수행된 연구들에서 드러나듯이, 패권국이 적극적으로 패권 역할을 수행하여 국제 공공재를 공급하거나 구성국들의 동의를 이끌어낸 경우는 역사적으로 오히려 예외적인 경우에 속한다. 압도적 자원을 지니고 있으면서 패권적 역할을 하지 않은 경우도 있고, 자국의 이익만을 관철하거나 일방주의(unilateralism)적으로 행동함으로써 국제질서를 불안정하게 만든 경우도 있다. 또 국제질서를 안정시키려고 했으나 국내외적 이유로 성공하지 못한 경우도 허다하다. 기존 이론으로는 패권 역할의 포기 또는 실패나 약탈적 패권화, 일방주의적 패권 행사 등의 역사와 현실을 설명하지 못하는 것이다.

이런 맥락에서 패권국의 행동 논리를 규명하는 적실성 있는 대안적 이론의 모색이 시급하다. 패권과 패권적 국제질서의 독특한 성격으로부터 패권국의 행동을 설명하는 이론이 필요한 것이다. 이와 더불어 탈냉전 이후 유일 초강대국이 된 미국의 행동을 설명하기 위해서는 이러한 이론적 기반 위에서 미국 패권의 특성, 곧 '미국적' 요소에 대한 고려를 추가해야 할 것이다. 제3장에서는 이를 위한 이론적 작업을 수행한다.

먼저 패권의 개념은 압도적 힘의 보유로 규정하며, 강대국과 패권국을 가르는 기준은 구조적 힘의 보유로 설정한다. 패권국은 안보, 생산과 무역, 통화, 금융, 지식 등 국제체계의 제 영역에서 상대적으로 압도적인 힘을 보유하고 있으며, 이 전용가능한(fungible) 힘을 사용하여 각 영역에서의 질서를 유지하거나 변화를 거부 혹은 주도하는 패권정책을 수행한다고 보는 것이다. 압도적인 물리적 힘은 다양한 패권 능력(hegemonic capability)으로 발현될 수 있다. 수수방관하거나, 기존 질서를 적극적으로 수호 · 유지하거나, 물리력의 변화에 따른 국제질서의 변화를 거부 · 저지하거나 혹은 새로운 질서로 변환시킬 수 있는 능력이다. 이 능력에 따라 패권국은 패권을 행사하여 국제질서에 영향을 미치며, 이 능력을 더 이상 행사하기 어려워질 때 패권은 쇠퇴한다.

자원의 압도적 우위가 어떠한 능력으로 발현되는지에 중대한 영향을 미치는 것은 패권국의 국가가 지닌 대내적 · 대외적인 정치적 능력(political capacity)이다. 즉, 특정한 방식의 패권 수행을 위해서는 대내적으로는 국내 사회집단들에 대해, 그리고 대외적으로는 다른 구성국들에 대해 특정한 정책을 독립적으로 결정하여 지지를 얻고, 이에 필요한 자원을 추출하고 이를 따르도록 규제할 수 있는 정치적 능력이 있어야 하는 것이다. 예컨대 대외적 승인 능력과 규제 능력이 강하고 대내적 승인 · 추출 · 규제 능력에 큰 문제가 없는 패권국이라면 패권질서에 필요한 정책들을 수립하고 집행하는 데 효율적일 수 있다. 제2차 세계대전 직후 냉전질서와 브레튼 우즈 체제를 수립한 미국의 경우가 이에 해당될 것이다. 대외적 능력이 어느 정도 약화되어도 대내적 승인 · 추출 · 규제 능력이 강하다면 기존 질서를 유지하는 데 성공적일 수 있을 것이다. 역으로 대내적 능력이 약화되었음에도 불구하고 대외적 승인 · 추출 · 규제 능력이 여전한 경우에도 기존 정책을 유지할 수 있다. 1960년대 중반까지의 미국이 이에 해당된다. 그러나 대내적 승인 · 추출 · 규제 능력이 취약해지는 한편, 대외적 합의와 지지를 끌어내지 못한 채 대외적 추출과 규제에 과도하게 의존하는 경우 기존 질서의 유지를 위태롭게 할 수 있다. 1960년대 후반 이후 미국의 패권 행사 방식이 이와 유사한 것처럼 보인다. 이와 같이 패권국의 국가가 지닌 정치적 능력과 그 구성상의 변화가 패권 행사 방식의 변화를 설명할 수 있는 것이다.

이러한 관점에서 본 연구는 국가 행동 이론 (theory of state action)에 기반하여 "국가의 정치적 능력"(state's political capacity)을 강조한다. 이는 물리적 힘의 자원이나 능력을 무시하는 것이 아니다. 오히려 본 연구는 패권의 기준을 압도적 물리력으로 단순화하고 있다. 다만 기존의 현실주의자들이 국가의 힘을 단순히 군사력이나 경제력으로 측정되는 힘의 자원에만 초점을 둠으로써 물리적 능력이 유사한 경우에도 존재할 수 있는 패권 능력 발현 방식의 차이나 그 변화의 역동성을 파악하지 못하는 점을 극복하려는 것이다. 이를 위해 패권 능력의 개념이 도입되었고, 그 차이를 설명하기 위한 설명변수로 국가의 정치적 능력에 초점을 둔다.

"국가의 정치적 능력"이란 신현실주의의 자원론에서 언급하듯 잠재적 힘(potential power)을 현실적 힘(actual power)으로 파악하는 것이 아니라, 행위자들의 관계 속에서 실제로 힘이 발현되는 방식과 전략을 강조한다는 점에서 신현실주의와 차이가 있다. 또한 그람시주의자들과 달리 단순히 "상대의 동의 유무"를 강조하는 것과 달리, 이 개념은 철저히 상호 간의 긴장과 투쟁을 통해 힘이 약화되거나 강화되는 변화를 설명하고자 한다. 즉, 국가의 정치적 능력이란 철저히 상대적 관계 간에 힘이 행사되는 과정에서 발현되는 정치적 능력과 전략을 의미한다. 이를 위해 본 연구는 보다 세밀하게 세 가지 차원의 국가 능력, 즉 승인 능력, 추출 능력, 규제 능력을 분석한다.

나아가 본 연구는 기존의 이론들이 단순히 패권의 대외적 측면과 대내적 측면을 분리하여 한쪽 측면만을 분석한 것에 대해 비판하고 위의 "국가의 정치적 능력"을 규정하는 세 가지 차원의 기준들(승인, 추출, 규제)을 대내외적 관계에 동시에 적용하고자 한다. 따라서 패권을 설명함에 있어 이론의 엄밀성을 가질 뿐만 아니라, 각 차원에서의 상대적 능력의 발현 방식과 덧붙여 대내외적 능력 발현의 연계 메커니즘을 파악함으로써 패권이 행사되는 메커니즘과 그것이 창출한 체제 성격의 역동적 변화를 파악할 수 있다고 본다.

이러한 '패권국 국가 행동 이론'(theory of hegemonic state action)을 기반으로 제2차 세계대전 이후 미국 패권의 정책 변화를 설명하기 위해 '미국적' 요소가 분석틀에 추가된다. 우선 미국이 지닌 자원의 변화와 패권 유지 비용의 변화가 고려된다. 제2차 세계대전 직후의 예외적 상황에서 미국이 지녔던 전례 없이 압도적인 힘의 우위와 국제질서의 수립에 투입된 자원의 양, 그리고 이후 이러한 예외적 상황이 해소되면서 상대적으로 더욱 조달이 힘들어진 패권 유지 비용이 국가의 추출 능력에 중대한 제약 조건으로 작용하고 있다는 것이다. 또한 미국 패권의 수립 이후 물질적 능력의 상대적 우위가 계속 변화하고 있다는 점 역시 중요하다. 주지하듯이 탈냉전 이후에는 미국의 군사력은 훨씬 강화되어 왔고, 경제력에 있어서는 상대적 우위가 크게 줄어들고 있다. 이같은 물질적 능력의 변화가 미국 패권의 특정한 수행 방식에 기회와 제약을 제공한다. 둘째는 국가의 내적 취약성의 기반이 되는 미국의 정치제도이다. 사회세력의 침투가 용이한 정치제도로 인해 사회로부터 독립적으로 정책결정을 하고 이에 대한 지지를 동원하는 국가의 능력이 취약한 것이 패권정책의 효율적 수립과 수행에 제약이 될 수 있다는 것이다. 셋째는 이데올로기로서 미국 대외정책에 지속적으로 영향을 미치고 있는 '미국 예외주의'(American exceptionalism)이다. 미국이 다른 나라와 다르고 우월하다는 미국 중심주의로서 예외주의는 세계주의(cosmopolitanism)를 요구하는 패권정책과 상충되며, 일방주의적 정책을 유도함으로써 승인과 규제 능력에 문제를 야기할 수 있다.

제2부에서는 이러한 분석틀을 적용하여 구체적 사례들을 분석한다. 먼저 제4장에서는 1988년 종합무역법(Omnibus Trade Act of 1988)

을 분석한다. 1988년 종합무역법은 국제체계의 생산과 무역 영역에서 미국의 상대적 힘이 크게 쇠퇴하던 1980년대에 이에 대한 대응으로 국제무역질서를 재편한 정책 선택이었다. 즉, 쇠퇴하던 패권국 미국이 GATT 체제를 WTO 체세로 변경함으로써 국제무역질서를 보다 개방적 질서로 재편했던 것이다. 이는 패권안정론자들의 예측과 상반되는 결과이며, 19세기 말 영국의 선택과도 다르다. 경제적 쇠퇴를 맞아 영국은 19세기 말부터 20세기 초반까지 이에 대한 대응을 두고 국내 정치투쟁이 벌어졌고, 그 결과 자유무역질서를 고수했던 것이다. 이러한 차이를 이 장에서는 사회세력들의 대립 양태와 정치제도의 차이로 설명한다.

제5장에서는 브레튼 우즈(Bretton Woods) 통화체제를 사례로 하여 미국의 국가 능력 변화가 국제질서에 대한 미국의 정책 선택을 제약하고, 그 결과 특정한 패권정책과 국제질서가 초래될 수 있음을 분석한다. 즉, 앞의 분석틀에서 제시했던 대내적 · 대외적 승인 · 추출 · 규제 능력의 변화에 따라 미국의 국가가 국제통화질서에 대해 특정한 정책을 선택하게 되었음을 보이려는 것이다. 고정환율과 금-달러 본위제로 특징지어지는 브레튼 우즈 통화체제는 1960년대까지는 서구와 미국 양측에게 호혜적이었고 비교적 안정적이었다. 서구에게는 전후의 복구와 번영, 그리고 안보를 가져다 주었고 미국에게는 주조권(seigniorage)이라는 특권을 가져다 주었던 것이다. 미국이 해외에서 지불하고 서구 각국이 이를 지불준비금으로 보유하는 데서 생기는 주조권은 미국의 냉전 군비지출, 곧 패권 유지 비용의 주된 조달창구

로 기능했다. 1960년대 중반 이후 국내적으로 '위대한 사회' (Great Society)의 뉴딜 정책과 대외적으로 베트남 전쟁을 장기간 치르게 되면서 패권정책을 위한 자원의 국내적 추출이 어렵게 되자 미국은 주조권을 통한 대외적 추출에 더욱 의존하게 되었다. 서구 국가들에 대한 부담이 점점 가중되면서 브레튼 우즈 통화체제를 유지하기 위한 합의가 붕괴되기 시작했던 것이다. 한편, 국가의 해외지출을 지속하기 위해서는 미국 국내 자본의 해외지출을 막아야 하는데, 해외지출에 대한 국가와 자본 간의 경쟁도 국가의 패배로 귀결되었다. 이러한 상황에서 국가는 국내적으로나 대외적으로 국제통화질서에 대한 어떠한 독립적 정책을 수립할 수 없었고, '수수방관' (benign neglect) 정책 끝에 마침내 1971년 '닉슨 선언' 으로 브레튼 우즈 체제는 막을 내리게 되었다. 요컨대 패권국 미국의 국내 추출 능력의 위축, 대외 추출의 강화와 이에 대한 저항, 국내 규제 능력의 상실, 국내적 · 대외적 승인 능력의 부재로 이어지는 국가 능력의 변화로 인해 국제통화체계에 대한 패권국 미국의 정책이 변화해 갔다는 것이다.

제6장은 '미국적' 요소로 주목했던 미국 예외주의 국가 이데올로기와 침투성 높은 정치제도가 패권국 미국의 대외정책을 일방주의(unilateralism)적으로 이끌 수 있다고 진단한다. 냉전종식 후 정치 · 군사적으로 유일한 초강대국이자 경제적으로도 부활한 패권국으로서 미국은 미국 중심의 단극질서를 지속시키는 것이 가장 중대한 국가 이익이다. 이를 실현하려면 미국은 국제체계의 각 영역에서 압도적인 힘의 우위를 유지하면서 국제체계를 관리해 나가야 한다. 그러

나 냉전 1990년대 이후 포괄적 핵실험 금지조약과 같은 안보 영역은 물론 기후협약과 인구문제 등에 이르기까지 미국은 국제문제의 해결에 오히려 걸림돌이 되어 왔고, 테러와의 전쟁 역시 일방주의적으로 벌이고 있다. 미국의 일방주의적 내외징책은 행정부에 따라 변하거나 테러의 충격 등 일시적인 것이 아니라 건국 이후 지속되어 왔던 미국적 특성이다. 국내 사회세력의 침투성이 높은 정치제도 때문에 대외정책에서도 국제적 공동의 이익보다 국내 사회세력과 집단들의 이익이 우선하는 점, 그리고 중대한 외교정책 결정기마다 동원되는 미국 우선, 미국 중심의 예외주의 이데올로기로 인해 대외정책에서도 국제적 가치와 합의보다 자국의 가치가 우선하는 점이 일방주의로 이끌고 있는 것이다.

이 두 가지 미국적 특성이 지속적으로 미국의 대외정책을 일방주의적으로 정향시키고 있다는 점은 앞에서 살펴본 자원의 변화와 국가 능력의 변화와 더불어 패권국 미국과 국제질서에 대한 우려를 불러일으킨다. 막대한 패권 유지 비용, 경제력의 상대적 쇠퇴와 압도적인 군사력, 대내적 능력의 약화, 일방주의적 정책의 가능성과 이로 인한 대외적 승인 능력의 위축 등을 감안하면 미국의 정책 선택이 점점 더 외길로 들어서고 국제질서의 각 영역에 대한 관리가 보다 어려워질 수 있기 때문이다.

제1부 역사와 이론

- 패권의 부침과 국제질서의 변화
- 패권 이론의 모색

제2장

패권의 부침과 국제질서의 변화

패권의 개념과 패권과 국제질서와의 연관성에 대한 이론적 논의에 앞서 역사적으로 존재했던 패권의 전개과정들을 살펴보자. 사회과학의 방법론적 속성상 가능한 한 많은 사례의 분석과 비교가 필수적이다. 즉, 역사적으로 패권적 존재로 간주될 수 있는 포르투갈, 네덜란드, 영국, 미국 등의 사례를 모두 검토하여 유사성과 상이성을 분석해야 하는 것이다.

문제는 대부분의 사회과학자들이나 패권이론가들과 마찬가지로 필자의 역사적 지식이 매우 제한적이며 이미 해석된 이차자료에 의존할 수밖에 없다는 점이다.[1] 따라서 두 가지 한계가 불가피하다. 하나는 사례의 수를 제한하는 것이며, 다른 하나는 기존 연구들을 논리적 일관성을 지니고 나름대로 재구성하는 것이다. 이같은 한계 하에서 19세기 영국과 제2차 세계대전 이후 미국의 패권을 비교분석하는 연구전략을 취했다.

중요한 논의는 크게 세 부분으로 구성되었다. 우선, 기존 연구들을 재구성하여 영국과 미국의 패권과 패권적 국제질서의 모습을 각각 기술한다. 이를 바탕으로 양 사례의 비교분석을 통해 미국 패권의 성격을 규명하며, 미국 패권의 장래를 전망하는 데 필요한 요인들을 제시한다.

영국 패권과 국제질서

영국 패권의 대두

18세기와 19세기를 가르는 대전쟁이 끝난 뒤 영국은 유럽에서 가장 강력한 국가로 떠올랐고, 영국의 군사적 · 경제적 우위는 19세기 후반에 이르기까지 지속 · 강화되었다. 1900년 당시 영국은 역사

1_ 이러한 방법론적 한계는 앞장과 이 장에서 언급되는 거의 모든 학자들이 공통으로 지니고 있고, 심지어 세계체제론자들도 예외가 아니라고 볼 수 있다. 다만, 영국과 미국의 비교에 연구가 집중된 것은 근대 자본주의 세계 경제의 개방화를 이끌어냈다는 점에서 이 둘만이 '비교될 수 있는'(comparable) 것이기 때문이다.

상 유례 없던 대제국을 건설하여 5대양 6대주에 걸쳐 약 1,200만 평방마일의 땅과 세계 인구의 4분의 1을 지배하는 '해가 지지 않는 나라'였다(Kenney 1987). 뿐만 아니라 영국은 '세계의 공장'이자 '세계의 은행'이었고, 다른 나라들에게 발전의 방향과 모델을 제시했다. 이런 의미에서 많은 사람들이 19세기를 '영국의 세기' 혹은 '팩스 브리타니카'(*Pax Britanica*)의 시기로 간주한다.

나폴레옹 전쟁에서 승리하면서 영국이 유럽의 최강대국으로 떠올랐다든가, 압도적인 해군력을 바탕으로 전 세계의 식민지와 통상망을 구축했으며, 가장 먼저 산업혁명을 이루어내면서 19세기 중반 경제적 패권을 이룩했다는 점 등에는 이론의 여지가 없다. 그러나 영국의 힘에 대한 평가는 과장된 부분도 많고, 19세기 중 큰 폭의 변화가 있었던 것이 사실이다. 또 과연 어떤 부분의 힘이 영국 패권의 기반이었고, 19세기 국제질서에 영국이 어떠한 영향을 미쳤는지에 대해서도 견해가 일치되지 않는다. 우선, 다양한 측면에서 당시 영국이 지녔던 힘과 1세기간의 변화를 간략히 살펴보자.

당시 영국이 지녔던 힘의 근간으로 누구나 지목하는 것은 경제력이다. 영국의 산업화는 나폴레옹 전쟁 이전부터 시작되어 전쟁의 필요에 의해 더욱 진전되었다. 1830년대에 이르러 영국은 '최초의 공업국'으로서 산업화 수준이나 생산성, 그리고 공산품 생산량에 있어 독보적 지위에 도달하게 되었다. 이 시기에 인구의 급팽창으로 산업화에 필요한 국내시장과 노동력이 제공되었고, 효과적인 금융제도가 산업화를 뒷받침해 주었다.[2] 영국의 상대적 지위가 절정에 달했던 1860년경 "세계 인구의 2%, 유럽 인구의 10%를 차지하는 영국이 근대 산업에 있어서 전 세계 잠재력의 40–45%, 유럽 잠재력의 55–60%를 차지했던 것으로 보인다"(Kennedy 1987, 214).

영국의 경제적 우위는 다양한 측면에서 두드러졌다. 우선, 영국은 공장제적 생산방식을 처음으로 고안해냈을 뿐만 아니라, 19세기 중반까지의 산업화를 이끌었던 면직, 기계, 석탄, 철도, 제철 등 주요 산업에서 압도적인 기술적 우위를 지니고 있었다. 세계체제론자들의 시각을 빌리자면, 영국은 19세기 중반까지 '면직' 장주기("cotton textiles" long wave)와 '증기기관·철도' 장주기("steam power and railway" long wave)에서 선도산업을 장악한 패권적 지위를 지니고 있었던 것이며,[3] 신기술·신산업의 창조자이며 전파자였던 것이다(〈표 1-1〉 참조).

이같은 기술 및 생산의 우위와 더불어 영국은 무역의 중심국가였다. 〈표 1-2〉에서 보듯이 자유무역질서가 확산되던 1870년경 영국의 무역량은 세계 무역의 4분의 1에 달했다. 영국은 유럽대륙과 신대륙 및 식민지로부터 농산물과 천연자원을 수입했고, 세계의 공장으로서 이 지역들에 공산품을 수출했다. 19세기의 자유무역질서는 세계 무역의 중심인 영국에 의해 추진되었고, 영국 시장에 접근하려던 다

2_ 영국의 산업혁명을 촉진시킨 요인으로는 인구증대 및 수요–공급적 측면과 고정자본의 조달, 그리고 정부의 역할이 강조된다. 이에 대해 Wallerstein (1989), pp. 6–12 참조. 이 밖에도 지리적 고립이라든가 18–19세기의 국내정치적 상황도 간과할 수 없는 요인이다. Kennedy (1987), pp. 144–150 ; Arrighi (1994), pp. 47–58 참조.

3_ Wallerstein (1989) 참조. 또한 Schumpeter (1939)와 Freeman and Perez (1989)도 참조하라.

〈표 1-1〉 세계 제조업 생산량의 국가별 구성비, 1750-1900

	1750	1800	1830	1860	1880	1900
유럽 전체	23.2	28.1	34.2	53.2	61.3	62.0
영국	1.9	4.3	9.5	19.9	22.9	18.5
프랑스	4.0	4.2	5.2	7.9	7.8	4.7
독일	2.9	3.5	3.5	4.9	8.5	13.2
러시아	5.0	5.6	5.6	7.0	7.6	8.8
미국	0.1	0.8	0.8	7.2	14.7	23.6
중국	32.8	33.3	33.3	19.7	12.5	6.2

출처 : Kennedy(1987), p. 202, 〈Table 6〉에서 추출.

〈표 1-2〉 세계 무역점유율

연도	영국*	프랑스	독일	러시아	미국**
1720, 1750, 1780	14.1	9.7	10.2	9.4	1.0
1820, 1830	21.6	9.9	11.5	6.7	6.0
1830, 1840	20.8	10.8	10.2	6.4	6.3
1840, 1850	20.1	11.4	8.8	5.3	7.3
1850, 1860	22.7	11.3	8.6	4.0	8.3
1860, 1870	25.1	10.8	9.2	4.0	8.3
1870, 1880	24.0	10.8	9.7	4.5	8.8
1880, 1890	22.4	10.2	10.3	3.9	9.8

* 1913-1937 영국과 아일랜드 합산, ** 1913-1937 북아메리카 대륙 합산
출처 : Krasner(1976), 〈Table 4〉에서 추출.

른 나라들로 퍼져나갔던 것이다.

또한 영국은 국제금융을 지배했다. 일찍부터 발달된 금융제도

와 축적된 자본에 의해 런던("the City")은 각국의 무역거래가 결제되고 준비자산이 예치되는 국제금융의 중심지였다. 영국의 자본은 대륙과 식민지 및 신대륙의 산업화에 투자되었고, 그 과실은 영국으로 송금되었으며, 19세기 말 국제 금융기래의 90%가 파운드화로 결제되었다. 이같은 금융력을 바탕으로 영국은 19세기 말 수립된 금본위제를 지탱하는 최종대여자(lender of the last resort)의 역할을 수행했던 것이다. 이와 더불어 전 세계 상선의 3분의 1이 영국 소유였다는 사실에서 알 수 있듯이 영국은 해운, 보험, 중개업 등의 서비스 부문 역시 장악하고 있었다.

19세기 초반에 영국이 이같이 막강한 경제력에 바탕을 둔 강대국으로 부상한 것을 케네디는 극히 새로운 현상으로 간주한다(Kennedy 1987, 145-146). 즉, 이전과 같이 상업적 팽창이나 영토적 확장에 기반을 둔 강대국이 아니라 생산과 자본을 장악한 새로운 유형의 강대국이 출현했던 것이다. 그렇다고 해서 영국이 경제적 강국 혹은 '무역국가'(trading state)의 성격(Rosecrance 1986)만을 지녔던 것은 아니다. 막강한 경제력은 곧 강력한 군사력의 기반이 되었고, 강력한 군사력은 부를 유지하는 보호막이 되었다. 특히 영국의 해군력은 18세기 이래 누구도 도전할 수 없는 정도여서 19세기 후반에는 2위와 3위의 해군력을 합친 것보다 강력한 해군을 지니고 있었고(Friedberg 1988, 145), 전 세계의 전략거점에 해군기지를 확보하고 있었다. "일찍이 해양제국들의 역사에서 볼 수 없었던 큰 영향력을 행사할 수 있었던" 것이다(Kennedy 1987, 218). 발달된 해운업과 국부가 영국 해군력의 바탕이었음과 동시에 제해권의 장악이 곧 영국의 식민지 경영과 무역망을 보호해 주었음은 물론이다.

반면, 해군을 제외한 지상병력은 다른 나라들을 압도할 정도는 아니었다. 19세기 대부분의 시기에 영국의 군사비는 GNP의 2.5-3%에 불과했고, 영국의 총병력 수는 2-4위에 머물렀다. 19세기 중의 어느 시기에도 영국의 지상 군사력은 나폴레옹 당시의 프랑스에 비교될 수 있는 수준에 미치지 않았다. 경제력에 비해 볼 때 군사적 측면에서 영국의 힘은 제한적이었던 것이다. 그러나 19세기 중반까지 유럽대륙에서는 강대국 간의 세력균형으로 유례 없을 정도로 장기간 평화가 지속되었고, 대륙에 대한 영국의 전면적인 군사적 개입의 필요성이 크지 않았다는 점에서 지상 군사력의 부족이 큰 문제가 되지는 않았다.

경제력과 정치 · 군사적 힘과 같은 가시적 힘 이외에 영국이 지녔던 “눈에 보이지 않는 힘” 역시 간과할 수 없다. 영국은 가장 먼저 정치적 자유주의와 경제적 자유주의를 만들어내고 실천한 나라였다. 영국의 성공을 가장 확실한 증거로 하여 자유주의 이데올로기는 유럽대륙에 퍼져나가게 되었고, 이는 다시 가장 성공적인 자유주의 국가로서 영국이 패권적 지위를 확보하는 데 도움을 주었다. 또한 자유주의는 유럽대륙에서 민족주의와 자유주의를 불러일으킴으로써 대륙의 제국들을 분할하는 효과를 가져왔다. 물론 19세기 후반에는 민족국가들 간의 충돌과 식민지 분할 경쟁으로 이어졌지만, 정치적 자유주의는 유럽대륙에서의 세력균형의 기초를 제공함으로써 영국의 지위를 안정적으로 유지하는 데 공헌했던 것이다. 경제적으로도 영국의 자유방임적 경제체제와 자유무역주의의 성공은 19세기 중반 자유주의 국제경제질서가 수립되는 데 바탕이 되었다. 영국이 제공한 광대한 시상과 더불어 리카르도와 흄의 자유무역 이론이 지니는 이론적 · 현실적 우위는 다른 나라들을 중상주의의 틀에서 끌어내기에 충분했다.[4] 이러한 자유무역질서에서 영국은 최초의 산업국이자 가장 경쟁력 있는 국가로서 구조적 힘을 확보할 수 있었던 것이다.

19세기 국제질서와 영국 패권

서구 중심적으로 바라볼 경우, 19세기 후반까지의 국제질서는 장기간의 평화와 자유주의 경제질서로 특징지을 수 있다. 영국의 상

4_ 19세기 중반 자유무역질서가 수립될 수 있었던 원인들 중 간과되기 쉬운 것이 이론적 · 이념적 기반이다. 중상주의적 전통 하에서 유럽 각국은 물론 영국에서도 국내산업과 농업의 보호가 당연시되고 있었다. 특히 산업화가 영국에 뒤처진 대륙국가들에 있어서 자유무역은 일방적으로 영국에만 유리하거나 전 산업 부문에 있어서 생산성이 뒤처진 나라는 무역을 할 수 없는 것으로 간주되었다. 이러한 관념을 무너뜨리고 자유무역의 가능성과 우월성을 확산시킨 것이 리카르도와 흄의 이론이다. 리카르도의 비교우위론은 절대우위의 차이가 있는 국가들 간에도 비교우위에 의한 무역이 가능하고 호혜적임을 밝혔다. 흄의 가격-정화 유동 모델은 통화 유출입에 따른 가격의 자동조절 기제에 의해 특정 시점의 무역수지 적자국이 다음 시점에는 흑자국이 될 수 있음을 밝힘으로써 역시 호혜적 자유무역이 지속될 수 있는 이론적 근거가 되었다. 이러한 이론적 근거로 인해 자유무역은 영국과 대륙국가들에서 승리를 거두었고, 자유무역의 이념적 승리는 자유무역질서가 확산되는 토대가 되었다.

대적 국력이 최고조에 달했던 19세기 중엽을 전후하여 최초로 자유무역질서가 들어섰고, 자유무역과 국제금융이 확대되었다. 다른 한편, 개방적 국제경제질서가 수립·확대될 수 있었던 데는 나폴레옹 전쟁 이후 50년이 넘게 지속된 유럽대륙 내 국제정치질서의 안정과 균형이 작용하고 있었다. 이러한 국제질서의 창출과 유지에 영국이 핵심적인 역할을 했다는 데는 이론의 여지가 없다. 그러나 과연 영국의 역할이 어느 정도 '패권적'이었는지에 대해서는 논란이 분분하다.

우선, 19세기의 자유주의 국제경제질서의 성격과 영국의 역할을 살펴보자. 19세기 이전 각국은 고관세에 의해 국내 생산자를 보호하는 중상주의 정책에 의존하고 있었다. 국가의 재정수입을 위해서든 혹은 국내산업을 보호하기 위해서든 각국은 수입품에 대해 '무역금지적' 수준의 고관세를 부과했기 때문에 국제적 분업이나 해외시장을 위한 생산은 미미한 실정이었다. 그러나 1820년대부터 각국의 관세율이 하락하기 시작했고, 1860년부터 본격적인 자유무역질서가 들어서기 시작하였다. 1870년대의 공황 속에서 무역자유화가 둔화되기도 했지만, 1900년부터 제1차 세계대전 발발까지의 시기는 자유무역의 전성기로 불리울 정도로 총무역량과 각국 경제의 무역의존도가 증대되었다. 예컨대 프랑스와 독일의 경우 총경제활동에서 무역이 차지하는 비중이 1840년대의 10%대에서 1860년대에는 40%에 달할 정도로 증대되었다(Krasner 1976).

이러한 자유무역질서의 수립과 확산에는 영국이 핵심적 역할을 수행했다. 영국은 가장 일찍이 일방적(unilateral) 자유무역정책을 추진했고, 국제자유무역질서 역시 영국에 의해 시작된 쌍무조약의 망을 통해 수립되었다. 영국이 자유무역으로 전환하게 된 계기는 곡물법(Corn Law) 폐지이다. 곡물법은 나폴레옹 전쟁 중 국내 농산물 생산자를 보호하기 위해 제정된 것으로, 농산품의 수입을 막는 전형적인 보호무역제도였다. 1846년에 영국은 이를 폐지하고 농산물 시장을 개방함으로써 일방적으로 자유무역정책을 추진했다. 곧이어 1849년에는 항해조례(Navigation Acts)가 폐지되었고, 대부분의 수입품목에 대한 관세가 폐지되었다. 1840년에 관세가 부과되었던 항목이 1,146개였음에 비해 1860년에는 단지 48개 품목에만 관세가 부과되었는데, 그나마 이 중 12개는 사치품으로 정부의 재정목적상 고관세를 부과한 것이었다.

이같이 영국이 자유무역을 선택하게 된 과정에는 국내정치적으로 상당한 저항과 갈등이 수반되었다. 그러나 산업화가 진전되면서 지주귀족들의 정치적 영향력이 축소되고 산업세력이 보다 큰 경제적·정치적 힘을 지니게 되면서 이들의 이익에 따라 일방주의적 자유무역정책이 선택되었던 것이다(McKeown 1983, 73-92 ; Lusztig 1995, 393-340 ; Schonhardt-Bailey 1991, 345-369). 곡물법의 폐지는 자유무역정책을 추진하는 데 국내적 장애가 사라졌으며, 따라서 개방적 국제경제질서의 수립을 본격적으로 추진할 수 있는 국내정치적 기반이 마련되었음을 의미한다.

다른 한편, 영국의 일방적 자유무역정책은 다른 나라들로 하여금 영국 시장을 위해 자국의 관세를 낮추고 시장을 개방하도록 유도하기 위한 것으로 볼 수 있다. 예컨대 곡물법이 폐지되자마자 곧 미국이 공산품에 대한 관세를 내리면서 처음으로 자유무역을 시도하게 되었다(Scott and Lake 1989). 그러나 결과적으로 이같은 정책은 미국이나 덴마크 등 일부 농산물 수출국가들에만 효력이 그쳤고, 대륙의 다른 나라들에게는 직접적 효과가 가시화되지 않았다. 유럽 각국으로 자유무역이 퍼지게 되는 데는 각국 간의 직접적 협상이 필요했고, 이 과정에서도 역시 영국이 핵심적 역할을 수행했다.

19세기 중반 유럽 각국 간의 자유무역협상이 확산되는 물꼬를 튼 것이 콥든-슈발리에 조약(Cobden-Chevalier treaty)이다. 1860년 영국과 프랑스는 양국 간 교역물품에 대한 관세를 대폭 인하 · 폐지하는 쌍무 자유무역협정을 체결했는데, 이를 계기로 독일, 스페인 등 유럽 각국 간에 무역자유화를 위한 쌍무협정들이 맺어지게 되었다. 양국 간의 자유무역협정은 곧 제3국에게 불리하게 작용하므로 제3국과도 동일한 조약이 체결되게 되었고, 다시 최혜국대우의 원칙에 따라 무역자유화가 다른 나라들로 확산되는 효과를 가져오게 되었던 것이다. 결과적으로 일련의 쌍무적 자유무역협정들이 그물망처럼 연결되면서 19세기 자유무역질서가 이루어지게 되었다. 영국-프랑스 간의 조약이 이러한 과정을 시작했던 것이며, 이 때문에 현실주의자들은 이 조약을 패권국 영국이 개방적 질서를 구축하기 위해 의도적으로 주도한 것으로 해석한다(Gilpin 1976, 81-82).

콥든-슈발리에 조약을 프랑스가 받아들이고 이후 유럽 각국이 개방화를 선택하게 된 것은 무엇보다도 영국의 경제력, 특히 영국이 제공하는 시장 때문이었다. 당시 영국은 이미 곡물법을 폐지하고 농산물 시장이 개방되어 있었으므로 대륙의 농산물 수출 국가들 간에는 이 시장을 위한 경쟁이 치열했다. 영국과의 쌍무조약에 의해 특혜를 얻는 것은 비록 자국의 공산품 시장을 영국에 개방한다 하더라도 이익이 될 것으로 간주되었으며, 이러한 계산이 프랑스로부터 전 대륙으로 확산되었던 것이다. 한편, 이는 영국의 자유주의 이데올로기의 승리로 파악할 수도 있다(Kindleberger 1975, 2-55). 리카르도의 비교우위론과 흄의 가격-정화 유동 모델에 의해 자유무역의 우월성은 이미 이론적으로 확립된 데다가 영국의 산업화의 성공으로 자유주의 모델의 우수성이 현실적으로 입증되었다. 이같이 19세기 중반에 이르러 자유무역의 이론적 · 현실적 우월성이 영국에 의해 입증되면서 마침내 자유주의 이데올로기가 승리하고 각국의 보호주의가 제어되었던 것이다.

이와 더불어 콥든-슈발리에 조약의 체결과정을 살펴보면 영국의 또 다른 힘을 발견할 수 있다. 당시 나폴레옹 3세가 국내적으로 인기가 없던 이 조약을 체결한 것은 정치적 이유에서였다. 즉, 프랑스는 이탈리아로 진출하여 오스트리아-헝가리의 영토를 침략하고 있었는데, 이 사태에 대한 영국의 개입을 두려워하고 있었다. 나폴레옹 3세는 영국에 대해 경제적 양보를 함으로써 이를 묵인해 주기를 원했던 것이다(Dunham 1930). 이러한 설명은 당시 영국이 군사적으로도 대륙의 균형을 좌우할 수 있는 최강국이었고, 어느 나라나 영국과 동맹을 맺기를 원하고 있었다는 사실에 주목한다. 정치적 · 군사적 힘

덕분에 영국은 물리력의 사용 없이도 자유무역질서를 창출할 수 있었다는 것이다. 물론 아편전쟁에서 보여지듯이 남미라든가 동아시아 등 주변부의 경우, 영국은 물리력에 근거하여 자유무역질서를 구축해 나갔다.

이렇게 볼 때 19세기 중반 유럽대륙에 최초로 자유무역질서가 형성되는 데는 당시 최대의 공업국이자 최대의 농산물 시장인 영국의 역할이 절대적이었다고 평가할 수 있다. 뿐만 아니라 영국은 이 질서가 지속되는 데에도 핵심적 역할을 수행했다. 시기에 따라 부침이 있었지만 자유무역질서는 1930년대 대공황에 의해 붕괴될 때까지 지속되었는데, 이같이 자유무역질서가 비교적 안정적으로 유지될 수 있었던 것은 영국의 다양한 역할에 힘입은 바 크다.

우선, 19세기 중반 이래 영국은 지속적으로 큰 규모의 무역수지 적자를 유지하면서 "세계의 시장" 역할을 담당했다. 1870년 당시 영국의 총수출은 244만 파운드, 총수입은 303만 파운드로 59만 파운드에 달하는 무역수지 적자를 기록했는데, 이 수치는 당시 영국이 가장 개방적이고 광대한 상품수입 시장이었음을 말해준다. 이같은 성격의 시장을 제공함으로써 영국은 다른 나라들이 자유무역질서로부터 탈퇴하려는 동기를 일정하게 제어하는 작용을 했다고 평가된다(Carr 1968, 13). 예컨대 1870년대 공황 이후 독일과 프랑스 등이 보호주의로 회귀하는 경향을 보였음에도 불구하고 영국은 일방적 자유무역정책을 고수했다. 이 때문에 서유럽 소국들도 자유무역을 유지할 수 있었고, 미국 역시 농산품의 관세를 인상하지 않는 등 자유무역질서의 완전한 붕괴로 이어지지는 않았다. 요컨대, 영국 시장의 존재로 인해 19세기 후반의 위기에도 불구하고 자유무역질서가 명맥을 잇고 곧 1900년대 절정기를 맞이했던 것이다.

보다 중요한 영국의 역할은 국제통화금융질서에서 찾아진다. 국가 간 무역이 확대되기 위해서는 무역거래의 결제와 유동성을 공급해 줄 수 있는 안정된 국제통화금융질서가 필수적이다. 영국은 일찍부터 발달된 금융제도와 금본위제의 통화제도, 그리고 축적된 자본을 바탕으로 세계의 중앙은행 역할을 수행했다. 우선, 영국은 19세기 중엽부터 막대한 자본을 해외에 투자함으로써 세계 경제에 유동성을 공급하는 역할을 했다. 1914년 당시 영국은 40억 파운드에 달하는 해외자산을 가지고 있었는데, 이는 전 세계 해외투자의 43%에 달하는 양이었다. 영국의 투자는 북미와 남미, 호주, 인도 등지에 집중되었는데, 이 자본은 이 지역들의 1차산업과 산업화 및 철도 등의 기반시설에 투자되어 영국과의 교역을 확대할 수 있는 기반이 되었다. 파운드화는 무역결제와 투자의 기축통화로서 기능했고, 영국은 국제유동성의 공급과 리사이클을 담당했던 것이다. 또한 금본위제 국제통화질서가 수립 · 유지되는 데도 영국은 핵심적 역할을 수행했다. 각국의 국제수지 적자 위기가 확산되는 것을 막음으로써 금본위제로부터의 이탈을 방지하고 국제통화질서의 신뢰성을 유지시키는 데는 영국의 최종대여자 역할과 영란은행을 주축으로 한 국제적 협조가 필수적이었던 것이다(Eichengreen 1996, ch. 2).

이와 같이 영국의 패권적 경제력과 19세기 자유주의 국제경제질서에 대한 영향력에 대해서는 커다란 이론이 없다. 그러나 영국 패권의 정치적 · 군사적 측면에 대해서는 상반되는 견해가 제시되고 있다. 간단히 말하자면, 19세기 유럽의 정치질서에 있어서 영국은 패권적 존재가 아니었고, 패권적 역할을 수행하지 않았으며, 19세기 국제질서는 영국의 패권기로 보기 어렵다는 반론이 제기되는 것이다(Rosecrance 1987 ; Nye 1990 ; Stein 1984).

이러한 반론은 크게 두 가지 사실에 근거한다. 첫째는 영국의 군사력 규모이다. 앞에서도 논의했듯이 영국의 군사력, 특히 지상병력은 그다지 강력했던 것으로 평가되지 않는다. 나폴레옹 전쟁이 끝났을 무렵 영국의 병력규모는 러시아를 제외하면 가장 큰 정도였으나 19세기 중엽 내내 3, 4위 수준에 머물렀다. 보어전쟁 당시를 제외하고 영국의 병력은 30만을 넘은 적이 없으며(〈표 1-3〉 참조), 그 중 4분의 1은 인도에 묶여 있었다(Nye 1990). 그렇다고 영국의 군비가 월등했던 것도 아니며, 유사시 경제력이 군사력으로 전화될 수 있는 효율적 동원체제가 갖춰진 것도 아니었다. 오히려 영국의 자유주의적 사상과 약한 국가는 전쟁에 대한 국민적 반감과 비효율적 동원체제로 귀결되곤 했다(Kennedy 1987, 216-218). 이렇게 볼 때 19세기 국제정치질서에 있어서 영국의 존재가 패권으로 받아들여질 수 없으며, 국제정치질서가 움직이는 데 미친 영국의 영향력 역시 패권의 행사와는 거리가 멀다는 주장이 설득력을 지닌다. 19세기 중반까지 장기간의 평화가 이루어진 것은 각국 간의 세력균형이었고, 영국은 이러한 세력균형을 조절하는 균형자(balancer)로 기능했을 뿐이라고 평가

〈표 1-3〉 주요 강대국의 병력 수, 1816-1880

	1816	1830	1860	1880
영국	255,000	140,000	347,000	248,000
프랑스	132,000	259,000	608,000	544,000
러시아	800,000	826,000	862,000	909,000
프로이센	130,000	130,000	201,000	430,000
합스부르크 제국	220,000	273,000	306,000	273,000
미국	16,000	11,000	26,000	36,000

출처 : Kennedy(1987), p. 154.

할 수 있는 것이다.

실제로 19세기 후반 유럽대륙에서 일어난 격변들에 대해 영국은 중대한 영향력을 미치지 못했다. 나폴레옹 3세의 팽창은 세력균형을 위해 묵인했다 하더라도, 프러시아의 오스트리아 침공과 프러시아-프랑스 간의 전쟁에도 방관할 수밖에 없었던 것은 영국의 군사적 무능력 때문이라고 볼 수 있을 것이다. 독일과 이탈리아의 통일을 비롯하여 19세기 후반부터 유럽대륙에서는 민족주의의 발흥과 이들 간의 충돌로 인한 정치적 격변이 일어나고 있었지만 이에 대한 영국의 영향력은 매우 제한적이었다.

그러나 전 세계적 규모의 질서를 논한다면 상반된 견해도 가능하다. 주지하듯이 19세기 유럽은 중심부였고, 주변부의 많은 지역들이 중심부 국가들에 식민지로 편입되어 있었다. 이미 영국에 의해 선점되었던 식민지 분할은 19세기 후반 들어 다시 가속화되고 확대되어 전 세계 면적의 85%가 식민지로 편입되었고, 독일 등 후발 제국주의 국가들뿐 아니라 미국과 러시아, 일본까지 식민지 분할 경쟁에 뛰어들었다(Hobson 1938). 따라서 19세기 국제질서의 성격은 전 세계적 수준에서의 제국주의적 식민지 분할 경쟁과 중심부에서의 세력균형 및 평화가 동시에 이루어지고 있었던 것으로 볼 수 있다. 역사상 최대의 식민지를 확보하고 제국을 건설한 영국은 이러한 질서에서 이미 패권적 지위를 지니고 있었고, 이 질서가 유지되도록 패권적 영향력을 행사했던 것이다. 정치적 · 경제적 '제국'이 직접적 위협을 받거나 장래 심각한 위협이 될 가능성이 없는 한, 영국은 유럽대륙에서 일어나는 분쟁에 대해 균형자 이상의 역할을 해야 할 필요성을 지니지 않았다.

19세기 중반까지도 영국의 영토는 연평균 10만 평방마일씩 증가했고, 19세기 말의 파쇼다 사건이나 보어전쟁을 제외하고 영국의 식민지 경영에 대한 심각한 위협은 거의 전무했다(Kennedy 1987, 219-220). 이를 고려하면 이 질서에서 영국이 얼마나 독보적 지위를 오랜 기간 안정적으로 누렸는지 알 수 있다. 또한 영국의 군사력이 해군력 위주로 이루어졌고, 영국 해군의 우위가 상당 기간 압도적으로 지켜졌다는 점은 이 질서에서 영국의 패권이 군사적으로도 대단히 효율적이고 억제적으로 사용되어졌음을 의미한다. 이런 시각에서 본다면 영국의 정치적 · 군사적 영향력을 과소평가하는 주장들은 유럽 중심적 시각의 오류를 범하고 있다고 평가할 수 있다. 패권을 무소불위로 파악하지 않는 한, 중심부와 주변부 식민지로 구성된 19세기 국제정치질서에서 영국의 패권적 존재와 역할을 상당 부분 인정할 수 있는 것이다(Arrighi 1994, 47-57).

영국 패권의 쇠퇴

영국의 쇠퇴가 언제, 왜 일어났는가 하는 문제는 오래된 논란거리이다(Kindleberger 1996, 137-143). 해외투자와 국제무역에 의존적이었던 영국 경제의 구조적 취약성에서부터 영국 사회의 경직성이나 교육제도의 문제, 그리고 패권의 숙명적 쇠퇴의 논리까지 여러 가지 요인들이 제기되어 왔다. 또 영국이 쇠퇴하기 시작한 시점에 있어서도 1870년대에서부터 1880년대, 1890년대, 1900년대, 혹은 제1차 세계대전 등 여러 가지 견해가 존재한다. 그러나 특정한 사건이 계기가 될 수는 있었겠지만 영국의 패권이 특정 시점부터 갑작스럽게 쇠퇴한 것은 아니다. 1880년을 전후로 경제, 정치, 군사, 이념의 모든 측면에서 영국의 상대적 힘이 약화되기 시작했다고 보는 것이 타당할 것이다.

우선, 경제적 차원에 있어서 1880년대 이후 영국은 더 이상 제1의 산업국가가 아니었다. 1890년에 이르러 세계 제조업 생산량에 있어서 미국이 영국을 추월했고, 1900년대에는 독일이 영국을 앞지르게 되었다(Nye 1990, 60-68). 세계 무역에서도 영국의 몫은 1880년의 23.2%에서 1913년에는 불과 14.1%로 떨어졌다. "세계의 공장이 제3의 공업국으로 전락하게 되었던" 것이다(Kennedy 1987, 318).

영국 경제력이 상대적으로 쇠퇴하게 된 것은 다른 나라들이 빠르게 성장했기 때문이다. 특히 후발 공업국으로서 미국과 독일은 빠르게 성장하여 선점의 이점을 지니고 있던 영국을 추월하게 되었다. 그러나 영국 경제 자체의 경쟁력 저하와 생산성 둔화가 쇠퇴의 속도를 가속화시켰다. 영국 경제는 1870년대까지 연평균 3-4%로 성장했으나 이후 19세기 말까지 경제성장률은 1.5% 정도에 그쳤고, 이는 다른 나라들에 비해 훨씬 저조한 것이었다(Kennedy 1987, 317-318).

생산성 향상의 상대적 둔화는 곧 영국 산업의 경쟁력 저하로 직결되었다. 다른 나라들의 산업화 결과 유럽대륙과 북미에서 영국 공산품은 치열한 경쟁에 직면하게 되었고, 19세기 후반 이후 이들의 보호주의적 정책들로 인해 시장을 잃어가고 있었다. 식민지 시장에서도 보호주의와 경쟁으로 인해 영국의 시장점유율은 점차 감소되었다. 반면, 개방된 영국 시장으로는 수입품이 밀려들어 오게 되면서 영국 산업의 쇠퇴가 가속화되었다. 특히 문제가 된 것은 영국 산업의 주력이 직물, 조선, 경공업 등 사양화된 부분에 집중되었다는 점이다. 철강과 같이 막대한 고정자본이 투입되는 산업은 설비노후로 인해 후발국들에 크게 뒤처졌을 뿐만 아니라, 19세기 말부터 본격화된 전기, 화학, 석유, 정밀기계 등 선도 산업 부문에 있어서도 영국은 독일과 미국 등에 크게 뒤져 있었다(Newton and Porter 1988, 5).

영국의 압도적 우위가 지켜지고 있었던 것은 금융 부문이다. 영국은 제1차 세계대전까지도 여전히 세계의 은행 역할을 수행했고, 영국의 자본은 세계 곳곳으로 투자되었다. 영국의 해외투자는 점차 증대하여 산업혁명 당시 GNP의 1% 미만 수준에서 1913년에는 5.2%로 증가되었고, 제1차 세계대전 직전 해외투자 주식의 43%가 영국의 몫이었다(Sked 1987, 17). 이같이 막대한 해외투자는 영국의 만성적인 무역적자를 메워주는 역할을 했고, 특히 제1차 세계대선과 같은 위기시에 전비로 동원됨으로써 영국의 군사력을 뒷받침해 주는 긍정적 기능을 지니고 있었다. 반면, 막대한 양의 자본이 해외 포트폴리오 투자로 빠져나감으로써 국내산업에 대한 투자가 이루어지지 않게 되었고, 이는 영국 경제의 쇠퇴를 부추기는 결과를 가져오게 되었다. 더욱이 해외자산과 투자수익에 의존하게 되면서 파운드화의 고평가가 지속됨으로써 영국 산업의 국제 경쟁력은 악화되었다. 그나마 제1차 세계대전을 거치면서 영국은 해외자산의 15%를 상실했고, 다시 제2차 세계대전으로 인해 나머지의 28%를 상실하게 되었다.

영국의 군사적 힘과 대영제국을 떠받치던 식민지의 존재도 도전에 직면하게 되었다. 영국의 지상병력은 유럽대륙에서 패권적 위치를 지녀본 적이 없지만, 민족주의에 휩싸인 19세기 후반에 들어서서 영국은 대륙에서 벌어지는 군사적 사태에 거의 간여할 능력이 없었고, 이는 곧 정치적으로도 영국을 무력하게 만들었다. 또한 1900년 이후 미국과 독일 해군의 급속한 증강에 의해 영국 해군력은 더 이상 2, 3위 국가들의 해군력을 합친 규모를 유지할 수 없었고, 북남미와 태평양에서는 지배적인 지위를 누릴 수 없게 되었다(Friedberg 1988, ch. 4). 영국의 식민지들도 부담이 되어갔다. 캐나다와 호주, 뉴질랜드의 자치령들이 영국의 지배에 저항하게 되었고, 보어전쟁에 이르기까지 해외 식민지의 보전은 영국이 큰 비용을 치르도록 만들었다. 더욱이 쇠퇴하는 제국의 최후의 자산이던 이 식민지들은 제2차 세계대전을 끝으로 모두 빼앗기게 되었다.

국제질서를 유지하는 힘의 측면에서도 영국 패권의 쇠퇴를 평가할 수 있다. 우선, 국제경제질서에서의 영국 패권의 쇠퇴는 1870년대부터 감지되었다. 영국은 1873년부터의 공황 속에서 프랑스와 독일 등 각국이 보호주의로 회귀하는 것을 막지 못했다. 다만 일방적으로 자유무역을 유지함으로써 자유무역질서가 붕괴되는 것을 막았을 뿐이다. 물리력이나 시장 혹은 이데올로기 등 영국의 힘의 자원이 타국의 보호주의를 저지할 만큼 크지는 않았던 것이다. 그러나 국제경제질서 속에서 영국 패권의 쇠퇴가 보다 극적으로 드러난 것은 전간기에 금본위제가 붕괴되는 과정이다. 제1차 세계대전으로 인해 국제통화질서가 붕괴된 상황에서 영국은 다시 금본위제를 구축했지만 영국의 경제력은 금본위제를 지지할 만한 능력을 지니고 있지 못했다 (Strange 1971, 47). 오히려 파운드화가 고평가됨으로써 영국 산업들은 치명적 타격을 입었고, 영란은행의 지불준비금 고갈과 국내경제의 파탄 속에서 영국은 결국 금본위제를 포기할 수밖에 없었다. 그 결과 국제통화질서가 무너지고 각국의 경쟁적 평가절하와 통화 블록이 형성되는 가운데 자유무역질서 역시 붕괴되었던 것이다.

정치질서에 있어서도 나폴레옹 전쟁 이후의 장기적 평화는 보불전쟁을 전후로 깨어졌고, 유럽 각국은 민족주의적 충돌과 이후의 식민지 경쟁으로 치닫게 되었다. 전 세계적 식민지 선점과 유럽대륙의 장기 평화를 내용으로 하던 19세기 초반의 국제질서를 유지하던 영국의 패권이 약화되었다고 평가할 수 있다. 유럽대륙에서의 사태에 개입하고 식민지에 대한 도전을 방어하는 데 있어서 영국의 능력이 한계를 드러내기 시작했던 것이다. 그러나 제1차 세계대전 중 드러난 영국의 군사적 힘은 대단히 인상적이었다. 식민지 자원을 동원하여 860만의 병력을 투입하고 전비의 5분의 4를 부담할 정도의 능력은 대영제국이 다시 "그야말로 지상 최대의 강국이 되었다"(Nye 1990, 63)고 자부할 만했다. 그러나 제1차 세계대전은 19세기 국제질서가 더 이상 존재할 수 없으며, 물리력으로 질서를 유지하고 도전을 억제하기에는 영국의 힘이 크게 부족했다는 것을 보여준 사태였다.

〈표 1-4〉 미국의 잠재적 국력(최고 경쟁국과의 비율)

	일인당 소득	총규모	세계 무역 점유	투자유량 점유
1860	1.10(英)	1.41(英)	.36(英)	채무국
1880	.77(英)	1.23(英 83)	.37(英)	채무국
1900	.95(英 1899)	1.73(英 99)	.43(英 1890)	미확인
1913	1.09(英)	2.15(러)	.83(英)	채무국
1928	1.51(英)	3.22(蘇)	1.26(英)	1.55(영21−29)
1937	1.26(英)	2.67(蘇)	1.13(英)	5.53(영30−38)
1950	1.78(英)	3.15(蘇)	1.44(英)	7.42(영51−55)
1960	2.05(英)	2.81(蘇)	2.15(英 1958)	6.60(영56−61)

러 : 1917년 혁명 전 러시아 제국, 蘇 : 소련, 獨 : 독일
英 : 영국(Great Britain), 영 : 북아일랜드 합산(United Kingdom)
( )안은 최고경쟁국 및 자료의 해당 연도(표의 첫째 항과 다를 경우)임.
출처 : Krasner(1976), 〈표 4〉에서 추출.

미국 패권과 국제질서

미국 패권의 대두

흔히 19세기가 영국의 세기라면 20세기는 '미국의 세기'(The American Century)라고 일컬어진다. 그러나 미국이 강대국으로 성장하고 패권을 행사하기까지에는 여러 가지 국내외적 변수들이 작용했고, 상당한 기간 동안의 지체(lag)현상이 있었다.

미국의 총경제규모는 이미 19세기 중엽에 영국을 추월했다. 남북전쟁이 끝나고 본격적인 산업화와 서부 개척이 진행되면서 미국의 경제규모는 더욱 빠른 속도로 증대했으며, 1880년대에 이르러 공업생산에 있어서도 세계 최대가 되었다. 19세기 말에서 20세기 초엽에 이르는 기간 동안 미국은 철강이나 증기기관, 기관차 등 전형적인 중공업뿐 아니라 특히 전기, 석유, 전신전화 등 당시의 첨단산업에서도 우위를 점하게 되었다. 뿐만 아니라 1910-1920년대에는 포디즘(fordism)의 대량생산 방식의 혁신이 이루어지면서 압도적인 경제력을 지니게 되었다. 금융 부문에 있어서도 제1차 세계대전 이후 미국은 최대의 채권국으로 떠올랐고, 해외투자량에서 영국을 추월하였다. 이 같은 미국의 경제적 우위는 유럽과 일본이 폐허가 된 제2차 세계대전 직후 극적인 규모로 나타났고, 1960년경까지 압도적인 경제적 패권이 유지되었다(〈표 1-4〉 참조).

이렇게 볼 때 미국은 이미 19세기 말에 세계 최대 규모의 경제력을 지니게 되었고, 최소한 제1차 세계대전 직후에는 총경제규모나 세계무역과 투자점유율뿐 아니라 선도산업의 장악에 있어서도 패권적 지위를 구축했다고 평가된다. 그럼에도 불구하고 미국이 국제질서의 패권국으로 등장하게 된 것은 제2차 세계대전이 발발한 이후였다. 시혜적(benevolent)이든 혹은 약탈적(predatory)이든 미국은 패권적 능력을 보유하게 된 전간기에도 국제질서를 형성·유지하려는 노력을 하지 않았고, 오히려 전통적인 고립주의적 정책을 강화하였다. 요컨대, 제2차 세계대전 이전까지 미국은 능력은 있으나 동기와 의지가 결여된 패권적 존재였던 것이다. 역으로, 제2차 세계대전 이후 미국이 패권국으로 등장하게 된 것은 패권국으로서의 의지를 갖추었기 때문이다. 이렇게 된 것은 상당 부분 국내정치적 변화로 설명된다.

남북전쟁 이후 미국은 동북부의 상공업 세력이 정치권력을 장악하고 친산업적 정책을 통해 공업화를 추진했다. 이들은 내수시장을 기반으로 거대 독점기업을 형성했고, 그 외적 표현은 고립주의와 보호무역정책으로 나타났다. 1880-1890년대에 중서부 자영농을 중심으로한 반독점, 반산업, 반보호주의의 민중세력(populist movement)이 대두했으나 1896년 선거를 기점으로 국내파 자본을 중심으로 한 공화당의 정치적 패권이 더욱 강화되었다(Gourevitch 1986). 공화당 내의 혁신세력과 보수세력이 분열되었던 윌슨(Woodrow Wilson) 시기를 제외하면 공화당은 30여 년간 행정부를 독점하면서 친(국내파)산업적 정책과 고립주의 외교정책을 지속했다.

정치적으로 이같은 '1896년의 체제' (System of 1896) 와 보호주의가 고착화되었음에도 불구하고 경제적으로는 꾸준한 변화가 일어났다. 미국 경제가 성장하면서 해외로의 팽창이 진행되었고, 특히 제1차 세계대전 이후 가속화되었다. 1929년 당시 미국의 해외투자는 210억 달러인데, 이는 국민총생산의 20%에 이르는 것이며, 이러한 비중은 1981년에야 다시 도달될 정도였다(Frieden 1988, 63). 우선, 월스트리트의 경우 1920년에서 1929년까지 매년 해외 여신 규모는 평균 10억 달러로 이는 총여신액의 6분의 1에 달하였고, 1930년대 초반에는 3분의 1 규모로 증대되었다. 미국 기업들의 해외직접투자도 1920년대에 크게 증대되어 자동차, 기계, 석유, 고무 등의 산업의 경우 해외자산이 고정자산의 15-25%에 달하게 되었다.[5)]

이러한 경제적 변화와 이에 따른 국제주의적 세력의 성장에도 불구하고 내수시장의 독점기업들과 금융을 중심으로 한 '1896년의 체제' 로 인해 보호주의와 고립주의가 지속되었다. 윌슨의 국제주의적 외교정책이 의회에 의해 저지되었던 예에서 알 수 있듯이, 패권적

5_ 이러한 산업 부문들은 당연히 국제주의적 성향을 지니고 있었다. 이들은 대체로 국제경쟁력이 높고 수출이 판매고의 큰 비중을 차지하거나 원자재의 확보를 해외시장에 의존하고 있었다. 따라서 이러한 국제주의 자본에 있어 세계질서의 안정과 자유무역의 확대는 중대한 이익이었다. 이들은 윌슨 시기부터 '대외관계위원회' (Council on Foreign Relations) 등을 중심으로 개입주의적 외교정책과 자유무역의 확대를 주창해 왔고, 전간기의 혼란을 타개하기 위해 미국이 주체가 되어 국제 통화 · 무역질서를 안정화하는 것이 급선무라고 주장해 왔다. Frieden (1988), pp. 63-68 참조.

능력에도 불구하고 미국은 전간기에 개방적 · 국제주의적 정책을 추진할 수 있는 국내정치적 기반이 마련되어 있지 않았던 것이다.

오히려 패권적 능력을 지니고 있던 미국이 폐쇄적인 자국 중심적 정책을 고집했던 것은 국제정치경제실서를 붕괴시킨 원인으로 지목되곤 한다. 전간기의 국제금융구조는 독일과 영국, 프랑스 및 미국의 삼자 간에 전쟁 배상금 청구와 전시채무 상환의 고리로 연결되고 있었는데, 미국은 국제 유동성 공급의 차원에서 전시부채와 전쟁배상금 간의 연관성을 인정하려 들지 않았다. 오히려 1920년대 후반에는 대여자금을 감축함으로써 유동성 공급의 붕괴를 가져오는 원인이 되었다. 또한 붕괴되는 국제통화질서를 복구하기 위해 열린 런던통화회의(London Monetary Conference) 직전에 금본위제에서 탈퇴함으로써 서구 경제를 복구하려는 노력을 사실상 방해하는 결과를 가져왔다(Eichengreen 1996). 다른 한편 1929년의 스뭇-홀리 관세법(Smoot-Hawley Tariff Act)은 대공황이 시작되는 상황에서 최악의 보호주의 정책을 만들어냈고, 각국 간의 무역전쟁을 유발함으로써 무역에 의해 세계 경제가 회복될 수 있는 가능성을 사장시켰다. 미국 경제와 세계 경제에 대한 스뭇-홀리 관세법의 영향은 최악의 상상을 넘어서는 것으로, 이 법의 통과 후 수개월 내에 각국은 경쟁적으로 보호주의 관세장벽을 세우게 되었고, 그 결과 1929년에서 1933년까지의 기간 동안 미국의 수출은 4억 9천만 달러에서 1억 2천만 달러로, 수입은 3억 7천만 달러에서 9천6백만 달러로 각각 4분의 1 수준으로 하락하였고, 세계 무역 역시 350억 달러에서 120억 달러로 격감했다

(Pastor 1980, 73).

20세기 초반, 특히 제1차 세계대전 종전 후 미국이 패권적 경제력을 보유하고 있었고 무역과 국제투자에 대한 미국의 이익이 크게 증대되었음에도 불구하고, 여전히 보호주의를 고수하면서 국제경제질서의 폐쇄를 야기하게 되었던 것은 이러한 맥락에서 이해될 수 있다. 정치세력으로서 공화당으로, 그리고 무역정책에 있어 보호주의로 나타나는 '1896년 체제의 정치연합' 은 점증하는 자유주의적 이익의 영향력을 차단하면서 이 시기 미국의 대외정책을 효과적으로 통제했던 것이다.

1930년대 후반부터 미국이 고립주의와 보호주의에서 탈피하게 된 것은 대공황에 의해 이러한 체제가 붕괴되고 국제주의적 이익을 지닌 세력들이 이를 대치하게 되었기 때문이다. 1930년대에 지속된 대공황의 참상 속에서 공화당의 고전적 자유주의의 처방은 효력을 거두지 못했고, 노동과 농업은 물론 공화당을 지지하던 산업, 금융자본까지도 공화당을 떠나게 되었다(Gourevitch 1986). 마침내 1932년 선거에서 루즈벨트에 의해 구축된 뉴딜 연합이 권력을 장악하고 케인즈적 국내 경제정책을 추진하기 시작했다.

대공황에 대한 루즈벨트 행정부의 초기 대응안은 다분히 '민족주의적' 인 것이었다. 우선, 미국은 금본위제를 포기함으로써 국제통화 안정을 위한 런던 회의(London Conference)를 무산시켰다. 또한 스뭇-홀리 관세법에 의해 폭등한 관세율을 소폭 인하하였을 뿐 보호주의 정책을 개혁하려는 노력에는 전혀 관심을 두지 않았고, 다만 미국의 수출 증대에만 역점을 두었다. 그러나 뉴딜의 제2단계가 시작되는 1936년경부터 국제주의적 자본이 국내파 자본을 대치하고 노동, 농업과 함께 지배적인 정치연합을 구축하게 되면서 미국은 국제주의적 대외경제정책을 추진하게 되었다.

우선, 무역정책에 있어서 자유무역원칙이 천명되었고, 자유무역을 위한 제도적 기반이 마련되었다. 이같은 전기는 1934년 제정된 호혜통상법(Reciprocal Trade Agreements Act : RTAA)에 의해 마련되었다. RTAA는 외국과의 호혜협정을 통하여 기존 관세의 50%까지 인하할 수 있는 권한을 대통령에게 부여하였는데, 이는 미국 무역정책의 전환에 대해 두 가지 의미를 지닌다. 첫째는 입법과정에서 당시 국무장관 헐(Cordell Hull)이 천명한 것과 같이 "자유무역은 부와 평화를 가져온다"는 자유주의 원칙이 확고히 자리잡게 된 것이다(Pastor 1980, 84-93). 스뭇-홀리의 악몽과 대공황, 그리고 곧이어 터진 제2차 세계대전의 기억은 이후 상당 기간 자유주의적·국제주의적 경제정책에 정당성을 부여해 주었다. 둘째, RTAA는 헌법상 의회에 부여되어 있는 관세책정권을 대통령에게 이전시킴으로써 자유무역정책의 제도적 기초를 마련했다. 이익집단들의 보호주의적 요구에 취약할 수밖에 없는 의회가 무역정책을 수립할 경우 보호주의적으로 흐를 수밖에 없고 스뭇-홀리와 같은 악법이 재발할 가능성이 높다. RTAA는 이를 대통령에게 이전함으로써 무역정책에 대한 보호주의적 압력을 차단시켰던 것이다. 이는 이후 자유주의적 무역정책이 추진될 수 있는 제도적 기초가 되었을 뿐만 아니라, 대통령과 국무부에 의해 무역정책이 주도됨으로써 상업적 이익을 넘어서서 정치적 고려와 국제질서의 차원에서 무역정책이 형성될 수 있게 하였다(Haggard 1988).

이후 루즈벨트의 2차, 3차 임기 동안 미국은 자유주의적 국제주의 정책을 서서히 추진해 나갔다. 1936년경에는 미국과 영국, 프랑스 간에 금본위제로의 복귀와 환율 안정을 위한 협정이 체결되었고, 국제 자본시장의 정상화를 위한 협상 역시 추진되었다. 또한 각국과의 무역자유화를 위한 협상이 추진되어 1939년이 되면 RTAA가 적용되는 대상이 총수입의 60%에 이르게 되었다. 요컨대 미국은 강력한 고립주의적 · 민족주의적 성격에서 탈피하여 개방적 · 자유주의적 방향으로 전환되어 갔던 것이며, 패권적 능력뿐 아니라 동기와 의지까지 갖추게 되었던 것이다.

미국 패권과 전후질서

제2차 세계대전은 미국의 패권이 본격적으로 국제질서에 행사되는 계기가 되었다. 대공황, 금본위제와 자유무역질서의 붕괴, 파시즘의 발흥, 제2차 세계대전으로 이어지는 일련의 과정은 19세기적 정치경제질서가 붕괴되는 과정이었다. 대공황이 여실히 드러냈듯이 고전적 자유주의 경제질서는 국내적으로 더 이상 기능할 수 없게 되었을 뿐만 아니라, 노동의 정치적 성장으로 인해 정치적으로도 가능하지 않게 되었다(Polanyi 1944). 국제적으로도 1930년대의 경험을 통해

외적 균형과 국제경제질서의 안정을 위해 각국 경제의 자율성을 통제하는 국제경제질서의 취약성과 위험성이 명백해졌다.[6] 또한 주변부에서 확산된 민족주의와 영국 등 주요 식민 본국들의 약화는 전 세계를 분할했던 제국주의적 지배구조가 더 이상 유지될 수 없게 만들었다. 경제적으로도 식민지에 기반한 19세기적 질서는 무역 블록화를 가져옴으로써 자유무역질서의 유지에 장애가 될 뿐만 아니라, 식민지를 충분히 확보하지 못한 미국의 경제적 이익에 직접적인 위협이 되었다.

더욱이 제2차 세계대전이 마무리되어 가던 시점에서 파시즘이 패퇴한 이후의 국제질서는 자본주의와 사회주의의 양 체제가 대치하는 구조로 이루어지게 될 것임이 명백해졌다. 자본주의는 국내외적으로, 그리고 경제적·정치적으로 치명적인 위기에 빠져 있었고, 자본주의에 대한 경쟁적 대안이자 최대의 적으로 사회주의가 부상하고 있었다. 종전 후 팽창된 소련과 동구권 국가들은 서구에 대한

6_ 19세기의 고전적 자유주의 국제경제질서에서 각국 경제정책의 최고 목표는 흄 모델식의 외적 균형에 있었고, 국내경제의 실업이나 물가는 고려의 대상이 되지 않았다. 예컨대 무역적자국의 경우 금본위제 하에서 통화량이 줄어들고 임금과 물가가 하락하게 되며, 결과적으로 국제경쟁력을 지니게 되어 다음 시점에서 수출이 늘고 수입이 줄게 된다. 이는 당연히 외적 균형을 위한 비용이 임금하락과 실업의 형태로 노동에 집중되는 결과를 가져왔다. 20세기에 들어서 노동의 정치적 힘이 강화되면서 이러한 자유방임정책은 국내정치적으로 대단히 위험한 결과를 가져왔다. 임금과 실업문제를 해결하고 국내경기를 부양하는 것이 가장 중대한 과제가 되었던 것이다. 이는 전간기에 금본위제와 자유무역질서가 붕괴될 수밖에 없었던 정치적 원인으로 작용했다. Eichengreen (1996), ch.1 참조.

직접적인 안보적 위협이 되었을 뿐만 아니라, 소련식 모델의 매력은 급속히 확산되었다. 전후의 폐허 속에서 여러 나라에서 좌파정당의 세력이 확대되고 있었던 것이다. 이렇게 정치적 · 안보적 차원에서도 자본주의를 구원할 수 있는 국제질서가 수립 · 강화되어야 했다.

구질서의 붕괴와 사회주의와의 대립 속에서 자본주의를 구원할 수 있는 새로운 국제정치 및 경제질서를 수립하는 역할을 새로운 패권국 미국이 수행하게 되었던 셈이다. 우선, 정치적으로는 사회주의의 위협을 막을 수 있는 국제질서의 수립이 최대의 목표가 되었다. 1940년대 초반까지 미국은 뉴딜 질서의 국제적 확산을 추진했다고 평가된다(Arrighi 1994, 65-69). 각국 국내적으로는 노동의 정치적 힘이 대표되는 정치질서가 수립되고, 국제적으로는 비서구 식민지 지역까지 자결적 민족국가가 수립되는 질서를 원했던 것이다. '단일세계주의'(One-worldism)의 이같은 질서에는 저발전된 비서구지역으로 소련까지 포함되어 있었다(Schurmann 1974, 70). 그러나 소련이 동구지역으로 팽창하고 서국 각국 내에서 좌파정당의 힘이 급증하게 되면서 사회주의와의 화해와 공존이 포기되고 사회주의의 '봉쇄'(containment)가 국제질서의 핵심이 되었다. 단일세계주의 대신 '자유세계주의'(Free-worldism), 즉 사회주의를 봉쇄하기 위한 자본주의 국가들만의 국제질서의 수립과 유지가 미국 외교정책의 핵심이 되었던 것이다.

이와 같이 국제적으로, 그리고 각국의 국내적으로 사회주의를 봉쇄하고 사회주의의 위협을 물리치는 질서의 수립은 몇 가지 차원에서 수행되었다. 우선, 마샬 플랜과 '뉴딜의 국제화'(internationalization of New Deal)를 통해 서구 각국의 자유민주주의(liberal democracy) 체제를 복원 혹은 이식하고(van der Pijl 1984), 포디즘적 축적체제와 케인즈주의 거시경제정책을 중심으로 계급 타협을 이루어냄으로써 자유민주주의 체제의 안정을 꾀하도록 했다. 동시에 이들을 NATO와 같은 군사동맹체제로 묶음으로써 소련과의 냉전 및 군비경쟁에 대응했다(Gill 1993, 248-249). 나아가 소련과의 이러한 이념적·정치군사적 대결은 제3세계 지역의 신생 민족국가들 지역에까지 확산되었다. 미국은 이러한 질서를 고안·수립하고 추진하는 패권적 역할을 충실히 수행했다.

국제경제질서 역시 미국에 의해 짜여졌다. 전후 국제경제질서에 대한 구상은 일찍부터 시작되었다. 새로운 국제경제질서를 수립하는 데는 다음 두 가지 상황이 결정적 영향을 미쳤다. 첫째는 전전의 경제적 경험과 변화된 경제상황이다. 1930년대의 경험은 자국 산업을 보호하기 위한 보호무역정책과 경쟁적 평가절하가 곧 다른 나라들의 보복을 가져옴으로써 세계 경제는 물론 자국 경제까지 몰락시킨다는 교훈을 가져다 주었다. 따라서 이같은 근린궁핍화 정책(*beggar-thy-neighbor* policy)이 되풀이되지 않는 자유주의적 세계경제질서가 복구되어야 한다는 필요성이 전후 질서의 근간이 되었다. 다른 한편, 전후 서구 각국이 케인즈주의적 경제정책으로 수요를 창출하는 데는 자유무역에 의한 해외시장의 확보가 필수적 요소였다. 더욱이 탈식민화로 인해 더 이상 식민지 무역에 최소한의 기반을 두는 것이 대안이 될 수 없었으므로 서구 각국 간의 자유주의적인 경제교류의 필요성은 증대되었다.

둘째는 전후의 국제정치질서이다. 사회주의를 봉쇄하고 국내외적으로 사회주의의 위협을 물리치기 위해서는 자본주의 진영의 신속한 경제적 복구와 번영, 그리고 이들 간의 결속이 기본적 조건으로 대두되었다. 이를 위해서는 서구 국가들을 중심으로 자유주의 질서의 수립이 시급했다. 자유주의 질서 하에서 확대될 국가 간 경제교류는 곧 각국의 경제복구를 앞당겨 줄 것이고, 경제교류의 확대 속에서 각국 간의 결속이 강화될 수 있다고 판단되었던 것이다. 사회주의와의 대립이 확산되고 냉전이 굳어지던 상황에서 이러한 안보적 고려는 대단히 중요하게 작용했다. 무엇보다도 미국이 전통적인 보호주의 정책에서 벗어나서 때로 자신의 단기적 경제적 이익을 희생하면서까지 자유주의 질서의 강력한 리더십으로 나서게 된 데는 안보적 고려가 중시되었다.[7]

문제는 영국 패권 하의 자유주의적 국제경제질서가 더 이상 기능할 수 없었다는 점이다. 경제위기와 국가들 간의 갈등이 주기적으로 반복되고 국내정치적 혼란과 대공황, 그리고 두 번의 세계대전을

7_ 예컨대 미국 무역정책을 자유무역으로 변화시킨 계기가 된 1934년의 호혜통상협정법(Reciprocal Trade Agreements Act)은 외교정책을 담당하는 국무부가 주관하여 통과시켰다. 당시 국무장관 헐(Cordell Hull)은 "보호주의는 빈곤과 전쟁을 가져오고 자유무역은 번영과 평화를 가져온다"는 전형적인 자유주의적 상호 의존론을 거듭 강조했던 바 있다. Haggard(1988), pp. 91-119 참조.

잉태한 고전적 자유주의로 되돌아갈 수 없었을 뿐만 아니라, 노동의 정치적 힘이 성장한 상황 속에서 고전적 질서는 각국의 국내정치적으로 사실상 수용되기 어려웠던 것이다. 따라서 새로운 자유주의 국제경제질서는 1920년대까지 지속된 고전적 질서와 근본적으로 다를 수밖에 없었다.

미국의 주도 하에 새로 수립된 국제경제질서는 제한적이고 관리되는 자유주의 질서였다. 앞에서 살펴보았듯이 자유무역과 금본위제의 고전적 자유주의 국제경제질서는 자유무역과 국제통화질서의 안정만을 중시했고, 이를 위해 성장과 고용, 임금 등 국내경제적 필요는 희생되는 질서였다. 상품과 자본의 국제적 이동을 방해하는 어떠한 수단도 정당화되지 못했고, 국내적 필요에 의한 국가의 개입이 배제되었다. 이같은 자유방임주의는 개방적 국제경제질서를 구축한다는 이상에는 부합되었으나 1930년대의 경험이 드러내듯이 경제적 · 정치적으로 더 이상 실현되기 어려웠다. 결과적으로 대공황과 제2차 세계대전 이후 서구 각국이 수요관리와 복지국가를 내용으로 하는 케인즈주의적 개입주의 정책을 추진하게 되었고, 이러한 국내 경제정책에 부합하는 한도 내에서 자유주의 국제경제질서가 수립되어야 했던 것이다.

일단 수립된 자유주의 질서가 유지되기 위해서도 이 질서는 제한적이고 관리되어야 했다. 자유주의 국제경제질서에 참여하는 각국의 국내적인 경제적 · 정치적 필요가 희생되면 각국이 더 이상 참여할 수 없는 상황이 벌어지고, 결국 1930년대의 상황이 되풀이될 수 있기 때문이다. 예컨대 19세기 금본위제 하에서처럼 국제통화질서의 안정에 국내 경제정책이 종속될 경우 국내경제적 필요가 충족되지 못하고, 이에 대한 정치적 저항을 각국이 감당할 수 없게 된다. 이는 곧 각국이 국제통화질서에서 벗어나는 결과를 초래할 것이며, 결국 국제질서의 붕괴로 귀결될 것이다. 따라서 국내경제적 필요를 충족시킬 수 있도록 국가의 개입이 허용되는 한에서의 국제적 자유주의 질서가 요구되었던 것이다. 고전적 자유주의와 구분하기 위해 러기는 이를 '내장형 자유주의' (embedded liberalism)라고 불렀는데, 국내경제의 필요에 토대를 두고 이에 연계시킨 자유주의적 국제경제질서라는 의미이다(Ruggie 1982).

이같은 성격은 국제경제질서를 구성하는 두 축, 즉 국제통화금융질서와 국제무역질서에 그대로 구현되었다. 우선, 안정적 국제통화질서를 마련하기 위한 실무작업이 종전 이전부터 계속되어 마침내 1944년 브레튼 우즈에서 44개국이 새로운 국제통화질서를 수립하는 협정에 서명했다. 새로운 국제통화금융질서는 '내장형' 자유주의의 성격을 그대로 반영했다. 브레튼 우즈 체제는 기본적으로 금환본위제이면서 '조절가능한' 고정환율제라는 특성을 지니고 있었다. 우선, 전전의 가치(1달러=금 1/32oz.)로 달러의 금태환을 보장하고, 각국 통화의 가치를 달러에 고정했다. 패권국의 통화를 기축으로 하여 다른 통화들의 가치를 고정시킴으로써 달러의 가치가 유지되는 한 국제통화질서의 안정이 지켜지도록 한 것이다. 반면, 국제수지 조정 면에서는 일시적·구조적 국제수지 불균형을 해결하기 위한 환율

조정이 허용되었다. 국제수지 적자 문제를 해소하기 위한 평가절하를 허용하고 국제기구에 의한 지원을 보장함으로써 국제수지의 균형을 회복하기 위해 환율을 유지한 채 모든 부담을 각국의 국내경제가 지게 되는 사태를 막으려 했던 것이다(Helleiner 1994, ch. 2).

브레튼 우즈 체제의 또 다른 핵심요소는 극히 제한적이고 비자유주의적인 국제금융질서이다. 즉, 새로운 국제금융질서는 국가 간 자본의 흐름을 통제하는 데 목적을 두고 개별 국가들에게 자본의 유출입을 통제할 수 있는 권한을 주었을 뿐만 아니라, 자본유출국과 유입국의 상호 협조적인 자본통제와 외환통제도 허용했던 것이다. 이같이 국제금융의 자유화를 통제시킨 이유는 다음 두 가지였다(Helleiner 1994, 4). 첫째, 자본의 자유로운 국제적 이동은 각국의 케인즈주의적 거시경제정책에 장애로 작용할 수밖에 없다. 환차익/손이나 조세와 인플레이션을 회피하기 위한 자본유출이 일어날 경우, 각국의 거시정책적 목표가 원만히 이루어질 수 없으므로 이를 막기 위해 강력한 자본통제가 필요했던 것이다. 둘째, 자본의 자유로운 이동 하에서는 국제통화질서의 안정과 이를 기반으로 한 자유무역질서가 위협을 받는다. 대규모 자본의 빈번한 이동은 환율체제의 변동을 가져오게 되고 각국의 무역수지에 중대한 위협을 초래하여 결국 보호주의의 정치적 압력을 가중시킬 것이므로 국가 간 자본이동을 통제했던 것이다. 요컨대 국가의 거시정책적 자율성과 안정적 통화질서 및 자유주의 국제금융질서는 양립불가능하므로[8] 경제정책의 자율성과 국제통화질서의 안정을 위해 자본의 국가 간 이동을 규제했던 것이다.

국내경제와 국제경제를 '연계' 시킨 전후 국제경제질서의 성격이 그대로 구현되어 있다.

국제무역질서에 대한 구상 역시 전쟁이 끝나기 이전부터 시작되었고, 미국의 주도로 실현되었다. 이미 1943년 가을 미국과 영국 간의 전문가 회의가 개최되었고, 종전 직후에는 국제무역기구(International Trade Organization)를 설립하려는 구상이 논의되다가 최종적으로는 ITO의 한 부분으로서 잠정적으로 체결되었던 관세 및 무역에 관한 일반협정(General Agreements on Tariffs and Trade : GATT)이 자유무역질서를 관장한 국제기구의 역할을 담당하게 되었다. 미국의 주도 하에 자유진영의 회원국들 간에 다자주의(multilateralism)적 방식으로 진화되어 온 GATT 체제는 무차별(non-discrimination) 원칙과 호혜주의(reciprocity) 원칙 하에 관세를 대폭적으로 인하하여 무역의 확대를 이끌어냈다. 그러나 GATT 체제의 목표는 완전히 자유로운 무역(free trade)이라기보다는 '보다 자유로운' (freer) 무역이었으며(Lipson 1982, 450-453), 이런 점에서 전후의 무역질서 역시 내장형 자유주의의 성격을 지니고 있었다.

우선, GATT는 상품무역에만 적용되었고, 농산물과 서비스, 국제투자 및 반경쟁적 기업행동 등의 국내 경제관행은 제외되었다. 또 상품무역 중에서도 섬유업과 같이 고용효과가 큰 전통적 산업 부문

8_ 이를 삼위불일체(Unholy Trinity)라고 한다. Cohen(1993) 참조.

은 제외되어 별도의 협약에 의해 무역이 규제되었다. 고용안정을 위한 정부 역할의 필요성을 인정했기 때문이며, 이 부문들의 무역자유화에 대한 각국의 국내정치적 저항이 거셌기 때문이다. 이 부문들이 포함된 자유무역질서는 수립되기 어려웠을 것이며, 설사 수립되었다 하더라도 장기간 지속되지 못했을 것이다. 고용효과가 큰 섬유업, 서비스업, 농업 등의 부문이 자유화될 경우 경쟁력이 떨어지는 국가들의 이 부문들은 도태될 것이고, 이에 따른 구조조정 비용과 정치적 저항 및 사회적 불안정은 막대할 것이며, 결국 자유무역질서에서 이탈하는 국가들이 속출했을 것이기 때문이다.

이와 더불어 GATT는 여러 가지 예외규정들을 설정하고 있었다. 모든 회원국들에 대해 동등한 무역상 혜택을 부여할 것을 의무화했으면서 동시에 기존의 모든 특혜협정을 인정했고, 자유무역지대나 관세동맹도 허용했다. 또한 국제수지 불균형의 상황에서 일시적으로 수입에 대한 수량적 제한을 할 수 있도록 허용했고, 특히 농산물 가격 지지 정책의 일환으로 행해지는 수량적 제한을 인정했다. 더욱이 특정 산업이 수입으로 인해 막대한 피해를 볼 경우에는 긴급수입제한조치(safeguard)가 허용되었다. 회원국 3분의 2 이상이 승인할 경우 모든 의무에서 벗어날 수 있도록 했고, 회원국들 간의 분쟁을 해결하기 위한 절차가 마련되었다. 요컨대 GATT 하의 국제무역질서는 이 같은 예외규정들에 의해 관리되고 제한된 자유무역질서였다(Ruggie 1982, 213).

이와 같이 전후 국제경제질서는 변화된 국내외 정치경제 상황에 대처하기 위해 고전적 자유주의 질서와는 다른 성격을 지니게 되었다. 즉, 19세기적인 자유방임적 자유주의 질서가 아니라 제한된 자유주의 질서였으며, 이는 또한 노동의 정치적 성장, 민족국가들의 전세계적 확산 및 사회주의와의 대결이라는 정치적 상황과 맞물려 있었다. 이러한 성격의 국제정치경제질서가 수립되고 유지될 수 있었던 데는 미국이라는 패권적 존재가 절대적으로 작용하고 있었다.[9] 미국은 문자 그대로 이러한 질서를 고안했을 뿐만 아니라, 질서를 수립하고 유지하는 데 드는 비용을 감당했던 것이다. 예컨대 브레튼 우즈 통화질서는 미국이 국제수지 적자를 통해 국제 유동성을 공급하는 한편 달러의 가치를 유지해 줌으로써 작동할 수 있는 것이었고, 자유무역질서 역시 광대한 미국 시장을 개방함으로써 유지될 수 있었던 것이다.

미국 패권의 약화와 국제질서의 변화

전후 수립된 국제정치경제질서는 역사상 유례가 없을 정도로 미국이라는 패권적 존재에 의존하고 있었다. 사회주의의 봉쇄에 있어서나 국제통화질서와 무역질서의 유지에 있어서 미국의 역할은 절

9_ 이런 면에서 패권 개념이 전형적으로 적용될 수 있는 것이 제2차 세계대전 직후 미국의 경우라고 평가된다.

대적이었으며, 미국의 압도적인 경제력과 군사력에 의해 뒷받침되었던 것이다. 그러나 OECD 국가들 전체 국내 총생산의 60%에 달하는 규모의 미국의 경제력은 전쟁 직후라는 특수한 상황 때문에 가능했다. 유럽과 일본의 경제가 전쟁 속에서 폐허가 된 반면, 미국은 전쟁의 직접적 피해를 입지 않았던 것이다. 따라서 주요 국가들이 전쟁의 폐허에서 복구되고 본격적으로 경쟁 상대가 되는 1960년대를 전후하여 더 이상 이같이 특수한 상황은 존재하지 않게 되었고, 1970년대에 들어서면서 미국의 상대적 경제력은 눈에 띄게 쇠퇴하기 시작했다. 다양한 지표들이 미국의 상대적 쇠퇴를 입증한다. 예컨대 미국의 국내 총생산은 OECD 전체의 40% 이하로 하락했고, 생산성과 성장률, 기술개발에 있어서도 뒤처지기 시작했다. 또 1970년대 초부터 무역수지 적자가 큰 폭으로 증가하기 시작했고, 첨단산업의 세계 수출점유율도 30% 미만으로 하락했다.[10]

패권안정론자들이 주목했듯이 미국 경제력의 쇠퇴와 함께 국제경제질서의 동요가 시작되었다. 무엇보다도 미국의 경제력과 역할에 절대적으로 의존하도록 짜여졌기 때문에 미국의 쇠퇴는 불가피하게 국제경제질서의 불안정을 야기시켰던 것이다. 먼저, 국제통화금융질서가 1970년대에 이르러 붕괴되었다. 유럽 각국이 전쟁의 폐

10_ 1970년대 이후, 특히 미국의 무역적자와 대외채무가 천문학적으로 증가한 1980년대에 들어 미국의 쇠퇴에 대한 논의와 패권안정론이 본격적으로 대두되었다. 미국쇠퇴론에 대한 비판적 일별을 위해 Nau(1990) ; Nye(1990) ; 장맹렬(1992)를 참조하라. 패권쇠퇴론에 대한 비판적 분석으로 Strange(1987) ; Russet(1985)를 참조하라.

허에서 복구되는 1950년대 말까지 미국은 마샬 플랜 등 여러 가지 수단을 통해 달러를 해외로 유출시킴으로써 국제 유동성을 공급했다. 그러나 1960년대에 들어서면서 상황은 역전되어 달러의 과잉유출이 큰 문제가 되었다. 미국의 무역수지 흑자폭이 줄어든 데다가 EC 결성 이후 미국 기업들이 유럽에 대한 직접투자를 대폭 늘림으로써 자본이 유출되었고, 군사비 지출은 상황을 더욱 악화시켰다. 이같이 달러가 과잉유출되고 미국의 국제수지 적자가 누적되면서 국제통화질서를 지탱하던 달러의 신뢰도가 추락하게 되었다. 또한 실질적으로 달러가 고평가되어 있었기 때문에 미국 산업의 경쟁력이 저하되었고, 이는 다시 미국의 국제수지를 악화시키는 결과를 가져왔다.[11] 달러의 유출을 제한하기 위한 각종의 직·간접적 자본통제나 금풀제와 같은 국제협력체제에 의해서도 달러 과잉유출의 문제는 해결되지 않았고 더욱 심화되어 갔다. 결국 달러의 금태환 정지와 대폭적 평가절하에도 불구하고 달러 투매가 확산되고 외환시장이 폐쇄되는 혼란이 지속되면서 브레튼 우즈 통화체제는 붕괴되었다. 미국에 의해 달러의 고정된 가치가 지탱되고 다른 통화들의 가치가 달러에 고정되었던 안정적 통화질서가 무너지고, 각국 통화의 가치가 시장에 의

11_ 이를 '트리핀 딜레마'(Triffin dilemma)라고 한다. 즉, 준비자산으로의 달러는 미국의 국제수지 적자에 의해 지속적으로 해외로 유출되어야만 세계 경제에 유동성을 공급할 수 있다. 반면, 미국의 지속적 국제수지 적자는 달러에 대한 신뢰성을 떨어뜨려 준비자산으로서의 역할을 위협한다. 역으로 달러의 신뢰도를 지키기 위해 달러의 유출이 축소되면 국제 유동성의 부족이라는 모순에 빠지게 된다. Triffin(1960) 참조.

해 결정되는 변동환율제의 국제통화질서가 도래하게 되었던 것이다. 무엇보다도 전쟁 직후와 같은 수준의 압도적 경제력을 미국이 상실했기 때문이었다.

이와 더불어 브레튼 우즈 체제가 제한했던 국세금융이 부활되었다. 우선, 변동환율제로 인해 외환시장의 규모 자체가 엄청나게 증대되었다. 환율의 불안정이 전제되는 상황 속에서는 당연히 국제투자와 거래에 있어서 환율 및 실질이자율이 관건이 되었고, 이를 대상으로 하는 국제투기자본이 급격히 팽창하게 되었다. 또한 자산가치의 안전성과 투자 위험의 회피 및 부채의 효율적 관리를 위해 다양한 금융거래 방법이 생겨났고 그 규모가 급증하게 되었다(Strange 1986). 이처럼 국제금융시장이 급성장하게 되자 이는 다시 각국의 자본통제를 폐지하는 압력으로 작용하게 되었다. 더욱이 유로시장의 급성장, 오일쇼크와 인플레이션의 만연, 막대한 오일 달러의 환류(recycling) 등은 국제금융의 규모를 더욱 증대시켰다. 따라서 한편으로는 자본통제를 계속하기가 더욱 힘들어졌고, 다른 한편으로는 자본통제의 폐지와 자유화를 위한 압력이 크게 증가하게 되었던 것이다. 이런 상황 속에서 미국을 시작으로 브레튼 우즈의 제한적 금융질서를 유지하던 자본통제가 속속 폐기되었다. 우선, 미국은 1974년 공식적으로 모든 자본통제를 폐지했다. 급속히 증가하는 무역수지 적자와 재정적자를 보전하기 위해 해외로부터의 차입을 극대화하려 했기 때문이었다(Helleiner 1994, 103-105). 일찍부터 자본통제가 미치지 않는 유로시장을 유치했었던 영국이 곧 뒤를 따랐고, 1980년대 초까지 독일,

일본, 프랑스, 이탈리아 등 주요국이 자본자유화와 금융자유화를 도입했다(Goodman and Pauly 1993). 결과적으로 1980년대 이후 국제금융은 반세기 전의 자유주의 질서로 돌아가기 시작했다.

국제무역질서 역시 크게 변화되기 시작했다. 외형적으로는 1950년대와 1960년대를 통해 세계 교역량이 빠른 속도로 증가하고, 이를 바탕으로 각국의 경제적 번영이 달성되었지만 GATT의 제한적 자유무역질서 역시 근본적 모순을 지니고 있었다. 자유무역질서가 성공적으로 유지되어 교역량이 확대될수록 개방의 결과로 인한 각국의 국내 경제적·정치적 충격이 커지게 되었던 것이다. 또한 일본과 서구 경제의 복구가 완수되어 본격적인 경쟁이 시작되었고, 1970년대 들어서부터 수출 중심의 발전전략을 성공적으로 수행한 신흥공업국들까지 세계 시장을 잠식함으로써 세계 무역질서는 더욱 경쟁적이 되었다. 이런 상황 속에서 전후의 제한적 자유무역질서의 유지는 점점 어렵게 되었다. 기존 질서에 대한 선진국들 간의 합의가 약화되었고, 이 질서를 유지시킬 수 있는 미국의 능력과 동기도 현저히 줄어들었다. 특히 미국의 경우 1970년대부터 노조와 수입경쟁 산업이 보호주의적 압력을 행사하기 시작했고, 결과적으로 1974년 무역법이 제정되면서 자국 산업을 보호하려는 정책들이 강화되었다.

요컨대 미국을 비롯한 선진국들에게 제한적 자유무역질서가 초래하는 비용이 감당하기 어려운 수준으로 증대되었던 것이다. 이에 대한 대응은 GATT 체제 하에서 수립된 자유무역에 대한 제한을 풀고 국제무역질서를 보다 자유화하는 방향으로 이루어졌다. 즉, 무역적자가 천문학적 수준으로 증가하던 1980년대 중반에 미국의 주도하에 새로운 국제무역질서를 위한 다자협상이 시작되었고, 그 결과 WTO 체제가 출범하였던 것이다. 이 변화는 GATT의 제한적 자유무역질서와 본질적으로 다르다.[12] 우선, 지리석 · 산업적 · 영역적으로 무역자유화가 확대되었다. GATT 체제에 포함되지 않았던 농업, 서비스업, 투자 등이 개방의 대상이 되었고, 제3세계와 구사회주의권을 포함해 전 세계적으로 자유화가 확산되었으며, 무역의 확대를 위해 많은 새로운 이슈와 정책 영역들에서 각국의 자율성이 축소되었다. 이를 통한 시장의 확대로 경쟁의 심화를 완화시키고 미국을 비롯한 선진국들의 국내경제적 충격을 완화하려 했던 것이다. 또한 WTO 체제는 공정한 무역(fair trade)과 평등한 경쟁구조(level playing field)에 초점을 두고 국제무역질서를 재편했다. 각국의 불법적 무역제한 조치를 제거하고 분쟁해결 절차를 강화했을 뿐만 아니라, 경쟁기회의 평등을 위해 무역과 연관된 각국의 국내정책들, 예컨대 경쟁정책이나 노동정책, 환경정책까지 규제하기 시작했다. 결과적으로 각국의 발전수준이나 국내 경제적 · 정치적 목적에 따른 자율성이 그만큼 침해되었으며, 국제무역에 있어서 시장의 논리가 보다 강화되었다. 국제무역질서 역시 전후 수립된 제한적 자유주의가 붕괴하고 보다 시장중심적 질서로 변화된 것이다.

12_ John G. Ruggie, "At Home Abroad, Abroad at Home : International Liberalization and Domestic Stability in the New World Economy," *Millenium* 24 : 3 (1995).

이렇게 볼 때 1970년대부터 미국의 패권이 크게 쇠퇴하기 시작했고, 이와 더불어 국제질서의 불안정 내지 붕괴가 시작되었다는 패권안정론자들의 주장은 피상적이다. 최소한 제2차 세계대전 이후의 국제질서만을 고려한다면 역사상 유례 없는 규모의 미국의 패권적 능력에 의해 국제질서가 고안 · 수립되었다. 또한 이 질서의 유지 역시 이러한 패권적 존재에 의지하고 있었으므로 미국의 쇠퇴는 곧 국제질서의 붕괴를 가져올 것으로 예측할 수 있다. 그러나 패권안정론의 주장은 경험적으로도 오류로 판명되었을 뿐만 아니라 몇 가지 중대한 측면을 간과하고 있다.

우선, 미국 패권의 정치적 · 군사적 차원의 중요성이 과소평가되었다. 앞에서 논의했듯이 냉전과 군비경쟁은 전후 질서의 두 축 중의 하나이며, 국제경제질서의 성격에도 중대한 영향을 미쳤다. 반세기간 지속된 세계적 규모의 개입과 군비경쟁은 미국의 경제적 자원을 고갈시킴으로써 쇠퇴의 원인이 되기도 했지만[13] 그간 축적된 미국의 군사적 · 정치적 힘은 미국 패권의 가장 중요한 자원이 되었다(Nye 1990, ch. 3). 더욱이 1980년대의 군비경쟁 이후 소련이 붕괴됨으로써 정치 · 군사적으로 미국은 사실상 유일한 초강대국이 되었다. 이 차원의 미국의 힘은 제2차 세계대전 이후 전혀 쇠퇴하지 않았고, 오히려 최고조에 달한 것이다. 이러한 정치적 · 군사적 능력은 단순히 안

13_ 케네디의 '제국의 과잉확대'(imperial overstretch) 개념을 참조하라. Kennedy(1987).

보적 차원에서만 행사되지 않는다. 이로부터 파생되는 영향력은 경제적 차원에서의 상대적 쇠퇴를 상당히 보완해 줄 수 있는 것이다.

둘째, 패권안정론자들은 당시 일어나고 있던 국제경제질서 변화의 성격을 오인했다. 이들은 제2차 세계대전 이후 수립된 '자유주의 국제경제질서'가 혼란과 붕괴에 들어설 것으로 파악했다. 그러나 이후의 현실이 드러내듯이 국제경제질서는 오히려 급속한 자유화 · 개방화가 진행되면서 '신자유주의' 혹은 '세계화'의 물결에 휩쓸리게 되었다. 더욱 자유주의화된 것이다. 이는 전후 수립된 '제한적' 자유주의 질서가 '보다' 자유주의적인 질서로 변화된 것이며, 국제경제질서의 이러한 재편은 미국의 주도로 이루어졌던 것이다.

특정한 패권국이 쇠퇴함에 따라 패권 상승기에 수립된 국제경제질서가 불안정해진다는 가설은 타당성을 지닐 수 있다. 패권국이 비용을 감당할 능력과 동기를 상실해감에 따라 질서의 유지가 어려워질 수 있기 때문이다. 제2차 세계대전 이후의 제한적 자유주의 질서 역시 종전 직후와 같은 특별한 패권이 존재하지 않게 되면서 변화될 수밖에 없었다고 볼 수 있다. 그러나 최소한 1970년대 이후 미국의 패권적 지위와 국제경제질서의 변화에 대한 패권안정론의 주장은 현실과 유리되어 있다. 제2차 세계대전 직후에 비해서는 상대적으로 패권이 쇠퇴했지만 여전히 미국은 국제질서를 변형시킬 수 있는 능력을 지니고 있었고, 실제 새로운 국제통화금융질서와 무역질서를 창출했던 것이다. 이 과정에서 패권의 부재나 국제경제질서의 폐쇄의 징후는 찾아보기 어렵다.

셋째, 1980년대까지 고조되었던 미국 쇠퇴론은 1990년대 들어 자취를 감추게 되었다. 1992년부터 미국 경제가 다른 나라들과는 비교가 안 될 정도의 장기 호황을 누리고 있었기 때문이다. 생산성 증가율에서부터 산업생산과 선도산업의 시장점유율, 심지어는 재정적자에 이르기까지 대부분의 지표들이 미국 경제의 '부활'을 입증하고 있다. 이러한 부활이 어디에 기인했는지에 대해서는 논란이 많지만 국제경제질서와 연관하여 다음 두가지를 주목할 수 있다. 첫째는 앞에서 논의한 신자유주의적 질서이다. 신자유주의적 세계화를 '미국화'(Americanization)라고 부르는 것처럼 미국은 가장 일찍부터 신자유주의적 방향으로 변화했다. 따라서 미국 주도 하에 변형된 신자유주의적 국제경제질서에 미국은 가장 익숙하며 유리한 위치를 점하고 있는 것이다. 둘째, '신경제'(New Economy)의 출현과 선도산업에 대한 미국의 우위이다. 1980년대 이후 정보통신혁명과 더불어 이에 기반한 포스트포디즘적 생산방식이 확산되고 정보통신산업, 생명공학산업, 지식산업, 금융 및 서비스업 등이 고부가가치의 선도산업으로 등장하게 되었다. 이러한 산업에서 미국은 일찍부터 우위를 점하고 있었고, 상당 기간 이같은 우위가 지속되며 미국 경제의 '부활'을 이끌고 갈 것으로 예측되고 있다. 일부 장주기론자들의 논리대로라면(Mjøset 1990, 23-35), 자본주의의 다섯 번째 장주기 동안 그 선도산업인 정보통신산업을 장악하고 있는 미국의 패권은 유지될 것으로 예측된다.

영국 패권과 미국 패권의 비교

지금까지 살펴보았듯이 19세기의 영국과 제2차 세계대전 이후의 미국은 지니고 있던 힘의 크기와 성격, 패권적 역할, 그리고 국제질서에 대한 영향에 있어서 여러 가지 유사성과 상이성을 지녔다. 양자의 비교는 미국 패권의 성격을 명확히 하고 장래의 변화를 가늠해 보는 데 도움이 될 수 있기 때문에 미국 쇠퇴론이 대두되던 1970년대 이후 이에 대한 연구들이 양산되었다. 특히 양자의 유사성이 강조되어 왔다. 예컨대 패권안정론의 경우, 영국의 사례는 유일한 모델이자 경험적 근거이며, 여기서 도출된 논리를 미국의 사례에까지 연장시키려 했던 것이다.

19세기의 영국 패권과 제2차 세계대전 후의 미국 패권 사이에 많은 유사성이 존재하는 것은 분명하다. 양자 모두 근대 자본주의 세계 경제에서 상당 기간 압도적 위치를 점하고 있었고, 이러한 힘을 바탕으로 국제정치경제질서를 수립 · 유지하는 데 주도적 역할을 했던 것이다. 그러나 양자 간에는 유사성만큼이나 결정적인 상이성이 존재한다. 영국과 미국이 지녔던 힘과 국제질서의 성격이 다르며, 양 패권이 변화해 간 궤적에도 큰 차이가 있다. 따라서 19세기 말의 영국과 1970년대 이후의 미국을 동일시하여 패권의 쇠퇴와 국제질서의 붕괴를 유추하는 것은 적절치 않다. 그렇다면 양자 간의 중대한 차이점은 무엇인가?

우선, 19세기 영국과 20세기 미국이 지닌 힘의 성격을 살펴볼 필요가 있다. 주지하듯이 전성기 영국의 힘의 자원은 해군력과 금융 및 제조업, 그리고 전 세계에 걸친 식민지에 있었다. 그러나 식민지와 해군력을 제외하면 영국은 결코 제2차 세계대전 직후 미국과 같은 압도적인 경제적·군사적 우위를 누린 적이 없었고(Keohane 1984, 37), GNP나 군사비의 규모, 산업생산 등 중요한 힘의 자원 대부분에 있어서 1위를 점하고 있지 않았다(Russet 1985, 212). 이에 비해 제2차 세계대전 직후의 미국은 거의 모든 차원에서 압도적 우위를 점하고 있었고, 이 우위의 크기가 시간이 지남에 따라 줄어들었음에도 불구하고 여전히 많은 차원에서의 1위를 점해 왔다. 요컨대 미국 패권은 다양한 자원에 근거하고 있고, 이러한 다양성에서 나오는 상승적인 효과를 지니고 있으며, 1970년대 이후의 쇠퇴에도 불구하고 상당한 수준의 다양한 자원을 보유하고 있는 것이다. 이는 쇠퇴기의 영국에 비교될 수 없으며, 오히려 전성기의 영국과 비교하는 것이 타당할 것이다(Nye 1990, ch. 2). 물론 미국은 19세기의 대영제국과 같이 세계의 4분의 1에 해당되는 식민지를 지니고 있지는 않으나 광대한 국내시장과 전 세계에 걸친 영향권을 감안하면 이 차원에서도 19세기의 영국에 크게 뒤지지 않는다.

한편, 1970년대까지 미국은 영국처럼 무역이나 해외투자 등에 크게 의존적이지도 않았다. 패권이 정점에 있던 1870년 당시 영국은 세계 무역의 4분의 1을 차지하고 있었고, 경제력이 점차 쇠퇴하면서 제1차 세계대전 발발 당시에 이르러 15%로 축소되었다. 반면, 미국은 서구 각국이 채 복구되지 않았던 1950년 당시에도 세계 무역의 18.4%만을 차지하고 있었고, 1960년에는 15%로 하락했다. 또한 1870년대에 영국은 국민총생산 중 무역이 50% 내외를 차지했던 데 비해 1960년대에 무역이 미국의 국민총생산에서 차지하는 비중은 17% 정도에 불과했다. 요컨대 영국 경제력의 근원은 무역에 있었던 반면, 미국 경제력의 근원은 무역보다는 생산에 있었던 것이다. 따라서 미국보다 훨씬 국제무역과 투자, 즉 국제경제에 의존적이었던 영국으로서는 개방적 국제경제질서를 지속시키는 데 사활적 이해가 걸려 있었다(Lake 1993, 135-137). 반면, 무역의존도가 낮았던 미국은 자유주의 국제경제질서를 지속하는 데 영국보다는 훨씬 낮은 이해가 걸려 있었고, 이는 다른 행위자들에 대한 미국의 교섭력(leverage)을 강화했다. 1970년대에 미국이 앞장서서 브레튼 우즈 국제통화금융질서를 붕괴시킨 것이나 1980년대 중반 국제무역질서를 변화시키기 위해 우루과이 라운드를 주도한 것 등이 이를 입증한다.[14)]

둘째, 양 패권이 주도했던 국제질서의 성격 역시 중대한 차이를 보인다. 우선, 정치적으로 미국은 안정된 동맹체제를 이루고 있었다. 제2차 세계대전 직후 사회주의와의 대결을 위해 서구 자유진영이 정

14_ 1980년대를 지나면서 미국의 무역의존도가 점차 높아지면서 이러한 힘은 축소되고 있다고 하겠다. 그러나 아직도 미국은 서구와 일본에 비해 상대적으로 무역의존도가 훨씬 낮으며, 광대한 국내시장이 존재하는 한 이러한 힘의 측면을 무시할 수 없다.

치적 · 군사적 · 경제적으로 강력하게 결속되었던 것이다. 이에 비해 영국은 전 세계의 식민지를 유지하기 위해 끊임없이 대륙의 도전국들을 견제할 수 있는 동맹 파트너를 모색해야 했다(Nye 1990, ch. 2). 따라서 국제질서는 상대적으로 불안정했고, 이 속에서 패권적 지위를 유지하기 위한 비용이 훨씬 클 수밖에 없었다. 물론, 미국 역시 소련과의 군비경쟁에 많은 비용을 부담해야 했지만, 자유진영 내의 강력한 결속이 없었더라면 이 비용은 더욱 컸을 것이다.

더욱이 전후 미국이 구축한 국제경제질서는 자유진영 내의 결속을 강화하고 안보적 능력까지 강화시켜 주었다. 19세기 영국 패권하의 자유무역질서는 동맹과 적 혹은 경쟁자들을 모두 포함하고 있었다. 따라서 자유무역의 혜택이 확산되어 각국의 경제가 성장하게 되면 적국도 그 혜택을 입어 궁극적으로 안보의 위협이 대두될 가능성이 존재했다. 그러나 제2차 세계대전 후의 자유주의 경제질서는 자유진영만으로 구성되었고, 소련과 사회주의권을 제외함으로써 이러한 위험성을 차단했다. 또한 자유무역의 혜택 속에서 서구가 복구되고 성장함으로써 증대된 경제력이 안보적 차원의 힘을 제공하는 결과를 가져왔다. 동시에 이 질서의 구성국들 모두가 미국의 정치군사적 동맹국이고 미국이 안보를 지휘하는 역할을 했으므로 경제분야에서의 미국의 발언권이 보다 강화될 수 있었다(Lake 1993, 139-140). 패권안정론자들이 주장하듯이 개방적 국제경제질서가 궁극적으로 경쟁국의 성장과 패권의 상대적 쇠퇴만을 가져온 것이 아니라, 다른 차원의 힘이 강화되는 긍정적 작용도 했던 것이다.

국제경제질서의 성격에도 결정적인 차이가 있다. 19세기 자유무역질서의 근저에는 식민지 무역이 존재하고 있었다. 본격적인 산업화에 들어서면서 중심부의 서구 각국은 외연적(extensive) 성장을 위해 식민지를 통한 원료공급과 시상확보를 필요로 했다. 따라서 19세기 질서 하에서는 식민 본국과 식민지 사이의 무역이 근간을 이루고, 서구 각국 간에는 공산품과 농산품의 교역이 주종을 이루고 있었다. 요컨대 수직적 분업(vertical division of labor)에 기반한 수직적 무역 패턴이었던 것이다(Aglietta 1982, 5-42).

이러한 성격은 국제질서의 불안정을 야기할 가능성을 지니고 있었다. 우선, 각국의 경제가 성장할수록 외연적 성장에 필요한 식민지를 확보하기 위한 경쟁이 심화될 수밖에 없었다. 지구상의 식민지는 유한하기 때문에 결국 식민지 확보를 두고 각국 간에 갈등이 생기고 제1차 세계대전과 같은 전쟁으로 치달을 수 있었던 것이다. 또한 자유주의 질서에도 불구하고 중심부 각국과 식민지들 간에 암묵적인 블록이 결성되어 있었고, 경쟁이 심화될 경우 배타적 블록으로 떠오르곤 했다. 심지어 영국의 경우도 1828년에 항해법을 폐지할 당시 모든 식민지의 무역을 개방했지만, 비공식적으로는 식민지 지배기구와의 밀착 등으로 영국에 우호적이고 차별적인 무역을 하고 있었다(Lake 1993, 134).

더욱이 1890년대에 국제무역이 보다 경쟁적이 되면서 공식적으로 영국 수출품에 대한 식민지의 특혜관세제를 도입했고, 제1차 세계대전 이후에는 본국과 식민지 간에 쌍무적인 특혜관세를 도입함으로써 공식적으로 제국특혜관세제(Imperial Preference System), 즉 블록화의 길로 들어서게 되었다. 요컨대 19세기 자유무역질서는 대부분의 나라들이 식민지 무역이라는 회피처를 지니고 있었기 때문에 블록화의 가능성이 언제나 존재하고 있었다. 이처럼 불안정한 자유주의 질서를 유지하기 위해서는 보다 큰 패권적 능력과 많은 비용이 들 수밖에 없다.

반면, 제2차 세계대전 이후에는 공식적으로 식민지가 존재하지 않게 되었고, 무역의 양상 역시 전혀 다르게 이루어졌다. 제2차 세계대전 이후의 국제무역 구조의 큰 특성은 서구국가들 간의 산업 내 무역(intra-industry trade)과 기업 내 무역(intra-firm trade)에 있다. 즉, 동종 산업의 다른 상품 간 무역과 동일한 다국적 기업 내부의 무역이 중심을 이루었던 것이다. 예컨대 1950-1960년대 세계 무역 증가의 3분의 2는 미국, 유럽, 일본 간의 무역이었고, 산업 내 무역과 기업 내 무역이 대부분이었다.[15)]

이와 같이 서구국가들 간의 교역이 중심이 된 자유무역질서는

15_ 기업 내 무역의 증가는 다국적 기업이 증가한 결과이다. 1950년대부터 미국 기업들이 유럽에 본격적으로 직접투자를 했고, 1970년대에는 미국, 일본, 서구 각국들 간에, 그리고 이들의 제3세계에 대한 직접투자가 급증했다. 다국적 기업의 증가는 당연히 기업 내 무역량을 증가시켰다. 산업 내 무역의 증가는 보다 복잡한 현상이다. 조절 이론의 설명을 빌리자면, 제2차 세계대전 이후 포디즘이 유럽에 이식되고 대중소비까지 확대된 국내수요가 형성되면서 수평적 분업이 이루어지게 되었다. 동종 혹은 유사한 상품에 대해서도 기호와 스타일과 가격에 따라 고유한 수요가 형성될 수 있었고, 그 결과 산업 내 무역이 증대했던 것이다. Aglietta(1982).

식민지 무역에 근거한 19세기 무역질서에 비해 서구국가들에게 보다 상호 의존적이며, 이 질서에서 이탈할 경우 비용이 크다. 그만큼 안정적이라고 할 수 있다. 물론 경쟁이 격화될 경우, 공식적 식민지가 존재하지 않아도 경제적 영향권을 중심으로 블록화할 가능성은 있으며, EU나 NAFTA, APEC 등이 블록화의 전조로 인식되기도 한다. 그러나 최소한 미국의 패권적 경제력이 상대적으로 쇠퇴하기 시작한 지 30년이 지난 지금까지 배타적인 블록화·지역화의 경향은 보이지 않는다. 블록화할 경우 비용이 크며, 정치적 지배에 기초한 식민지 무역이 아니라면 대부분의 나라들이 블록에 소속되는 것을 원치 않거나 무임승차하려 들 것이기 때문이다(lake 1993, 135). 이와 같이 제2차 세계대전 이후 미국이 주도한 개방적 국제경제질서는 상당히 안정적인 구조를 지니고 있었다.[16]

더욱이 1970년대 이후 미국의 주요 경쟁국으로 등장한 나라들은 독일, 일본, 프랑스 등 주요 무역국들이며, 이들 모두는 자유주의 국제경제질서에 지대한 이해관계를 지니고 있었다. 그렇기 때문에 1970년대의 혼란 속에서도 적극적인 국제협력이 이루어졌던 것이다.

16_ 이와 반대로 레익은 수직적 분업에 기초한 19세기 무역질서가 보다 보완적인 무역형태이며 폐쇄의 기회비용이 크기 때문에 안정적이었다고 본다. 반면, 산업 내 무역이 중심이 된 제2차 세계대전 이후의 무역질서는 보완적 성격이 작고 폐쇄의 기회비용이 작으므로 불안정하다고 주장한다. 그러나 공산품과 원료/식량의 교역은 일정 수준 이상 확대되기 어렵고, 확대될 경우 보완적 성격과 폐쇄의 기회비용이 작아질 수밖에 없다. 레익도 산업 내 무역이 지속되면서 규모의 경제가 핵심적이 되고 각국의 국내적으로 자유무역이 보다 중요해진다는 점을 인정하고 있다. Lake(1993), p. 140.

요컨대 개방적 국제경제질서를 유지하기 위한 패권의 비용은 미국의 경우 영국보다 작았고, 비용의 분담이 가능했으며, 이는 다시 미국의 영향력을 보존해 주는 효과를 가져왔다고 볼 수 있다.

셋째, 양국의 해외투자 패턴과 이와 연관된 국내 정치구조도 의미 있는 차이를 보인다. 영국은 일찍부터 해외 포트폴리오 투자에 집중함으로써 결국 국내 투자자본의 부족으로 인한 제조업 기반의 붕괴와 생산과 기술에서의 우위가 하락되는 결과를 가져왔다. 뿐만 아니라 이러한 해외투자 패턴은 금융자본과 산업자본 간의 갈등을 심화시켰다. 1900년대부터 런던 금융가를 중심으로 한 자유주의자들과 국내 제조업을 중심으로 한 보호주의자들의 대립이 격화되었다. 제1차 세계대전 직후 금융자본이 승리를 거두고 금본위제의 복구와 자유무역을 이끌어 갔지만 1932년에 이르러 다시 보호주의자들이 승리하면서 자유주의 정책이 포기되었다. 이는 곧 자유주의 국제경제질서의 붕괴와 이 질서의 패권이었던 영국의 쇠퇴를 가속화시켰다.

미국 역시 1950년대 말부터 본격적으로 해외투자에 나섰으나 직접투자가 중심이었다. 즉, 다국적 기업체제를 이루었던 것이다. 따라서 무역적자의 증대에도 불구하고 미국의 생산과 기술개발의 우위는 크게 잠식되지 않았다. 또한 국내정치적으로 거대 다국적 기업들이 자유주의 국제경제질서의 핵심적 지지자로 기능하기 때문에 영국과 같이 금융자본 대 산업자본의 갈등은 일어나지 않았다. 노조와 수입경쟁 기업이 중심이 된 보호주의의 대두가 있으나 이들의 정치적 영향력은 자유주의자들과 서로 상쇄되어 왔다. 이들 간의 타협의 결과 보호주의로의 회귀보다는 공정무역론에 기초를 둔 자유주의의 확대가 추구될 수 있었다고 볼 수 있다(Baik 1995).

마지막으로, 미국 패권의 장래와 연관하여 중시해야 할 점은 국제질서를 창조 · 변형시킬 수 있는 미국의 능력이다. 19세기 질시 역시 영국에 의해 시작되었고 유지되었던 것은 사실이지만 애초에 영국의 지휘 하에 각국이 모여 만들어낸 것은 아니었다. 반면, 제2차 세계대전 후의 자유주의 질서는 정치적 · 경제적 이익과 결과를 근거로 미국의 지휘 하에 단시간 내에 인위적으로 만들어졌다. 따라서 이 질서는 주요 구성국들의 이해를 포함하고 있지만, 패권국 미국의 장 · 단기적인 정치적 · 경제적 이해를 반영하고 있었다. 1970년대에 이르러 기존 질서가 미국의 이해를 반영하지 않게 되면서 미국은 국제경제질서의 변형을 성공적으로 추진했다. 기존의 제한적 자유주의 질서를 보다 자유화함으로써 신자유주의적 국제경제질서를 수립해 나갔던 것이다.

이는 두 가지 중요한 의미를 제시한다. 첫째는 상대적인 경제적 쇠퇴에도 불구하고 국제질서를 창조 · 변형시킬 수 있을 정도로 미국의 패권은 지속되었다는 점이다. 패권안정론의 비판자들이 주장했듯이 이러한 힘을 지니고 있었던 미국을 쇠퇴한 것으로 간주하는 것은 어불성설이다(Strange 1987 ; Russet 1985). 둘째, 변형된 국제경제질서는 미국의 이익에 보다 부합되도록 의도되었고, 최소한 지금까지는 의도된 결과를 가져왔다. 미국은 신자유주의적 질서에 가장 익숙한 최대의 수혜자이며, 신자유주의가 가져다 주는 사회적 비용이 가장 작은 것으로 평가된다. 따라서 미국에 의해 변형된 새로운 국제경제질서는 미국의 패권이 증대되거나 유지되기 위한 좋은 조건을 제공한 것이다.

다만 신자유주의적 국제경제질서가 상당 기간 유지될 수 있을 것인지에 대해서는 의문을 제기할 수 있다. 앞에서 논의한 바와 같이 고전적 자유주의가 경제적 · 정치적으로 더 이상 기능할 수 없게 됨에 따라 제한적 자유주의 질서가 수립되었다. 30여 년 만에 다시 부활된 신자유주의 질서가 동일한 문제를 가져오지 않으리라는 보장은 없다. 무엇보다도 각국 내의 빈부격차와 각국 간의 불평등 발전을 심화시켜 국내적 · 국제적 갈등이 격화될 위험성은 해결되지 않았다. 그람시안들의 시각으로는 약자들의 이익에도 부합됨으로써 동의에 의한 정당성을 지니는 패권적 질서가 아닐 수 있는 것이다. 이렇게 될 경우 국제질서의 불안정이 증대되고, 이 질서의 수호자인 미국의 지위에도 변화가 생길 수 있다. 이러한 문제들과 위험을 관리할 수 있는 기제들을 미국이 얼마나 제공할 수 있는가 하는 점이 미국 패권과 신자유주의 국제경제질서의 장래에 중대한 영향을 미칠 것이다.

제3장

패권 이론의 모색

앞장에서 살펴본 바와 같이 19세기 이래 국제질서에는 패권적 국가가 존재했고, 국제질서의 수립 · 유지 및 변형에 패권국이 상당한 영향을 미쳐 왔다. 따라서 패권과 국제질서 간의 연관성을 규명하고 패권의 행태를 설명하려는 많은 이론적 시도가 이루어져 왔다. 대표적인 것으로 패권적 국제체계의 변화를 설명하는 세력전이론(power transition theory)과 패권과 국제체계의 안정성을 연관지은 패권안정론(hegemonic stability theory)을 들 수 있다. 이 장에서는 먼저 패권의 개념을 명확히 한 후, 패권안정론을 중심으로 기존의 패권 이론들을 평가하고 대안적 이론으로서 패권국가 행동 이론(theory of hegemonic state action)을 모색한다. 나아가 미국 패권의 분석에 필요한 '미국적' 요인을 독립변수로서 검토한다.

패권의 개념

사회과학의 개념들은 규정하는 내용(내포적 함의 : connotation)과 적용되는 현실세계의 대상(외연적 적용 : denotation)이 명확하지 않거나 개념 자체가 가치평가적(appraisive) 성격을 지니고 있을 경우 혼란을 일으키게 된다. 전혀 다른 대상이나 측면을 두고 논란이 벌어질 수도 있고, 자칫 규범적 판단에 의해 현실의 특정 부분만이 강조될 수 있는 것이다(Connoly 1974). '패권'은 이 세 가지 측면의 문제를 전형적으로 보여준다.

우선, '패권'이 무엇인지가 명확히 규정되어 있지 않다. 대부분의 기존 연구들은 패권의 기준으로 경제적 측면에 초점을 둔다. 압도적인 생산 능력, 고부가가치 산업의 장악, 천연자원의 통제, 광대한 국내시장, 국제 유동성을 공급할 수 있는 금융력, 혹은 첨단산업과 기술혁신의 원천 등이 패권의 경제적 기준으로 거론된다. 그러나 이렇게 다양한 지표 중 어느 것이 특히 중요한지, 이들을 모두 갖추어야 하는 것인지, 또 다른 국가들에 비해 어느 정도의 경제적 능력을 지녀야 하는 것인지에 대해서는 학자마다 다른 견해를 지니고 있거나 명확한 해답을 제시하지 않는다. 더욱이 패권의 군사적 측면에 대해서는 그 중요성에 대해서조차 상반된 견해가 대립된다. 해양력과 같은 군사적 능력을 패권의 핵심적 기준으로 간주하는 입장이 있는가

하면(Modelski and Thompsoon 1988), 과도한 군사력의 유지가 패권 쇠퇴의 원인으로 취급되거나(Kennedy 1987), 군사력은 단지 경제적 능력으로부터 파생되는 잔여 범주로 무시되기도 한다(Kindleberger 1973). 최근 제시되고 있는 그람시안들의 패권 개념을 고려하면 문제가 더욱 복잡해진다. 이들은 국가의 물질적 능력에만 분석의 초점을 두지 않고 초국적 수준에서의 사회세력과 이데올로기의 차원을 중시한다. 이렇게 보면 패권국과 패권적 사회세력의 우월성을 지속시켜 줌과 동시에, 약자들에게도 충분한 만족을 제공함으로써 광범한 이데올로기적 합의에 기초한 국제질서를 창출할 수 있는 능력이 핵심이 된다(Cox 1987 ; Gill 1989).

이와 같이 패권 개념의 내적 함의가 불명확하기 때문에 역사적·현실적으로 이 개념이 적용될 수 있는 대상에 대해서도 합의가 존재하지 않는다. 즉, 어느 시기 동안 어떤 국가가 패권적 존재였는지에 대해 학자마다 상이한 견해를 제시하고 있는 것이다. 거의 모든 학자들이 제2차 세계대전 이후의 미국을 패권으로 규정하지만 19세기 영국에 대해서는 일부에서 의문을 제기한다(Rosecrance 1987). 또 대부분의 패권안정론자들은 19세기 영국과 제2차 세계대전 이후의 미국만을 패권으로 인정하는 데 반해 세계체제론자들은 17세기 네덜란드를 포함시키며(Goldstein 1988 ; Arrighi 1994), 경우에 따라 16세기 포르투갈과 18세기 영국이 패권으로 간주되기도 한다(Modelski and Thompson 1988). 패권국의 쇠퇴가 언제부터 이루어졌는지에 대해서도 견해가 대립된다. 영국 패권이 언제부터 쇠퇴했는지에 대한 오래된 논쟁을 차치하고라도 1970년대 이래 미국 패권이 쇠퇴한 것인지 여부에 대해서도 치열한 논쟁이 벌어져 왔다(Krasner 1985 ; Strange 1987). 요컨대 패권에 관한 가설과 주장들을 검증할 수 있는 사례가 불명확한 것이다.

더욱이 패권 개념에는 가치평가적 성격이 내재되어 있다. 예컨대 모델스키의 경우 패권을 순기능적인 것으로 간주한다. 즉, 패권적 질서는 패권국은 물론 추종국들에게도 경제적·정치적 혁신과 안정을 가져다 주며, 패권에 의한 강제력의 행사도 최소한에 그친다(Modelski and Thompson 1988). 패권안정론자들 대부분도 패권은 국제질서의 안정과 개방이라는 공공재를 공급하는 순기능적 존재로 보며, 패권의 쇠퇴가 곧 국제질서의 혼란과 폐쇄로 연결된다고 주장한다(Kindleberger 1973 ; Gilpin 1976 ; Grasner 1976). 반면, 세계체제론자들은 패권적 질서를 지배(domination)와 강제(coercion)와 불평등 및 착취에 기초한 것으로 본다(Wallerstein 1980). 이에 비해 그람시안들의 관점은 절충적이다. 즉, 패권은 지배와 강제를 수반하지만 동시에 추종국들의 이익과 양립될 수 있으며, 동의와 정당성을 부여받은 질서이다. 이같은 가치편향적 성격은 패권에 대한 용어의 선택에도 영향을 미친다. 순기능적 측면을 강조하는 입장에서는 부정적 어의가 포함된 '패권' (hegemony) 대신 '지도국' (leadership), '세계적 지도국' (world leadership), '세계적 강국' (world power) 등의 용어를 선호하는 것이다(Modelski and Thompson 1988 ; Nye 1990).

이렇게 볼 때 과연 패권 개념의 이론적 효용성에 대한 의심이 제기될 수 있다. 개념의 불명확성으로 인해 오히려 소모적인 논쟁이 야기되고 있기 때문이다. 그러나 근대 국가체제에 있어서 다른 국가들에 비해 압도적인 국력을 지니고 국제질서에 지배적인 영향을 미친 사례들은 분명히 존재한다. 이러한 존재들이 어떻게 그 힘을 행사하며 국제질서에 어떤 영향을 미치는가 하는 문제는 국제관계 연구의 핵심적 주제일 수밖에 없다. 문제는 지금까지의 이론적 노력들이 충분한 성과를 거두지 못한 데 있는 것이다(Rapkin 1990, 17-18).

여기에서는 패권을 우선 최소주의적으로 정의한다. 월츠(Waltz 1979)와 같은 구조주의 시각에서 '상대적으로 압도적인 물리적 능력'을 보유한 국가로 규정하려는 것이다. 안보와 생산, 금융, 지식 등 국제체계의 제 영역에서 압도적인 능력을 보유하고 있는 국가가 패권이며, 제 영역에서의 힘은 전용가능(fungible)하다. 길핀(Gilpin 1983)과 크래스너(Krasner 1976)를 비롯한 많은 패권이론가들이 이러한 정의를 따르고 있다.

문제는 패권적 능력의 '문턱'(threshold)이 어디인가 하는 것이다. 어느 정도 압도적인 물리적 능력으로부터 패권이 나오는가? 이에 대한 해답은 패권 정의의 두 번째 요소로서 구조적 힘(structural power)이다. 즉, 국제체계의 제 영역에서 보유하고 있는 전용가능한 힘에 의해 국제체계의 변화를 추진하거나 거부할 수 있는 구조적 힘을 지니는 것이 패권의 필수적 속성이다. 스트레인지(Strange 1994a)가 지적했듯이 특정 영역에서 패권의 상대적 물리력의 우위가 기울어도 다른 영역과 연계되어 있는 이러한 구조적 힘은 지속되는 경우가 많으며, 이 구조적 힘에 의해 패권국은 패권을 행사할 수 있다.

패권을 압도적 물리력의 우위와 구조적 힘으로 규정하면 패권 개념에 스며들 수 있는 가치지향적 판단을 배제할 수 있다. 패권국이 본질적으로 국제체계의 안정과 유지를 지향한다고 상정할 필요가 없는 것이다. 대신에 국내정치와의 연계를 배제한다면 패권국은 자국의 이익에 따라 행동하는 것으로 상정할 수 있다. 즉, 기존 국제질서가 패권국에 유리할 경우에만 패권국은 기존 질서의 유지를 위해 행동할 것이다. 반면, 기존 질서에서 변화가 일어나고 있는 경우 패권국은 자국에 유리하다면 적극적으로 변화를 추동할 것이지만 불리한 변화에 대해서는 거부권을 행사하려 들 것이다.

이러한 패권 개념을 염두에 두고 기존의 두 가지 패권 이론에 대해 평가해 보자.

패권변화론

패권의 개념을 중심으로 국제체계의 변화에 대한 거대 이론을 구축한 것은 길핀이다(Gilpin 1983). 길핀에게 있어서 국제체계의 변화는 세 수준의 변화를 포괄한다. 가장 근본적인 변화는 국제체계를 구성하는 단위가 변화하는 체계변화(systems change)이다. 예컨대 베스트팔렌 이후 주권적 국민국가들이 구성하는 근대 국제체계로 변화한 것이 체계변화이며, 유럽의 통합이 진전되면서 국민국가가 쇠퇴하고 신중세가 도래한다면 이 또한 체계변화가 될 것이다. 두 번째 수준의 변화는 국제체계의 구조가 변화하는 것으로, 특정한 위계구조가 다른 위계구조로 변하는 체계적 변화(systemic change)이다. 19세기 영국 패권 하의 국제체계가 제2차 세계대전 이후 미국 패권의 국제체계로 변한 것이라든가, 냉전 시대의 미 · 소 간 양극체계가 탈냉전 이후 미국 단극체계로 변화한 것이 대표적인 예이다. 가장 낮은 수준의 변화는 국가 간 상호작용의 규칙이 변화하는 상호작용 변화(interaction change)이다. 이 셋 중 길핀이 초점을 두고 있는 것은 두 번째 수준의 변화, 곧 국제체계의 구조적 변화이다.

국제체계의 구조 중 힘의 분포만을 변수로 파악하는 구조주의자들과 달리 길핀은 국제체계의 구조가 힘의 분포와 지위(prestige), 그리고 국가들 간의 상호작용을 규제하는 규칙들로 구성된다고 본다. 국가들은 힘과 지위, 규칙에 있어서 패권국을 정점으로 위계적으로 분포되어 있으며, 이 구조 하에서 각각 국가이익을 추구한다. 즉, 국가들은 국제체계의 구조가 허용하는 범위 내에서 힘(power)과 부(wealth)가 조합되는 무차별 곡선 중 어느 한 점의 국가이익을 선택하게 되는데, 이 선택은 국내정치, 곧 사회세력들 간의 승부에 따라 결정된다.

국제체계의 변화가 초래되는 근본 원인은 국가 간의 불균등 발전이다. 보다 빠르게 발전한 하위 패권국은 기존 국제체계의 구조에서 허용되는 힘과 지위 및 규칙의 배분에 불만을 품게 되고, 기존 국제체계의 변화로부터 얻는 이득이 그 비용을 초과할 경우 체계의 변화를 시도하게 된다는 것이다. 그 결과 대표적으로 패권전쟁(hegemonic war)이 초래된다.

월츠와 같은 구조주의자들이 국제체계의 변화를 전혀 설명하지 못하는 데 반해, 길핀의 이 이론은 패권을 중심으로 국제체계의 변화 자체를 설명하려는 시도이다. 따라서 거의 모든 국제체계의 변화를 설명할 수 있는 거대 이론을 구축하고 있다. 그러나 국제체계 변화의 일반 이론이기 때문에 길핀의 이론은 우리의 관심에 대해 큰 도움이 되지 않는다. 즉, 패권적 국제체계에서 패권국은 어떻게 행동하는지, 국제체계의 변화과정에서 패권국의 행동 논리가 무엇인지, 패권국의 행동이 다시 국제체계의 지속과 변화에 어떤 영향을 미치는지에 대해 제시해 줄 수 있는 함의가 미미한 것이다. 다만 기존 국제체계의 최대의 수혜자로서 패권국은 기존 국제체계의 유지를 위해 행동하는 것으로 상정할 뿐이다.

이에 비해 패권안정론은 패권의 행동 논리에 대해 단순하기는 하지만 몇 가지 시사점을 제공해 준다. 국제 정치경제 영역에서 개발된 패권안정론에 대해 보다 상세히 검토해 보자.

패권안정론의 성격

국제경제질서의 성격은 다양하게 규정될 수 있다. 첫째는 국제경제질서의 구체적 내용, 즉 교역과 금융 및 통화질서가 어떻게 규정되어 있는가 하는 것으로 그 개방성의 정도와 형태가 관건이 된다. 예컨대 19세기 중 · 후반의 고전적 자유주의 질서는 국가 간 상품과 돈의 흐름이 자유롭고 각국 통화가치가 고정되어 있던 질서였다. 반면, 제2차 세계대전 후 30년간의 국제경제질서는 '보다 자유로운 무역' (freer trade : 즉, 완전한 자유무역은 아닌)과 '조절가능한 고정환율' (adjustible fixed exchange rate), 그리고 무역 이외의 국가 간 돈의 이동을 막은 '자본통제' (capital control)의 질서였다. 이후 국제경제질서는 자유무역의 지리적 · 질적 심화, 변동환율 및 금융자유화로 구성되는 세계화의 격변을 겪어오고 있다.[1)]

둘째는 국제경제질서의 안정성 여부이다. 19세기 자유주의 질서는 19세기 후반의 불안정기에도 불구하고 제1차 세계대전까지 비교적 안정적으로 유지되었다. 반면, 전간기의 국제무역과 통화질서는 극도의 혼란에 빠졌다. 제2차 세계대전 이후 복구된 자유주의 질서는

1_ 19세기 이래 국제경제질서의 성격에 대해서는 국제정치경제연구회(2000)을 참조하라.

10여 년간 안정적으로 지속되었으나 1960년대부터 흔들리게 되었고, 1970년대 이후 불안정성이 증대되어 왔다. 최근의 국제경제질서는 개방성은 훨씬 증대되어 왔으나 외채 및 금융위기가 빈발하는 데서 알 수 있듯이 불안정성 역시 고조되고 있다고 진단할 수 있다.

국제경제질서의 성격은 또한 국가 간 힘의 분포 상태로도 규정할 수 있다. 후술하듯이 국제경제질서에서 '힘'을 어떻게 규정하고 측정할 것인지는 여전히 논란의 대상이다. 힘을 어떻게 규정하든 국제경제질서에서 각국들 간에는 힘의 많고 적음이 존재한다. 19세기 중반의 국제경제질서에서 영국은 산업생산과 금융에 있어서 월등한 힘을 보유하고 있었다. 또한 제2차 세계대전 직후 미국은 훨씬 압도적인 힘의 우위를 지니고 있었다. 반면, 19세기 말에서 전간기에 이르는 시기에는 몇 개국들의 경제력이 영국과 대등하거나 영국을 추월해 가고 있는 상태였다. 1970년대, 1980년대도 힘이 분산되어 간 시기로 볼 수 있지만 1990년대 이후에는 미국의 상대적인 경제적 우위가 복구되었다고 평가된다.

체계수준의 이 세 가지 성격 간에는 일정한 연관성이 있다고 상정할 수 있다. 즉, 특정한 힘의 분포 상태와 개방성 혹은 안정성 간에 상관관계가 존재할 수 있고, 개방성과 안정성 간에도 상관관계가 존재할 수 있다. 이러한 연관성에 대한 이론화가 시도된 것은 1970년대 초였다. 비슷한 시기에 킨들버거(Charles Kindleberger), 길핀, 크래스너 등이 역사적 경험을 근거로 한 귀납적 가설과 연역적 이론들을 제시했던 것이다. 이들 모두는 국제경제질서 내의 패권적 힘의 분포가 안정과 개방을 가져온다고 주장했는데, 이를 코헤인(Robert Keohane)은 패권안정론이라고 불렀다.[2]

역사적 맥락과 이념적 성격

1970년대 초반에 패권안정론이 대두된 것은 우연이 아니다. 1970년대 초반은 두 가지 중대한 의미를 지니는데, 패권안정론의 성격을 파악하기 위해서는 1970년대 초반 국제경제의 현실적 맥락과 국제관계학의 이론사적 맥락을 이해해야 한다.

우선, 이 시기의 국제경제 현실을 살펴보자. 주지하듯이 1970년대 초반은 전후의 국제경제질서가 총체적으로 흔들리게 된 때이다. 러기(John Gerad Ruggie)가 '내장형 자유주의'(embedded liberalism)라고 명명한 전후 국제경제질서는 다음과 같은 모순을 지니고 있었다. 첫째, 무역질서에 있어서 전전의 자유무역을 복구하되 국내정치적으로 민감한 농업, 서비스업 등을 제외한 제조업 부문에서의 지속적인 자유화가 추구되었다. 19세기의 자유방임적 자유무역질서가 수입에 민감한 국내산업들의 피해를 가져옴으로써 국내정치적 저항을 받게 되었기 때문이다. 그러나 이 질서는 '성공할수록 붕괴의 위험이 커지

2_ Grieco(1993), p. x. '패권안정론'은 잘못된 명칭(misnomer)이다. 이에 대해서는 뒤에 상술한다. 그러나 혼동을 피하기 위해 이 글에서는 이 명칭을 계속 사용한다.

는' 내재적 모순을 지니고 있었다. 몇 차례의 다자협상을 통해 관세율이 하락하고 자유무역이 심화되면서 무역에 의해 피해를 받는 집단들이 보다 많아졌고, 그 결과 이 질서 역시 국내정치적 저항을 피할 수 없게 되었던 것이나. 더욱이 진쟁 피해에서 복구된 서구 경제가 본격적으로 성장하여 국제경쟁이 보다 심화되면서 각국 내에서 보호주의 세력이 크게 강화되었다.

둘째, 국제통화질서의 불안정이 심화되었다. 전후의 통화질서는 '조절가능한 고정환율제'이며 '달러 본위제'였다. 달러의 가치를 고정하여 국제통화질서의 안정을 꾀하는 동시에, 달러에 고정된 각국 통화가치는 국내 거시경제정책적 필요에 따른 조절이 허용되었던 것이다. 이 제도가 기능하기 위해서는 달러의 가치가 안정적으로 유지될 수 있도록 미국 경제가 건실하게 성장하면서, 동시에 달러화가 미국 밖으로 충분히 유출되어 국제 유동성의 공급이 원활히 이루어져야 했다.

이는 종전 직후와 같이 미국 경제가 압도적으로 우위에 있던 상황에서는 가능한 제도였을 수 있으나 서구 각국 통화의 태환성이 회복된 1950년대 말부터 심각한 모순이 드러나게 되었다. 이 제도는 본질적으로 '트리핀 딜레마'를 안고 있었던 것이다. 즉, 국제경제의 성장이 유지되기 위해서는 지속적으로 달러화가 미국 밖으로 유출되도록 미국의 국제수지 적자가 점증해야 하는데, 이는 궁극적으로 달러에 대한 신뢰를 무너뜨리고 달러화의 가치를 떨어뜨리게 되는 것이다. 더욱이 존슨 행정부 시대의 '위대한 사회' 프로그램과 같은 뉴딜 사회정책과 냉전의 군비지출 및 베트남전으로 말미암아 미국의 재정적자와 국제수지 적자가 막대하게 늘어나면서 달러화의 가치는 유지될 수 없는 상황에 도달했다. 결국 1971년 닉슨은 금태환 정지를 선언했다. 전후의 브레튼 우즈 국제통화체제가 무너진 것이다. 이후 국제통화질서는 여러 가지 미봉책 하에서 혼란을 거듭하다가 변동환율제로 전환되었다. 최소한 단기적으로, 그리고 빈도에 있어서 보다 큰 혼란의 가능성을 안게 된 것이다.

국제금융질서 역시 혼란에 봉착했다. 전후 금융질서는 엄격한 자본통제에 기초해 있었다. 즉, 국제투기자본의 폐해가 가져오는 국제금융질서의 혼란을 막기 위해 무역과 연관된 경우를 제외하고 자본의 국제적 이동을 철저히 봉쇄했던 것이다. 그러나 1950년대 말 이후 서구 경제가 복구되고 미국계 다국적 기업들의 자본에 대한 필요가 확대되면서 성공적인 자본통제가 점점 어렵게 되었다. 1960년대 런던에 유로·달러 시장이 개설되면서 자본통제에 본격적인 문제가 생기기 시작했다. 이후 1970년대 전반 유가인상 이후 막대한 오일 머니가 역외 시장에 유입되고 변동환율제에 따른 외환시장이 생기면서 국제금융의 혼란이 빈발하게 되었다.

국제경제질서의 힘의 분포도 크게 변화했다. 특히 미국의 경제력은 상대적 규모에 있어서 크게 쇠퇴하기 시작했다. 제2차 세계대전 직후 미국의 경제력은 서구 경제 전체 국민총생산 중 3분의 2를 차지할 정도로 압도적이었다. 서구 경제가 전쟁이 남긴 폐허에서 복구되기 시작하면서 이러한 비정상적 우위는 당연히 사라졌다. 그러나 서구 경제가 복구된 후 국제경쟁이 치열해지는 가운데 독일과 일본 등 몇몇 국가들의 성장이 빠르게 이루어지면서 미국 경제의 상대적 우위 역시 빠르게 잠식되어 갔다. 뿐만 아니라 달러화의금태환 정지나 미국의 무역수지 적자 증대 등이 상징하듯이 미국의 절대적 경제력 역시 크게 훼손되어 가고 있었다.

패권안정론은 이러한 국제경제 상황 하에서 대두되었다. 즉, 전후의 국제경제질서가 혼란에 빠지고 있는 한편 전후 질서를 주도했던 미국의 상대적 경제력이 빠르게 쇠퇴하고 있는 가운데 양자 간의 상관성이 제기되었던 것이다. 이는 당시의 현실을 반영한 것으로 볼 수 있다. 제2차 세계대전 직후 10여 년간의 '미국의 압도적 경제력 → 미국 주도의 국제경제질서의 안정' 과 1960년대 후반 이후 '미국 경제의 쇠퇴 → 국제경제 불안정' 의 두 현상이 대비되면서 국제경제의 안정과 패권적 존재 간의 상관성이 문제의식으로 떠오른 셈이다.

이러한 현실적 맥락 때문에 패권안정론의 배후에 숨겨진 의도, 혹은 이념적 편향성에 대한 의혹이 제기되어 왔다. 미국의 패권이 전후 국제경제질서의 개방과 안정을 가져왔고 미국의 쇠퇴가 국제경제질서의 불안정을 초래할 것이라는 주장은 곧 미국 패권의 정당화와 미국 패권의 쇠퇴에 대한 우려로 연결된다. 지극히 미국 중심적 논리인 것이다. 보다 비판적인 시각에서는 패권안정론이 제기된 동기에 대해서도 의심해 볼 수 있다. 즉, 미국 경제의 쇠퇴에 대한 우려가 국제경제도 불안정해지리라는 전망으로 이어지고, 국제경제의 안정이 미국에 의해 관리되었음을 상기시키며, 국제경제의 안정을 위해 미국 경제가 복구되어야 할 필요성을 제기하려 했다는 것이다. 미국 중심의 이데올로기적 성격을 엿볼 수 있다.

패권안정론이 이 시기에 주로 미국 학계에서 개발되었다는 점을 감안할 때 이러한 의혹이 근거 없는 것은 아니다. 후술하겠지만 패권안정론에 대한 논의과정에서도 이러한 이념적 성격이 반영된 것으로 보인다. 예컨대 패권이 국제경제질서의 개방을 추구하는 것을 '공공재'의 제공으로 파악했던 점이나 개방을 안정과 동일시한 점 등은 패권에 대한 가치편향이 반영되었기 때문이라고 볼 수 있다. 미국 쇠퇴론이 자취를 감춘 이후 패권안정론에 대한 논의가 진전되지 않고 있는 것도 또 하나의 방증이다.

이론사적 맥락과 의미

패권안정론이 대두된 이론사적 맥락 역시 이 이론의 성격을 이해하는 데 중대한 의미를 지닌다. 주지하듯이 제2차 세계대전 이후 국제관계학은 현실주의(realism)가 지배해 왔다. 현실주의는 1648년 베스트팔리아(Westphalia) 조약 이후 주권 국민국가 체제가 들어선 이래 근대 국제체계는 기본적으로 국가들로 구성된다고 본다. 이러한 국가들로 이루어진 국제체제는 중앙의 권위가 존재하는 위계적인 질서가 아니라 무정부상태이다. 각각의 독립적인 국가 행위자들이 자신의 이익을 추구하는 자구체제(self-help system)인 것이다. 이러한 자구체제에서 국가들은 자기 보존을 위해 일차적으로 힘에 의존할 수밖에 없다. 따라서 국가들 간의 관계는 상대방에 대한 불신과 의심에서 벗어날 수 없다. 국가 간의 교류와 협력이 갈등을 완화할 수도 있으나 이를 통한 상대적 이득(relative gains)의 차이로 인해 근본적인 국제협력은 이루어질 수 없다.

한편, 제2차 세계대전과 뒤이은 냉전의 상황에서 자유주의적 시각은 크게 위축되었으나 완전히 사라진 것은 아니었다. 예컨대 국가 간의 비정치적 · 기능적 교류를 통해 궁극적으로 평화를 이룩할 수 있다는 기능주의(functionalism) 통합 이론이 미트라니(David Mitrany)에 의해 제시되었고, 유럽통합의 과정이 시작된 1950년대 말에는 하아스(Ernst Haas)에 의해 보다 정교한 통합이론이 개발되었다(Mitrany 1958 ; Haas 1958). 국가 간의 경제적 · 사회적 · 문화적 협력과 교류가 심화되면 정치적 측면의 협력과 공존, 평화, 그리고 궁극적으로는 통합까지도 가능하다고 주장되었던 것이다.

1970년대에 이르면 국가들 간의 협력과 교류가 경제 분야뿐 아니라 사회 · 문화 영역에도 크게 확산되고, GATT에서 초국적 기업에 이르기까지 국가수준 이상의 행위자들이 국제관계에 큰 영향을 미치게 되었다. 냉전 속에서 힘의 대결은 지속되었지만, 최소한 서방국가들 간에는 협력이 증대했고 전쟁의 가능성은 미미하게 되었던 것이다. 이와 같이 국가들 간의 상호 의존(interdependence)이 심화되는 가운데 국제관계를 현실주의자들과 같이 단순한 힘의 정치로 파악할 수 없다는 비판이 확산되었다. 코헤인, 나이(Joseph Nye), 하아스 등으로 대표되는 자유주의자들은 국제무역 레짐(regime)이나 해양문제의 해결 등 다양한 사례를 통해 국가 간 협력의 가능성과 초국적 행위자의 영향, 그리고 이에 따른 국제관계의 본질의 변화들을 이론화하기 시작했다.

요컨대 국제관계에서 경제관계 등 비안보 영역의 중요성이 부각되고, 이러한 영역에서 국가들 간의 대립보다는 협력이, 각국의 국가 이익보다는 국제제도가, 그리고 국가의 행위보다는 초국적 행위자의 역할이 중시되기 시작했던 것이다. 이는 현실주의의 기본 전제에 대한 반증이자 중대한 도전이다. 국가가 힘으로 규정된 국가 이익과 상대적 이득을 추구한다면 어떻게 국제관계에서 이루어지고 있는 협력과 공익의 추구를 설명할 수 있을까? 국제질서가 무정부적이라면 GATT와 같은 국제제도는 어떻게 존속되고 있는가? 현실주의의 이론적 전제 하에 이러한 현상을 설명해야 하는 과제가 대두되었던 것이다.

패권안정론의 이론사적 의미가 여기에 있다. 패권안정론은 국제협력의 제도화가 가장 잘 이루어진 무역 영역을 주 분석대상으로 하여 국제협력의 설명에 있어서도 '힘'의 개념이 필수적임을 밝히려 했던 것이다. 따라서 패권안정론이 궁극적으로 제시하고자 했던 명제는 패권적 힘의 분포 하에서만 국제협력 또는 국제제도의 공급이 가능하다는 것이었다. 이러한 시도가 성공적이면 안보는 물론 비안보 영역에 있어서의 국제관계를 설명함에 있어서도 현실주의의 우월성이 입증된다.

패권안정론의 전개

패권안정론에 속한다고 간주되는 이론과 시각, 혹은 주장들은 다양하다. 이론화의 수준도 다를 뿐만 아니라 심지어 패권의 개념조차 상이하다. 단순화의 위험은 있지만 기존의 논의들은 크게 두 가지로 나누어 볼 수 있다. 공공재적 패권안정론과 신현실주의의 체계 이론적 패권안정론이 그것인데, 이 둘은 앞에서 논의한 두 가지 성격을 각각 대표하고 있다. 즉, 1970년대의 국제 정치경제 현실을 반영하여 미국 패권이 국제경제질서의 안정을 공급해 왔음을 공공재 이론을 근거로 하여 규명하려 한 것이 전자이다. 한편 후자는 국제경제 영역에 있어서의 국제협력을 국가 간 힘의 분포라는 구조적 변수로 설명하려 한 현실주의의 이론적 관심을 대표한다. 두 이론의 특징적 내용을 살펴보자.

공공재론적 패권안정 이론

일반적으로 패권안정론의 효시라고 간주되는 것은 킨들버거의 『대공황의 세계, 1929-1939』이다(Kindleberger 1973). 이 저술에서 킨들버거는 1930년대의 대공황이 왜 그토록 심화되고 오래 지속되었는지를 설명하고자 했다. 대공황의 원인 및 심화 요인으로는 미국의 통화정책, 금융정책, 수요 관리에서부터 스뭇-홀리 관세법에 이르기까지 그간 많은 요인들이 지목되었고, 수많은 연구가 축적되어 왔다. 킨들버거는 기존의 경제학적 설명들이 충분하지 못하다고 보고 새로운 요인에 주목했다. 국제경제의 안정을 유지하기 위한 리더십의 역할이다.

킨들버거에 의하면, 대공황 이전의 국제경제가 안정적일 수 있었던 것과 대공황의 확산이 차단되지 못한 것의 차이는 국제경제를 관리하는 리더십의 존재 여부였다. 즉, 제1차 세계대전 이전의 국제경제가 수차례의 위기에도 불구하고 안정적으로 유지될 수 있었던 것은 월등한 경제력을 지닌 영국이 리더십의 역할을 적극적으로 수행했기 때문이었다. 반면, 대공황기에 영국은 리더십을 발휘할 수 없을 정도로 경제력이 쇠퇴했고, 이러한 능력을 지녔던 미국은 리더십을 발휘하려는 의도를 결여하고 있었다. 국제경제의 위기를 관리할 능력과 의지를 갖춘 리더십이 없었기 때문에 대공황이 심화 · 확산되었다는 것이다.

서문에서 밝혔듯이 킨들버거가 새삼 대공황에 대한 새로운 해석을 시도한 것은 당시의 국제경제 현실을 염두에 두었기 때문이다. 또한 이 저술이 미국 학계의 지대한 관심과 후속 연구를 촉발시킨 것도 미국 경제의 쇠퇴라는 현실적 요인에 기인한 바 크다. 대공황의 경험에서 보듯 국제경제의 안정에 리더십이 불가결한 요소라는 논지는, 제2차 세계대전 이후 국제경제의 안정을 유지해 오던 미국의 쇠퇴에 따라 리더십 부재의 상황이 초래되고 결과적으로 (대공황과 같은) 국제경제의 불안정이 야기될 수 있다는 경보를 울렸던 것이다. 앞에서 논의한 미국적 이데올로기의 성격이 엿보인다.

킨들버거의 명제는 이후 경제학의 공공재 이론(public goods theory)과 결합하면서 보다 정교해지고 다양한 경험적·이론적 수정을 거치면서 가다듬어졌다.[3] 공공재는 사유재와 달리 '혜택의 비배제성' (non-excludability of benefits)과 '소비의 비경쟁성' (non-rivalry of consumption)의 성격을 지닌다. 즉, 공공재의 제공에 기여를 하지 않은 구성원도 혜택을 향유할 수 있으며, 한 구성원의 소비가 다른 구성원의 소비와 경쟁적이지 않기 때문에 공공재 제공의 동기가 영향을 받지 않는다. 이러한 성격 때문에 공공재의 공급은 시장 논리에 따라 효율적으로 이루어지지 않는다. 구성원들이 공공재의 제공에 기여하지 않고 '무임승차' (free-ride)하려는 '집단행동의 논리' (logic of collective action) 때문이다.

공공재가 효율적으로 제공되기 위한 한 가지 유력한 조건은 '지배적 수혜자' (dominant beneficiary)의 존재이다. 지배적 수혜자는 공공재로부터의 혜택이 대단히 크기 때문에 다른 구성원들의 의사와 무관하게 공공재 제공의 비용을 감당하려 한다. 따라서 지배적 수혜자가 존재하는 경우 집단행동의 논리가 극복되고 공공재가 제공될 수

3_ 공공재 이론의 적용에 대해서는 Olson(1965)를 참조. 이를 국내 학계에 소개한 글로 김욱(2000) 참조.

있다.

공공재 이론을 국제경제질서에 적용하면 패권과 국제경제의 개방 및 안정을 연관시키는 논리를 발견할 수 있다. 예컨대 국제무역질서의 경우, 자유무역은 공공재이며, 압도적 경제력을 지닌 국가는 지배적 수혜자의 성격을 지닌다고 볼 수 있다. 국가들은 자유무역으로부터 전체적 부가 증진되는 혜택을 얻을 수 있으며, 자유무역질서는 이론적으로 구성국 모두에게 개방되어야 하는 공공재의 성격을 지닌다. 그러나 개별국가들은 자유무역의 혜택을 누리는 동시에 자국 산업을 보호하기 위해 자국 시장은 폐쇄하려는 무임승차의 동기를 지니고 있다. 이러한 집단행동의 논리 때문에 자유무역질서의 수립은 어렵다. 그러나 압도적 경제력을 지닌 국가가 존재할 경우, 자유무역으로부터 얻는 혜택이 가장 크기 때문에 이 국가는 지배적 수혜자의 성격을 지니게 된다. 자유무역질서를 수립하고 관리하는 비용을 부담하려는 동기와 능력을 갖춘 것이다. 요컨대 패권국이 존재해야 자유무역질서가 수립 · 유지될 수 있는 것이다.

공공재 이론에 근거를 둠으로써 패권안정론은 이론적 정교함을 갖추고 국제협력의 다양한 측면을 새롭게 조명할 수 있는 통찰력을 지니게 되었다. 사실 패권안정론에 대한 검증과 비판 및 이론적 수정은 공공재론을 중심으로 전개되어 왔다고 해도 과언이 아니다. 공공재론적 패권안정론의 다양한 이론적 전제 및 논리가 평가되어 왔고 역사적 사례를 통한 입증이 이루어져 왔던 것이다. 기존 논의들 중 특히 두 가지 측면이 핵심적이다.

첫째는 패권안정론의 주 연구대상인 국제자유무역질서가 과연 공공재인가 하는 문제이다(Conybeare 1984 ; Snidal 1985). 우선, 공공재 이론 내에서도 의문이 제기된다. 자유무역이 공공재가 되기 위해서는 앞에서 논의한 대로 혜택이 비배제적이고 소비가 비경쟁적이어야 한다. 그러나 직관적으로도 이러한 전제는 문제가 있다. 주지하듯이 WTO의 혜택은 비회원국에게는 주어지지 않는다. 또한 관세를 인상하는 회원국이 있으면 다른 회원국들이 제재를 가하게 된다. 혜택을 배제할 수 있는 것이다. 더욱이 자유무역질서 하에서 어떤 나라는 훨씬 무역 의존적이거나 세계 시장의 많은 부분을 차지하고 있는 반면, 어떤 나라는 그렇지 못하다. 소비 역시 경쟁적인 것이다. 이렇게 볼 때 공공재 이론을 국제무역질서에 적용하는 데는 문제가 있다. 다만, 국제무역의 몇 가지 측면은 공공재적 성격을 지니고 있다고 볼 수 있다. 예컨대 국제무역 규칙을 어긴 국가에 대한 공동 제재의 경우 집단행동의 논리가 발생할 수 있고,[4] 국제무역질서의 주변부에 위치한 소국들의 경우 무임승차가 방치되기도 한다.[5]

4_ 이 점에 있어서 자유무역은 여전히 공공재라는 패권안정론자의 반론이 제기된다. 예컨대 Gowa(1989) 참조.

5_ 국제제도의 공급이 공공재인가 하는 문제에 대해 현실주의적 시각에서 비판할 수도 있다. 즉, 국제제도의 공공재적 성격을 강조하게 되면 분배의 문제가 은닉된다는 점이다. 어떤 영역에서는 국가 간 공동의 문제나 갈등을 해결하기 위한 국제제도의 창출이 공공재적 성격을 지닌다고 볼 수 있다. 그러나 국제적 법제화(legalization)에 대한 최근의 연구들이 보여주듯이 많은 영역들에서 국제제도의 혜택은 국가 간에 불균등하게 배분된다. 이 영역들에 있어서 국제제도를 힘의 논리를 반영하고 있는 것으로 보지 않고 공공재로 보게 되면 혜택과 비용의 불균등한 배분이라는 국제관계의 근본

이렇게 볼 때 공공재 이론을 패권안정론에 적용하기 위해서는 두 가지 작업이 필수적이다. 첫째, 이 이론이 보다 타당성을 지니기 위해서는 이론적 전제에 대한 보다 면밀한 검토와 수정이 요구된다. 공공재론의 전제를 유연하게 적용할 수 있는지, 이 경우 이론의 요소들을 어떻게 변화시킬 수 있는지를 밝혀야 한다. 둘째, 공공재론의 전제가 엄격히 지켜져야 한다면 국제협력의 다양한 영역 중 어느 영역이 공공재적 성격을 지니고 있는지를 먼저 밝혀야 한다. 비배제성과 비경쟁성의 성격을 지니고 있는 영역에 대해서만 공공재론적 패권안정론이 타당성을 지닐 수 있을 것이다.

공공재론적 패권 이론에 대한 기존 논의에서 주목해야 하는 두 번째 논점은 과연 공공재의 공급이 패권국에 의해서만 제공될 수 있는가 하는 문제이다. 패권안정론자들은 각국의 주권을 양도받은 세계 정부와 같은 존재가 없는 한, 압도적인 힘의 우위를 지닌 패권국의 존재만이 공공재 공급의 필수 조건이라고 주장해 왔다. 다수의 국가들은 물론 소수의 강대국들의 협력에 의해서도 공공재가 공급될 수 없다는 것이다. 킨들버거는 경제 이론에 근거하여 복점(duopoly) 상태도 효율적으로 리더십을 발휘할 수 없다고 단정한 바 있다.

이러한 주장은 이론적으로나 경험적으로 문제를 지니고 있다. 우선, 공공재 이론에서 제기하는 '지배적 수혜자'가 반드시 한 국가

적 성격을 간과하게 된다.

일 필요는 없다. 이해가 유사한 소수의 강대국들이라면 '과두적 지배'에 의해 공공재를 제공할 수도 있을 것이다(Snidal 1985 ; 이호철 1997). 또한 신자유주의적 제도주의에서 제시하듯이 국제관계는 다양한 영역에서 반복적인 국가들 간의 관계로 이루어지기 때문에 수인의 딜레마와 집단행동의 논리가 극복되어 국제협력이 이루어질 수도 있다(Keohane 1984). 경험적으로도 1970년대 이후 여러 영역에서 미국의 힘의 쇠퇴에도 불구하고 국제협력이 확대되어 왔다. 특히 무역질서는 WTO 체제를 성공적으로 출범시키면서 개방의 폭과 깊이가 심화되어 왔다. 자유무역의 심화가 공공재라면, 국제무역 구조에서 미국의 명백한 쇠퇴에도 불구하고 공공재가 효율적으로 공급되어 온 셈이다.

전체적으로 평가할 때, 공공재 이론의 도입은 패권안정론의 미국 편향성을 어느 정도 희석시키거나 이론적으로 포장하는 역할을 했다고 볼 수 있다. 패권국은 이타심이나 책임감 때문이 아니라 지배적 수혜자이기 때문에 국제경제의 개방과 안정을 유지하는 비용을 감당하려 하는 것이다. 또한 극히 적은 수의 사례에 근거한 비이론적 주장에 불과할 수 있는 패권안정론에 공공재 이론은 이론적 정교함과 견고함을 부여해 주었다고 평가할 수 있다. 그러나 공공재론적 패권안정론은 주어진 영역, 특히 국제경제질서의 개방성이 공공재인가 하는 문제에 대한 면밀한 검토와 패권이 개방적 국제경제질서의 필요조건인지 충분조건인지에 대한 보다 다양한 연구가 요구된다고 하겠다.

신현실주의 패권안정론

패권안정론의 또 다른 형태는 신현실주의적(neorealist) 혹은 구조적(structural) 패권안정론이라고 부를 수 있다. 국제체계의 안정을 체계수준에서 힘의 분포로 설명한 신현실주의 이론과 동일한 이론체계로 구성되었기 때문이다. 크래스너에 의해 정교한 이론으로 제시된 신현실주의적 패권안정론은 국제협력을 설명하는 자유주의적·다원주의적 시각의 도전에 대한 현실주의의 대응이었다. 즉, 국가를 분석단위로 두고 체계수준의 현상, 즉 국제경제질서의 개방을 체계수준에서의 힘의 분포로 설명했던 것이다. 크래스너의 '국력과 국제무역의 구조'가 이러한 패권안정론의 이론적 작업을 대표한다고 평가된다. 이를 중심으로 신현실주의적 패권안정론을 살펴보자.

크래스너는 분석단위를 국가에 두고 국제무역 구조에서 각 국가가 자국의 국가이익을 추구한다는 전형적인 현실주의 시각에서 출발한다. 그러나 월츠와 같은 단순한 전제와 달리 크래스너는 국가 행동의 이론(theory of state action)을 포함하고 있다. 즉, 국가는 무역정책에 있어서 국민소득의 증가와 경제성장의 달성뿐 아니라 자신의 정치적 힘의 증대와 사회적 안정의 유지라는 다양한 목표를 추구한다는 것이다. 개방에 따라 이러한 목표들이 어떻게 달성되어 개방에 대한 선택이 결정되는가는 각국의 규모와 발전수준에 따라 다르다. 예컨대 발전된 소국이라면 개방이 가져다 주는 경제적 이득이 크고, 구조조정의 사회적 비용을 감당할 수 있으며(따라서 사회적 안정이 유지될 수 있으며), 타국에 대한 정치적 힘은 (원래 작기 때문에) 문제가 되지 않는다. 저발전된 대규모 국가의 경우는 소득과 경제성장 증대의 효과가 유발되기는 하지만, 개방으로 인한 사회적 비용과 불안정이 증대되고 타국에 대한 정치적 지위가 취약해질 수 있다(Krasner 1976, 319-321).[6]

이렇기 때문에 국제무역질서의 개방화 정도는 경제력의 국제적 분포구조에 따라 결정된다. 즉, 고도로 발전된 소국들로 이루어진 체제라면 개방적 국제무역구조가 이루어질 가능성이 많다. 모두에게 개방이 이익을 가져다 주기 때문이다. 반면, 발전수준이 다른 대국들로 구성된 체제에서는 자유무역질서가 수립되기 어렵다. 사회적 불안정과 정치적 힘의 상실을 두려워하는 저발전 대국들이 개방을 받아들이지 않기 때문이다.

개방적 질서가 수립될 가능성이 가장 많은 경우는 다른 국가들에 비해 훨씬 크고 발전된 한 국가가 상승기에 있는 패권체제이다. 상승기의 패권국은 개방으로 인한 소득 증대와 경제성장 효과를 거둘 수 있고, 개방으로 인한 사회적 비용도 감당할 수 있으며, 폐쇄의 기회비용이 가장 작으므로 국제정치적 힘도 강화된다. 작은 국가들의 경우 역시 경제적 혜택이 크고 정치적 힘은 원래 제한적이므로 개

6_ Stephen D. Krasner, "State Power and the Structure of International Trade," *World Politics* 28 : 3(1976), pp. 319-321.

방을 선호한다. 반면, 중간 규모 국가들은 경제적 혜택과 사회적 비용 및 국제정치적 힘의 변화를 고려하여 개방에 반응하게 된다. 패권국은 이들이 개방체제를 수용하도록 유도 혹은 강제할 수 있는 경제적·군사적·상징적 능력을 지니고 있으며, 이의 적절한 사용을 통해 개방적 질서를 만들어내고 유지하게 된다(Krasner 1976, 321-323).

반면, 기존의 패권이 쇠퇴기에 접어들게 되면 개방적 국제무역 질서가 유지되기 어렵다. 우선, 다른 국가들을 개방적 질서로 유도할 수 있는 경제적·군사적 자원의 동원이 효과적으로 이루어지지 않을 수 있다. 더욱이 쇠퇴기의 패권국은 개방체제에 대한 국가이익의 계산이 변화된다. 단기적인 소득증대와 경제성장 효과가 둔화되는 반면, 사회적 비용의 감당은 점차 어려워진다. 장기적으로도 상품과 자본 및 기술의 개방은 국내경제로부터 자원을 유출시키고 잠재적 경쟁국들에게 도움을 주는 부정적 효과를 가져올 수 있다(Krasner 1976, 320). 따라서 쇠퇴기 패권국은 개방을 선호하지 않게 되거나 개방적 질서를 유지하는 역할을 제대로 수행하지 못하게 되며, 이는 곧 국제경제질서의 폐쇄로 귀결된다.

이 이론은 월츠가 『국제정치 이론』(*Theory of International Politics*)에서 제시한 신현실주의 체계 이론만큼이나 강력하고 아름다운 체계 이론이다. 국제경제체계에서의 힘의 분포에 의해 국제경제체계의 개방성이 결정되는 것이다. 여기에 국가이익의 다양성을 인정하고 국가의 규모와 발전수준이라는 두 변수를 추가하여 월츠 이론의 단순성을 극복하고 보다 정교한 이론을 만들었다고 평가할 수 있다.

그럼에도 불구하고 신현실주의 패권안정론 역시 두 가지 치명적인 결함을 지니고 있다. 첫째, 이 이론은 '패권안정론'이 아니라 '패권개방론'(hegemonic openness theory)이다. 크래스너의 연역적 작업이나 경험적 작업의 대상은 국세무역 구조의 개방성이었지 안정성이 아니었다. 사실 양자를 동일시하는 오류는 크래스너뿐 아니라 패권안정론자 대부분이 인식하지 못하고 범해온 오류이다. 이 오류에 의해 논리의 비약과 경험적 불일치가 야기되곤 했다. 이에 대해서는 뒤에서 상술한다.

둘째, 쇠퇴기의 패권국이 개방적 정책을 포기하며 곧 국제경제질서의 폐쇄를 초래한다는 명제에 대해서 경험적으로나 이론적으로 다양한 반론과 비판이 제기되어 왔다. 우선, 크래스너 자신이 제시하고 있듯이 19세기 중반 이래의 역사적 증거가 이를 입증하지 않는다. 즉, 영국 패권의 쇠퇴가 가속화되었던 19세기 말에서 제1차 세계대전 직전까지의 시기와 미국 패권이 쇠퇴하기 시작한 1970년대 이래의 시기 동안 두 패권국은 패권의 쇠퇴에도 불구하고 기존의 자유주의 정책을 지속했고 개방적 국제무역질서 역시 유지되었다. 패권안정론자들이 의존하고 있는 두 역사적 사례 모두가 이들의 주장을 부정하는 것이다. 따라서 크래스너는 패권국 내부의 기득세력 때문에 정책의 변화가 '지체'(lag)되거나 체제의 변화에는 외적 충격이 필요할 수 있다고까지 논지를 후퇴시켰다(Krasner 1976, 341-343).

이론적으로도 크래스너의 "쇠퇴-폐쇄론"에 대해 의문이 제기된다. 쇠퇴기 패권국의 정책에도 불구하고 개방적 국제경제질서가 유지될 수 있는 이론적 근거는 앞에서 논의했듯이 신자유주의자들에 의해 충분히 제시되었다. 또한 쇠퇴기의 패권국이 폐쇄를 추구한다는 주장도 논리적 근거가 희박하다. 코헤인이 지적했듯이 쇠퇴기에 접어든 패권국에게 폐쇄로의 정책변화는 국가이익에 부합되기보다는 쇠퇴를 가속시킬 수 있다. 패권국의 폐쇄에도 불구하고 신기술과 지식은 경쟁국들로 확산되면서 패권국만이 고립되어 더욱 쇠퇴가 가속화되는 결과를 가져올 수 있는 것이다(Keohane 1997, 155). 국내정치적 차원을 고려하면 크래스너의 주장은 더욱 타당성을 잃는다. 쇠퇴기에 접어든 패권국이 지식과 기술의 외부 유출을 막기 위한 폐쇄, 즉 수출 규제를 선택하기란 대단히 어렵다. 개방과 연결된 국내 이해세력들의 저항 때문이다. 이보다는 경제상황의 악화 속에서 국내기업과 노동집단들이 수입의 규제를 원하게 되고, 패권국의 정책변화는 수입규제를 시도하는 방향으로 이루어질 가능성이 높다(Keohane 1997, 155).

요컨대 상승기 패권국이 개방을 선호하고 국제경제질서의 개방을 유도한다고 해서 쇠퇴기 패권국의 정책이 폐쇄로 변화된다는 주장에는 논리적 · 경험적 근거가 없다. 폐쇄는 다만 한 가지 가능성일 뿐이다. 패권안정론의 또 다른 지주인 길핀은 이점을 인식했다(Gilpin 1976, 63-67). 그는 패권국이 산업의 상대적 쇠퇴에 대응해 취할 수 있는 전략을 다양하게 상정했다. 우선, 기존 시장을 유지하거나 새로운 시장을 개척하려고 시도할 수 있고, 또는 해외 포트폴리오 투자를 지속하거나 다국적 기업들에 의한 해외직접투자 전략을 강화할 수도 있다. 또 새로운 기술과 산업을 발전시키고 자본의 흐름을 재조정함으로써 패권국 경제를 재활성화하려고 시도할 수도 있고, 보호주의나 블록화와 같은 폐쇄의 길로 나아갈 수도 있다. 그러나 길핀은 어떤 대응방식이 왜 선택되는가에 대해서는 분석을 하지 않은 채 미국의 경우 자유주의 정책의 약화를 지적했을 뿐이다(Gilpin 1987, 221-230).

신현실주의적 패권안정론이 지니는 이 문제의 본질은 이들이 분석의 단위를 국가에 두고 구조의 변화에 대해 국가가 국가이익을 확보하기 위한 전략적 대응을 한다고 상정하는 데 있다. 국제구조, 특히 힘의 분포로부터 개별국가들의 대응을 연역적으로 도출하는 신현실주의의 미시 경제이론적 추론의 결합을 그대로 지니고 있는 것이다. 국제경제질서와 대외경제정책의 개방과 폐쇄에는 다양한 비용과 기회가 결부되어 있고, 이에 따른 국내 정치적 투쟁이 일어난다. 경제력의 상대적 쇠퇴를 경험하는 패권국의 경우에도 개방의 혜택을 유지하려는 세력과 국내시장의 보호를 요구하는 세력, 최소한의 해외시장을 확보하려는 세력 등이 존재할 수 있다. 더욱이 쇠퇴의 정도와 원인, 그리고 그 대응방식과 비용분담 방식에 대해 국내 행위자들마다 다른 생각과 이해관계를 지닐 수 있다.[7] 따라서 상대적 쇠퇴라는 구조적 조건 하에서 이들 간에 벌어지는 정치적 대결의 양상에

7_ 이 문제에 대해 19세기 후반에서 20세기 초반 영국을 사례로 한 뛰어난 연구로 Friedberg(1985)를 참조.

따라 쇠퇴에 대한 패권국의 대응이 나온다고 보아야 한다. 개별국가의 행태를 설명하기 위해 외교정책의 이론이 필요하듯이 단순히 국력 분포의 변화로써 쇠퇴기 패권국의 대응을 설명할 수는 없는 것이다.

전체적으로 평가할 때 신현실주의적 패권안정론은 신현실주의 체계 이론과 같이 이론적 경제성(parsimony)이 대단히 높고 견고한 이론이다. 또한 공공재론적 패권안정론과 달리 국제경제질서의 개방을 공공재로 보지 않음으로써 규범성과 이데올로기성이 더욱 희석되었다. 그러나 체계수준의 이론이 갖는 문제를 그대로 지니고 있으며, 안정과 개방을 혼동하고 개방의 다양성을 인식하지 못하는 중대한 결함을 지니고 있다. 한 가지 안타까운 점은 크래스너가 제시한 이론적 명제들에 대한 충분한 논의가 이루어지지 않음으로써 이러한 문제들이 해결되지 못했다는 점이다. 패권과 안정 간의 인과관계에 대한 논의는 앞에서 설명한 공공재론에 치우쳐 전개되어 왔던 것이다.

국제정치경제질서의 현실과 패권안정론

지금까지 패권안정론의 성격과 주요 논지, 그리고 문제점들을 살펴보았다. 다시 강조하자면 패권안정론은 전후 국제질서가 흔들리고 미국의 경제력이 쇠퇴하는 상황에 대한 미국적 문제의식으로부터 출발했다는 근본적 결함을 지니고 있었다. 미국 중심의 이념적 편향성에서 벗어나지 못함으로써 결과적으로 국제경제질서의 특정한 성격을 단순히 공공재로 파악하거나 개방과 안정을 혼동하는 오류를 낳은 것으로 보인다. 다른 한편, 체계수준에서의 이론에 그치고 더 이상 논의가 진전되지 못함으로써 체계수준의 이론이 지니는 설명의 한계를 극복하지 못했다고 평가할 수 있다.

이러한 문제를 지니고 있는 패권안정론을 굳이 이 시점에서 재조명하는 이유는 무엇인가? 정치경제학적 시각에서는 국제경제질서의 성격은 어떤 방식으로든 체계 내 힘의 분포를 반영한다고 상정한다. 신자유주의적 세계화로 규정되는 1970년대 이후의 국제경제질서의 변화와 국제경제체계 내에서의 힘의 분포 간에는 상관성이 존재하는 것이다. 패권안정론은 양자 간의 인과관계를 본격적으로 설명하려 한 시도이다. 따라서 앞에서 제기된 문제점들을 해결하여 패권안정론을 재적용할 필요성이 있다. 즉, 패권의 개념과 안정의 개념을 수정하고 분석의 수준을 보다 구체적인 수준까지 낮추면 20세기 후반 이후 변화하고 있는 국제경제질서의 성격을 설명하는 데 여전히 이 이론체계가 유용하다는 것이다.

먼저 패권의 개념이 수정되어야 한다. 패권안정론자들 간에도 패권을 정확히 어떻게 규정해야 하는지에 대해서는 이견이 존재한다. 국제정치경제체계에서 압도적 우위는 무엇으로 규정되는가? 생산력의 우위인가? 금융적 지배력인가? 첨단기술의 우위인가? 또 어느 정도의 우위가 패권적 존재와 비패권적 존재를 가르는 기준인가? 힘의 우위가 어느 정도 쇠퇴했을 때 더 이상 패권이 아닌가? 이러한 기준으로 본다면 1970년대, 1980년대의 미국은 패권적 존재인가? 1990년대 이후의 미국은 어떠한가?

힘을 물리적 능력으로만 규정하는 신현실주의자들과 같이 패권을 객관적 경제력으로만 규정하려들 경우, 이러한 문제에 대한 명확한 해결이나 합의는 가능하지 않다. 물리적 능력도 패권의 중요한 구성요소이지만 패권의 다른 차원의 속성이 반드시 포함되어야 한다. 특히 다음 두 가지 차원을 중시해야 한다.[8] 첫째, 패권의 가장 중대한 속성은 국제정치경제질서의 구조를 선택·형성할 수 있는 능력이다. 즉, 국제경제질서의 규범과 규칙 및 절차를 변경시킬 수 있는 힘이 패권의 본질이다. 이러한 구조적 힘은 물리적 능력의 상대적 쇠퇴에도 불구하고 지속될 수 있다. 국제경제체계에서 구조적 패권은 압도적인 물리적 능력에서 나올 수도 있지만, 경제력이 쇠퇴한 상태에서도 기존 국제경제질서의 유지를 불가능하게 만듦으로써 행사될 수도 있다. 이러한 거부권적 패권의 행사는 1970년대 미국의 달러화 금태환 정지나 자본통제의 철폐에서 드러났던 바 있다. 전자는 브레튼 우즈 통화체제를 붕괴시켜 변동환율체제로의 전환을 가져왔다. 후

8_ 이에 대해서는 스트레인지의 통찰력 있는 분석을 참조하라. 러셋과 나이도 유사한 점을 지적한 바 있다. Strange(1987), pp. 551-574 ; Russett(1985), pp. 207-231 ; Nye(1990) 참조.

자는 다른 국가들의 자본 자유화를 강제하여 전후 내장형 자유주의의 통제된 국제금융질서를 금융 자유화 · 세계화로 변경시켰다(Helleiner 1994).

둘째, 국제경제질서에서의 패권은 국세체계의 다른 영역, 특히 안보 영역과 이데올로기 영역에서의 패권적 능력에 의해 강화되고 유지될 수 있다. 스트레인지의 지적대로 국제체계의 안보 · 생산 · 금융 · 지식 영역들에서의 구조적 패권은 서로 밀접하게 연관되어 있다(Strange 1996). 한 영역에서의 쇠퇴는 다른 영역들에서의 패권에 의해 보완될 수 있다. 특히 미국의 경우 냉전시기 서구 진영에서의 안보적 역할, 그리고 탈냉전 이후 압도적인 군사력의 보유라는 안보 영역에서의 패권이 다른 영역에서의 힘의 자원이 된다고 평가할 수 있다. 또한 선진자본주의 국가들에서 신자유주의 이데올로기의 확산과 이에 대한 동의 또는 합의의 형성 역시 미국의 이데올로기적 패권이 생산과 금융적 패권을 강화시켜 주는 역할을 하고 있다.

요컨대 국제경제질서에서의 패권의 개념은 단순한 물리적 능력뿐만 아니라 국제경제질서를 변경시킬 수 있는 구조적 패권을 포함해야 하며, 안보와 이데올로기 영역에서의 패권과의 연관성을 설정해야 한다. 이렇게 규정할 경우 경제적 쇠퇴를 경험하고 있는 패권국이 구조적 패권을 행사하여 국제경제질서의 성격을 자신에 유리하도록 변경시키는 현상이 파악될 수 있을 것이다.

패권안정론의 종속변수 역시 수정되어야 한다. 앞에서 논의했듯이 신현실주의적 패권안정론이 설명한 것은 국제경제질서의 안정

(stability)이 아니라 개방(openness)이었다.[9] 공공재론자들의 경우, 다양한 영역에서의 국제 레짐의 공급을 설명하는 시도로 확대되었으나 일차적 분석대상은 국제무역 구조의 개방성이었고, 개방과 안정을 동일시하는 오류 역시 마찬가지였다.

국제경제질서의 개방과 안정 간의 관계는 복잡하다. 개방적 질서가 유지되는 경우는 안정적일 수 있다. 그러나 폐쇄적 질서가 개방적 질서로 전환되려면 일정한 불안정이 발생한다. 개방적 질서가 보다 개방적인 질서로 변화되는 경우에도 안정은 훼손될 수 있다. 예컨대 1970년대 이래의 국제경제질서는 무역과 금융, 통화의 각 영역에서 개방화가 진행되면서 혼란과 불안정이 끊이지 않고 있다.

패권국은 국제경제의 각 영역에서 자신이 차지하는 위치에 따라 다양한 형태의 개방적 질서를 추구하며, 이 질서가 자신에 유리한 이상, 그리고 변경의 비용이 효용보다 클 경우에만 이를 안정적으로 유지하려 한다고 보아야 한다. 이 한계 안에서 패권이 안정을 추구한다고 말할 수 있다. 그러나 패권이 추구하는 기본적 목표는 자신에 유리한 형태의 개방적 질서이다. 기존 질서 하에서 불균등 성장에 따라 자신의 상대적 지위가 심각한 수준으로 훼손될 경우, 패권은 다른 형태의 개방적 질서를 추구할 수 있다. 또는 패권국의 국내정치적 요인에 따라 기존질서를 유지하려는 정책이 추구될 수도 있다. 전자의

9_ 이는 코헤인도 인식하고 있었다. Keohane(1997), pp. 150-170.

예로 1970년대 이래 미국의 경우를 들 수 있고, 후자의 예로는 19세기말 이래 영국의 경우가 해당된다.

이렇게 볼 때 두 가지 논의가 추가되어야 한다. 첫째, 종속변수로서 국제경제질서의 개방성은 다양한 형태로 실징되어야 헌다. 즉, 국제경제질서의 개방의 수준이 다양하게 존재하고, 개방의 양식 역시 다양하며, 각 하위 영역들에서의 개방의 수준과 형태가 다르게 조합될 수 있음이 인식되어야 한다. 동일한 자유주의 국제경제질서이지만, 19세기적 자유주의 질서와 제2차 세계대전 이후의 자유주의 질서, 그리고 1970년대 이래 현재의 자유주의 국제경제질서는 상이하다. 이들을 각각 고전적 자유주의 질서, 내장형(embedded) 자유주의 질서, 신자유주의 질서로 부르는 이유는, 개방의 정도와 형태, 그리고 각 질서 하에서의 무역과 통화, 금융질서의 성격이 상이하기 때문이다.

패권국은 단순히 '보다' 개방적인 질서를 추구하는 것이 아니라 '자신에게 유리한' 개방적 질서를 추구한다. 자신에게 유리한 개방적 질서는 다양한 요인에 의해 결정된다. 우선, 세계 경제의 생산과 금융, 통화, 그리고 각 하위 부문에서 패권국이 차지하는 위치에 따라 개방의 성격이 결정된다. 뿐만 아니라 패권국의 국제정치적 이해도 국제경제질서의 성격을 결정하는 데 고려될 것이고, 패권국의 국내적 이해도 이에 영향을 미칠 수 있다. 이러한 요인들에 의해 설정된 국제경제질서의 성격은 다를 수밖에 없다.

요컨대 패권적 힘의 분포에 의해 설명되어야 하는 국제경제질서의 성격은 단순히 '개방-폐쇄'의 이분법적 종속변수가 아니라 다양한 개방성으로 규정되어야 한다. 패권과 개방 혹은 안정 간의 체계수준에서의 이론화를 지양하고, 패권적 힘의 분포 혹은 그 구성상의 변화에 의해 어떤 성격의 개방적 질서가 추구되고 국제경제질서의 안정에 어떤 결과가 초래되는지를 설명해야 한다.

또 하나 패권안정론의 현실주의적 성격에 대한 중대한 수정은 국가 중심성 문제와 연관된다. 앞에서 살펴보았듯이 패권안정론의 행위자는 국가이고, 국가 이하로 분석수준이 내려가지 않는다. 국가는 연역적으로 추론된 국가이익들을 추구한다. 현실주의적 전제에 따라 '패권국은 개방을 추구한다'는 명제가 도출된다.

이에 대한 경험적 반증은 앞에서 논의한 바 있다. 더욱이 개방의 다양성을 설정하고 나면 '왜 특정한 성격의 개방을 추구하는지'의 문제가 제기되는데, 이는 국가 중심적 접근으로 설명할 수 없다. 왜 20세기 초반 영국은 패권의 쇠퇴에도 불구하고 고전적 자유주의 질서를 유지하려 했는가? 왜 제2차 세계대전 후 미국은 내장형 자유주의 질서를 주도했는가? 왜 패권의 쇠퇴를 경험하기 시작하면서 미국은 신자유주의적 국제경제질서로의 전환을 추구했는가? 이러한 문제들에 대한 답은 부분적으로 국가중심적 시각에서 찾아질 수 있다. 그러나 다양한 개방적 질서 중 특정한 선택은 국가 하위의 분석수준에서 국내정치를 분석함으로써 찾아질 수 있다.

요컨대 패권과 개방 간의 체계수준의 분석은 국가수준의 분석과 결합되어야 한다는 것이다. 이에 의해 특정한 성격의 패권이 어떠한 국내 정치과정을 거쳐 특정한 선택을 하게 되고 특정한 성격의 개방적 국제경제질서를 추구하는지 설명할 수 있을 것이다. 현재의 국제경제질서를 이해하기 위해 필요한 것은 바로 이러한 작업이다.

패권의 국가행동 이론

지금까지의 논의 중 특히 다음 세 가지 점을 다시 강조할 필요가 있다. 첫째, 패권의 핵심적 속성은 구조적 힘에 있다. 단순한 물리력의 압도적 우위뿐 아니라 안보와 생산, 금융, 지식 등 국제체계의 제 영역에서 전용가능한 힘을 지니고 기존 질서를 유지하거나 국제체계의 변화를 추동 혹은 거부할 수 있는 능력이 패권의 본질인 것이다.

둘째, 패권국의 선택과 행동에 대한 설명이 제공되어야 한다. 특정 영역에서 국제체계의 변화를 추동할 것인지 거부할 것인지의 선택은 힘의 압도적 우위와 기존 질서의 최대 수혜국이라는 점만으로 설명될 수 없다. 시간과 상황에 따라 국제체계 내에서의 힘의 우위와 혜택의 배분이 변하기 때문이다. 이 변화 속에서 패권국과 기존 국제체계, 그리고 다른 국가들 간의 관계가 변화하며, 패권국의 대외적 능력, 즉 다른 국가들에 대한 상대적 힘의 우위와 구조적 힘의 성격이 변화한다. 패권국은 이 제약 혹은 기회 속에서 국제체계를 관리하는 패권정책을 수행한다.

셋째, 패권국이 선택하는 정책은 국내적 연관성 속에서도 규정된다. 즉, 패권국은 외적으로는 패권국의 이익에 따라 국제체계를 관리함과 동시에 내적으로는 이에 대한 지지와 동원을 끌어내야 하는 것이다. 예컨대 냉전정책의 일환으로 미국이 베트남 전쟁을 치렀을 때, 미국의 국가는 대외적으로 전쟁을 성공적으로 이끌기 위한 국제적 지지와 지원을 확보해야 했고, 대내적으로는 전쟁에 대한 최소한의 국내적 지지와 전쟁에 소요되는 자원을 동원해야 했다. 대내적 지지와 동원이 어렵게 되면서 미국의 베트남 정책과 냉전정책은 물론 국제경제의 관리정책도 변화한 바 있다. 이와 같이 패권국이 국제체계를 관리하기 위해 특정한 패권정책을 선택·수행하는 것을 설명하기 위해서는 패권국의 국가가 지닌 대외적 능력과 대내적 능력을 분석해야 한다. 즉, 패권국의 국가행동 이론(theory of hegemonic state action)이 필요한 것이다.

패권국의 국가행동 이론을 모색하는 데 도움이 되는 두 가지 연구를 먼저 검토하자. 매스탄두노 등(Mastanduno et al. 1989)은 구조주의의 단순함과 비현실성을 극복하기 위해 현실주의 국가행동 이론을 구축하려 했는데, 이 작업 속에서 다음 〈표 3-1〉과 같은 모델을 제시했다. 이 모델은 모든 국가들의 대외적 · 대내적 전략을 설명하려는 시도인데, 국가의 대내적 힘과 대외적 힘의 두 가지 변수에 따라 전략적 행동이 결정된다. 즉, 대내적으로 취약하고 대외적으로도 약

〈표 3-1〉 대내외적 제약과 국가의 전략

		국제구조	
		약소국	강대국
국내구조	연성국가	내적 추출 외적 승인	외적 추출
	강성국가	내적 동원	내적 동원 외적 추출

출처 : Mastanduno, *et al*. 1989, p. 469.

소국인 경우 국가는 내적 추출(extraction)과 외부 승인(validation)을 통한 정당화를 모색하며, 내적으로나 외적으로 강한 국가는 내적 동원을 통해 부(wealth)의 축적을 도모하거나 외적 추출을 감행하게 된다. 한편, 내적으로 강성국가이지만 국제적으로 약소국인 경우는 내적 동원을 통해 부국강병의 국가전략을 시도한다. 반대의 경우, 즉 대내적으로 연성국가이면서 강대국인 국가는 외적 추출에 의존하게 된다.

이 모델은 대내외 구조에서 국가가 지닌 힘을 독립변수로 하여 국가의 대내외 전략을 설명한다는 점에서 현실주의를 기반으로 한 국가행동 이론을 수립했다고 평가할 수 있다. 그러나 이 모델을 패권국 국가행동 이론에 적용하면 두 가지 문제가 발생한다. 하나는 패권국 국가의 유형이 정해지고 나면 패권국의 전략이 결정되어 버린다는 점이다. 즉, 미국과 같이 내적으로 연성국가인 패권국은 외적 추출만이 패권정책의 전부가 되어버리는 것이다.

둘째는 국가가 지닌 대내적 능력과 대외적 능력을 각각 총합의 개념으로 처리함으로써 국가의 전력에 영향을 미치는 다양한 대내외적 조건을 고려할 수 없다는 점이다. 국제적으로 경제력은 쇠퇴하고 있지만 정치적 · 군사적 힘은 유지하고 있는 국가도 있을 수 있고, 내적으로 자원의 확보는 부족하지만 강력한 지지를 동원하고 있는 국가도 있을 수 있다. 또한 국가의 대내외적 능력의 총합은 일정하지만 그 구성요소들은 변화할 수 있다. 매스탄두노의 모델은 국가의 전략 수립에 영향을 미치는 국가 능력의 구성요소들을 구별하여 분석하지 못하는 것이다.

이에 반해 미국 사례의 분석을 위해 크래스너가 제시한 모델은 국가 능력의 여러 차원을 분석하고 있다. 크래스너는 미국 국가의 특성을 대외적으로는 강하고 대내적으로는 약한 국가(externally strong, but internally weak state)라고 진단한다(Krasner 1978, 61-66). 다른 국가들과 국제체계에 대해서는 강한 힘을 지니고 있으나 국내 사회집단들과 사회구조에 대한 힘은 약하다는 의미이다. 주 관심이 후자에 있기 때문에 크래스너는 내적으로 약한 국가의 성격에 대해 논의를 집중하고 있다. 〈표 3-2〉에서 보듯이 사회로부터의 압력에 대한 저항 능력이 약하게 존재하지만 사적 부문의 행태를 변화시키는 능력과 사회구조를 변화시키는 능력이 없는 국가가 바로 내적으로 약한 국가이며, 미국이 대표적 사례라는 것이다(Krasner 1978, 56-61).

이 모델을 통하여 크래스너는 연성국가인 미국의 국가도 이슈의 재규정이나 리더십의 발휘를 통하여 국내 사회집단의 압력을 차단함으로써 대외정책에서 국가 이익을 추구할 수 있다고 주장한다. 이 주장에는 타당성이 있지만, 크래스너가 살펴본 대내적 국가 능력

〈표 3-2〉 사회에 대한 국가의 힘

	사회 압력 저항 능력		사적 부문 행태 변화 능력		사회구조 변화 능력	
	있다	없다	있다	없다	있다	없다
존재하지 않음		○		○		○
연성국가	○			○		○
중성국가	○		○			○
강성국가	○		○		○ (완만히)	
압도적 국가	○		○		○	

출처 : Krasner 1978, p. 57, Table III-1.

의 제 차원들은 패권국 국가의 정책을 설명하는 데는 크게 부족하다. 패권 역할의 수행에 대한 논의에 적용할 때, 첫째와 둘째 차원의 능력은 상당 부분 중복되는 것이고, 셋째 차원의 능력은 큰 의미가 없기 때문이다. 이보다는 국가가 패권정책을 수립·집행하는 데 필요한 대내적 능력에 주목해야 한다. 즉, 특정한 패권정책을 추진하기 위해 국가가 국가-사회관계 속에서 필요한 자원을 동원할 수 있는 추출 능력(extractive capacity), 이 정책에 대한 사적 집단들의 저항이나 일탈을 억제할 수 있는 규제 능력(regulatory capacity), 그리고 사적 이익으로부터 독립적으로 국가 이익을 추구하는 정책을 선택하고 이에 대한 국내적 지지를 구축할 수 있는 승인 능력(validatory capacity)이 그것이다.

또한 이 세 차원에서 국가의 능력은 단지 내적 영역(arena)에서만 문제가 되는 것이 아니라 외적 영역에서도 중요하다. 즉, 다른 국가들과 국제체계에 대해 패권국이 지니는 승인·추출·규제의 능력에도 주목해야 한다. 내적 영역에 존재하는 국가와 사회집단 간의 관계와 유사한 관계를 국제체계의 구성국들과 패권국 사이에 상정할 수 있기 때문이다. 따라서 패권 역할을 수행하기 위해 패권국은 대내적 영역에서 사회집단들에 대해 승인·추출·규제의 능력을 발휘하는 한편, 대외적 영역에서도 국제체계의 구성국들에 대해 승인·추출·규제의 힘을 행사한다고 상정해야 한다. 그렇다면 양 영역 모두에서 국가의 능력을 평가해야 할 것이다(〈표 3-3〉 참조).

〈표 3-3〉 패권국 국가 능력의 구성

<table>
<tr><th colspan="2" rowspan="2"></th><th colspan="3">국가 능력의 차원</th></tr>
<tr><th>추출 능력</th><th>규제 능력</th><th>승인 능력</th></tr>
<tr><td rowspan="2">국가 능력의 영역</td><td>대내적</td><td>강
중
약</td><td>강
중
약</td><td>강
중
약</td></tr>
<tr><td>대외적</td><td>강
중
약</td><td>강
중
약</td><td>강
중
약</td></tr>
</table>

이 연장선에서 다음 몇 가지 논의를 전개할 수 있다. 우선, 외적으로 강하고 내적으로 약한 국가가 대외적으로는 강한 승인·추출·규제 능력을 지녔지만 국내적으로는 승인·추출·규제 능력이 취약

한 국가라고 단순히 규정할 수 없다. 대내외 영역에서 각 차원의 국가 능력들이 한 방향으로만 움직이지는 않을 수 있기 때문이다. 예컨대 대외적 영역에서 패권국의 능력이 승인 차원에서는 강하지만 규제와 추출 차원에서는 약할 수 있다. 마찬가지로 대내적 영역에서 승인과 규제 차원에서는 약하지만 강한 추출 능력을 지니고 있을 수도 있다. 그러나 양 영역에서 각 차원의 능력들이 상보적일 가능성도 있다. 예컨대 추출과 규제 능력이 약하면 승인 능력 역시 취약할 수밖에 없다. 가능한 정책 선택의 폭이 좁아지기 때문이다. 역의 관계도 성립할 수 있다. 승인 능력이 취약할 경우, 정책 결정에 대한 동의를 구하기도 어렵고 자원을 동원하기도 어려울 것이다. 어떤 경우이든 단순하게 "외약내강"형 국가를 상정하는 것보다는 여섯 차원의 능력이 어떻게 구성되었고 어떻게 변화하는지를 분석하는 것이 보다 많은 설명을 제공할 수 있을 것이다.

둘째, 대외적 승인·추출·규제 능력과 대내적 추출, 규제, 승인 능력 각각의 연관성을 상정할 수 있다. 우선, 승인 능력의 경우, 대내적 영역과 대외적 영역 중 어느 한 영역에서 취약한 경우 다른 영역에서의 능력도 약해질 수 있다. 국내적으로 합의를 도출하지 못하고 국내적 반대를 극복하기 힘들면 다른 국가들을 설득하거나 유도하는 데도 어려움을 겪게 된다. 역으로 국제적 합의를 이루지 못한 정책은 국내적 반대에도 힘을 실어주게 된다. 따라서 패권국의 역할 수행을 위해서는 대내외적 승인 능력이 강해야 한다.

대외적 추출 능력과 대내적 추출 능력의 관계는 이와 다를 수 있다. 패권정책의 수행을 위한 자원의 총량은 대내외적으로 동원되어야 한다. 대내적 추출 능력이 강한 경우 패권국은 필요한 양의 자원을 큰 저항 없이 국내적으로 동원할 수 있다. 대외적 추출 능력이 강하다면 패권질서의 유지 비용을 다른 구성국들에게 전가시킬 수 있다. 문제는 외강내약형 패권국의 경우이다. 대내적 추출 능력이 취약하기 때문에 자원의 대부분을 대외적으로 조달하게 되면 장기적으로 다른 구성국들의 반발을 불러올 가능성이 높다. 이는 대내외 양 영역 모두에서 추출 능력의 약화를 가져올 수 있고, 필요한 자원을 조달할 새로운 방식이 성공적으로 도입되지 않으면 패권 역할의 수행에 문제가 야기될 수 있다.

규제 능력의 대내외 영역 간 관계도 이와 유사하게 상정할 수 있다. 패권질서를 유지하기 위해서는 대내적으로는 사회집단들의 행태를, 대외적으로는 다른 구성국들의 행태를 규제할 필요가 있다. 어느 한 영역의 규제 능력이 약할 경우, 상대 영역의 행위자들에 대한 규제에 과도하게 의존할 가능성이 높다. 이는 이들의 저항과 회피를 야기하여 규제 능력에 부담으로 작용할 수 있다.

이렇게 볼 때 패권국 미국의 국가의 성격을 단순히 "외적으로 강하고 내적으로 약한 국가"로 파악하는 것보다는 대내적 · 대외적 영역에 있어서 승인 · 추출 · 규제의 능력이 어떻게 구성되었는지 평가하는 것이 패권 행사 방식을 설명하는 데 직접적인 도움이 된다. 예컨대 대외적 승인과 규제 능력이 강하고 대내적 추출, 규제, 승인에 큰 문제가 없는 패권국이라면 패권질서에 필요한 정책들을 수립하고 집행하는 데 매우 효율적일 수 있다. 제2차 세계대전 직후 냉전질서와 브레튼 우즈 체제를 수립한 미국의 경우가 이에 해당될 것이다. 대외적 능력이 어느 정도 약화되어도 대내적 추출 · 규제 능력이 강하다면 기존의 정책을 유지하는 데 성공적일 수 있을 것이다. 역으로 대내적 능력이 약화되었음에도 불구하고 대외적 승인 · 추출 · 규제 능력이 여전하다면 기존 정책이 유지될 수 있다. 1960년대 중반까지의 미국이 이에 해당될 수 있다. 그러나 대내적 능력이 취약해지면서 대외적 합의와 지지를 끌어내지 못한 채 대외적 추출과 규제에 과도하게 의존하게 될 수 있고, 이는 기존 질서의 유지를 위태롭게 할 수 있다. 1960년대 후반 이후 미국의 패권 행사 방식이 이와 유사한 것처럼 보인다. 이와 같이 패권국이 지닌 능력의 구성상의 변화가 패권 수행 방식의 변화, 곧 패권질서의 유지를 위한 패권국 정책의 변화를 설명할 수 있는 것이다.

미국 패권의 '미국적' 변수

패권국의 패권정책과 그 변화를 패권국 국가행동 이론으로 설명할 경우 이와 같이 패권국 국가의 대내외적 능력의 변화를 설명변수로 설정할 수 있다. 변화하는 환경 속에서 패권국 국가는 자신의 대내외 능력의 한계 내에서 특정한 정책 선택을 하게 되며, 이 정책적 변화(혹은 유지)는 패권국 국가의 대내외 능력을 반영하고 있다는 것이다. 예컨대 특수한 상황이 아닌 한, 대내적 추출 능력이 취약한 패권국 국가가 마샬 플랜과 같은 정책을 선택·수행하기는 쉽지 않을 것이며, 대외적 규제 능력이 약해질 경우 GATT 체제와 같은 자유무역질서를 유지하기가 어렵게 될 것이다. 따라서 패권국 국가의 대내적·대외적 승인·추출·규제 능력과 그 구성상의 변화를 측정함으로써 패권정책의 변화와 성공적 수행 여부를 설명·예측할 수 있다.

한편, 패권에 대한 일반론적 설명이 아니라 미국 패권을 분석하기 위해서는 미국이 지닌 독특한 '미국적' 상황, 조건, 혹은 변수를 검토해야 할 것이다. 미국 국가의 능력과 그 변화에 영향을 미칠 수 있는 변수를 설정하기 위해서이다. 여기에서는 다음 세 가지가 '미국적' 변수로 설정되었다.

첫째, 가장 거시적인 수준에서 자원과 패권 유지 비용의 변화를 고려해야 한다. 경험적으로나 분석적으로 패권국들은 시간이 감에 따라 힘의 상대적 우위의 축소를 경험하게 되며, 패권 유지 비용의 상대적 효용이 감소된다. 미국의 경우도 마찬가지라고 볼 수 있다. 그러나 두 가지 측면에서 미국의 경험은 독특하다. 우선, 제2차 세계대전 이후 안보와 경제 영역에서 세계질서를 새로이 구축할 당시 미국의 힘의 우위가 유례가 없을 정도로 압도적이었다는 점을 들 수 있다. 군사력은 말할 것도 없고 경제력에 있어서도 미국의 총국민생산은 서구 경제 전체의 3분의 2에 달할 정도였다. 서구 국가들이 전쟁의 폐허에서 복구되지 않았기 때문이다. 이러한 압도적 자원을 바탕으로 미국은 전후 세계질서를 구축하고 유지해 나갔다. 예컨대 달러 본위제와 트리핀 딜레마로 특징지어지는 브레튼 우즈 통화질서는 이 정도로 압도적인 미국의 경제력이 전제되지 않고는 기능할 수 없는 것이었다. 그러나 서구 경제가 복구되는 1950년대 후반 이후 이렇게 극도로 비대칭적인 힘의 우위는 더 이상 가능하지 않았고, 이를 기반으로 한 미국의 패권정책도 기능하기 어렵게 되었던 것이다. 둘째, 미국이 수립·유지했던 국제질서의 외연적 규모와 투입된 자원의 양이 비교할 수없을 정도로 막대했다는 점을 들 수 있다. '자유세계주의'(free worldism)에 입각한 냉전체제와 서구 및 일본은 물론 제3세계까지를 엮는 브레튼 우즈 경제체제는 전 세계적인 수준에서 미국의 개입과 소련과의 경쟁으로 이어졌고, 19세기 영국과는 비할 수 없는 규모의 자원을 소요했다. 앞의 논의와 연계하여 고려하면 이 질서의 유지 비용 조달이 점점 더 어려워졌다고 판단할 수 있다. 이 질서로부터의 혜택이 비용 이상으로 증가하지 않는다면 질서유지를 위한 패권국의 의지가 위축되거나 새로운 비용 조달 방식이 마련되어야 할 것이다.

둘째, 미국 국가의 내적 취약성을 가져오는 정치제도 역시 중대한 '미국적' 변수로 설정할 수 있다. 주지하듯이 미국의 국가는 정책결정 과정에 사회세력의 침투성(porousness)이 대단히 높은 '연성국가'이다. 제6장에서 상술하듯이 제도적으로 권력이 분립·분절되어 있기 때문이다. 따라서 국내정책이든 대외정책이든 국가의 결정 능력에 구조적으로 큰 장애가 상존하고 있는 것이며, 이는 국제질서를 유지 혹은 변경하려 할 때 국가의 전략적 선택에 일정한 제약조건으로 작용할 수밖에 없다.

마지막으로 미국 예외주의(American exceptionalism)에 근거를 둔 독특한 미국 중심의 국가 이데올로기를 고려할 필요가 있다. 이미 냉전 초기에 하아츠(Louis Hartz)가 간파했던 바와 같이 미국이 우월하고 예외적이라는 이 미국 중심주의는 전 세계적인 패권적 개입에 요구되는 세계주의(cosmopolitanism)와는 근본적으로 상충되어(Hartz 1955) 패권정책 수립에 제약조건이 될 수 있다. 반면, 식민시대 이래 미국 예외주의는 미국 사회를 통합하고 대외정책을 정당화시키기 위한 도구로 빈번히 동원되어 왔다(Ross 1992 ; McDougal 1998). 어떠한 경우이든 미국 예외주의의 국가 이데올로기는 미국 국가의 패권정책 선택에 영향을 미칠 수 있는 것이다.

지금까지의 논의를 정리하면 다음의 〈그림 3-1〉과 같은 분석틀을 설정할 수 있다. 자원의 변화와 분립·분절적 정치제도, 그리고 미국 예외주의의 국가 이데올로기라는 '미국적' 조건 하에서 패권국 미국의 국가가 대내적·대외적 영역에서 승인·추출·규제 능력의 변화에 조응하는 패권정책을 선택하고, 이에 따라 국제체계의 제 영역에서 변화가 초래된다고 설명하려는 것이다.

〈그림 3-1〉 미국 패권의 분석틀

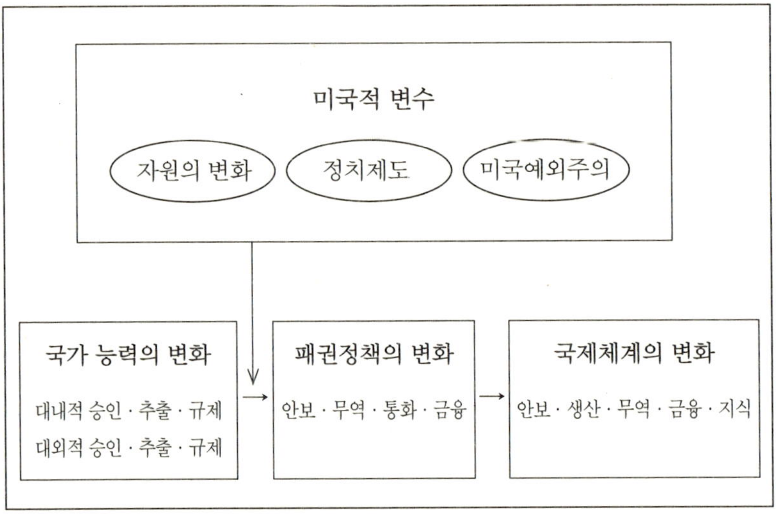

제2부 분석과 전망

■ 자원의 변화와 미국 패권

■ 국가 능력의 변화와 미국 패권

■ 일방주의와 미국 패권

제4장

자원의 변화와 미국 패권

이 장은 패권의 쇠퇴가 패권국으로 하여금 폐쇄정책을 추구하도록 한다는 크래스너 가설의 전반부에 대한 비판을 기반으로 한다. 패권의 성격과 국내정치적 동태(dynamics)에 따라 다양한 대응이 나타날 수 있음을 보일 것이다. 이를 위해 19세기 말에서 제1차 세계대전 직전 시기의 영국과 1970년대 이래 미국의 대응을 비교분석한다.

영국 : 폐쇄의 지체

패권의 쇠퇴와 대안의 모색

영국의 쇠퇴가 언제, 왜 일어났는가 하는 문제는 오래된 논란거리이지만 영국의 쇠퇴에 대한 우려와 기존 정책에 대한 비판이 제기되기 시작한 것은 1870년대였다. 교육제도와 노동력의 문제에서 사회복지에 이르기까지 영국의 힘을 복구하기 위한 다양한 대안이 제기되었는데(Newton and Porter 1988, 12–15), 논쟁의 핵심은 무역정책에 모아졌다. 영국 경제의 급속한 쇠퇴의 직접적 원인이 무역문제라고 인식되어졌기 때문이다. 더욱이 1873년부터 시작된 대공황은 19세기 중반의 자유무역체제가 변질되는 계기가 되었고, 영국의 수출산업이 타격을 입기 시작했다. 각국들과의 무역협정이 만료된 채 재조인되지 못했고, 대륙의 각국들과 미국은 다투어 관세를 인상했다(Gourevitch 1986). 심지어 식민지들조차 영국 상품에 대한 관세를 인상하며 국내산업을 보호하기 시작했다. 대륙의 소국들을 제외하면 영국만이 자유방임(*laissez–faire*)과 자유통관(*laissez–passer*)의 원칙 하에 '일방적 자유무역정책' (one–sided free trade)을 고수했던 것이다. 일시적으로 수출이 증대되었던 시기도 있었으나 전반적으로 증가세가 둔화·역전되었고, 이는 곧 성장의 둔화와 고용감소로 이어졌다.

이에 따라 무역과 무역정책 및 경제상태 전반에 대한 폭넓은 논의와 비판이 제기되었고, 19세기 중반 이래 처음으로 자유무역에 대한 반대세력이 결집되기 시작했다. 이들의 주장은 다음 세 가지로 모아졌다. 첫째, 외국의 보호주의가 영국 수출산업에 심각한 피해를 주고 있고, 둘째, 값싼 수입품으로 인해 영국의 농업이 붕괴되고 제조업 역시 약화되고 있으며, 셋째, 이로 인한 무역수지 적자가 영국의 자본을 해외로 유출시킴으로써 영국의 국부가 고갈되고 있다는 것이다(Friedberg 1988, 36). 이들은 1881년 전국공정무역연맹(National Fair Trade League)을 결성하고 이후 10년간 기존 자유무역에 대한 비판을 제기하는 활동을 했다. 예컨대 캐나다의 관세체계를 강력히 반대했고, 1881년의 영불 통상조약이 영국에 불리하다고 비판하기도 했다.

철강, 제지 등 산업 부문과 맨체스터, 버밍햄 등 공업지역의 상공회의소들이 주축이 된 공정무역연맹은 표면상 "공정무역론"을 주장했다. 자유방임과 자유무역이 절대적인 신뢰를 받아왔던 상황 속에서 직접적인 보호주의를 주장할 수는 없었고, 대신 무역상대국들의 보호주의를 지적하고 보복관세(retaliatory tariffs)를 통해 이러한 무역장벽을 제거해야 한다고 주장했던 것이다. 예컨대 공정무역연맹의 정관은 수입 공산품에 대한 적절한 관세 부과를 요구했는데, 이는 외국의 관세를 낮추기 위한 협상도구이며, 외국의 관세가 인하되면 폐지될 수 있다고 주장되었다(Zebel 1940, 167-169). 당시 대륙과 유럽의 보호주의화를 감안할 때, 이들의 주장은 일정한 타당성을 지니고 있었다. 그러나 이들은 공산품에 대한 전반적인 관세 인상을 요구하고 있었기 때문에 반대세력에 의해 보호주의로 공격받았고 무시되었다 (O'Brien and Pigman 1992, 104–105).

공정무역론자들의 주장이 어느 정도 호응을 받을 수 있는 기회는 1885년에 찾아왔다. 당시 샐리즈베리(Salisbury) 내각은 공황 속에서 무역조건이 악화되고 공정무역론자들의 비난이 거세지자 특별위원회(Royal Commission on the Depression in Trade and Industry)를 설치하고, 이 위원회로 하여금 의견을 수렴하여 대책을 마련하도록 했다. 공정무역연맹의 대표들도 위원회에서 외국에 대한 보복관세의 적용을 요구했다. 이들의 요구가 관철되지는 않았지만 4명의 위원들이 공정무역론자들의 입장을 반영한 소수 의견을 제출했다. 이 소수 의견은 영국의 번영이 자유무역에 의해 이루어졌다는 주장을 반박하고, 무역상황의 악화에 대해 정부가 아무런 대책을 취하지 않는 것을 비판했다(O'Brien and Pigman 1992, 105).

그러나 다수 의견은 영국의 무역상황에 대한 약간의 우려를 표명했지만 그 대책에 있어서는 전형적인 자유무역론의 입장을 반영하고 있었다. 즉, 전반적으로 상품의 생산과 자본의 축적이 인구증가 속도보다 빠르게 이루어지고 있으므로 영국 경제는 점점 더 부유해지고 있다고 진단한 후, 다만 세계적 과잉생산에서 통화량의 부족이나 경쟁의 심화 등 다양한 원인으로 인해 무역상황이 악화되고 있다고 보았던 것이다. 영국 산업이 국내시장이나 해외시장에서 경쟁에 뒤처지고 있는 것은 대체로 경쟁상대에 대한 '주의 부족'(carelessness) 때문이며, 따라서 무역에 관한 정보수집을 체계화하고 기술 및 외국어 교육을 강화하는 등의 대책을 마련해야 한다고 제안되었다(Friedberg 1988, 39-41).

결국 1896년 제출된 특별위원회의 보고는 영국 무역정책에 아무런 변화를 가져오지 않았고, 공정무역론자들의 활동은 결실을 맺지 못했다. 반세기간 지속되어 온 자유방임과 자유무역의 논리는 외교부(Foreign Service)와 무역위원회(Board of Trade) 등 관료집단과 내각 및 의회 등 정치권뿐 아니라 일반 국민들에게까지 뿌리깊이 자리 잡고 있어서 이에 대한 변화는 가능하지 않았던 것이다(Platt, 1968, xxv).

다른 한편, 영국 경제의 쇠퇴와 자유무역의 폐해에 대한 인식 자체가 충분하지 않았던 것도 중요한 원인이다. 예컨대 붕괴 직전에 빠져 있던 농민과 지주들조차 기후와 불운을 원망했고, 1890년대 이후에 들어서야 신대륙으로부터 쏟아져 들어오는 값싼 수입 농산물이 주원인이라고 간주되기 시작했다(Brown 1943, 146). 무역과 연관된 통계들조차 제대로 수집되지 않은 상태였고, 이를 체계적으로 분석할 경제학적 도구도 출현하기 이전이었으므로 자유무역이 가져다 주는 폐해가 설득력 있게 제시될 수도 분명히 인식될 수도 없었던 것이다. 따라서 당시까지의 국부를 축적하게 해주었다고 믿어지는 자유무역과 자유방임을 수정해야 한다는 필요성은 부인될 수밖에 없었다.

보수당과 자유당의 정치적 계산도 중요한 작용을 했다. 당시 보수당 지도부는 자유무역의 논리를 획일적으로 신봉하지 않았고, 공정무역론자들의 주장을 검토하기 위해 특별위원회를 설치할 정도로 융통성을 지니고 있었던 것으로 평가된다. 그러나 자유주의 통합주의자(Liberal Unionist)들의 반대에 부딪치면서 보수당의 입장은 자유무역 원칙의 고수로 굳어졌다. 아일랜드 자치의 이슈로 자유당에서 떨어져 나온 통합주의자들과의 연합으로 보수당이 집권하고 있었기 때문에 자유무역을 신봉하는 자유주의 통합주의자들을 자극할 수 없었던 것이다(Friedberg 1988, 42-43).

관세개혁운동

영국의 쇠퇴와 자유무역에 대한 의문이 본격적으로 제기된 지 10여 년 후 무역의 문제는 영국 정치의 핵심으로 등장하게 되었다. 이는 챔벌린(Joseph Chamberline)이 주도한 관세개혁운동(Tariff Reform Movement)에 의해 촉발되었다. 20세기 초반 수년간 지속된 챔벌린의 관세개혁운동은 영국의 쇠퇴에 대한 최초의 정치적 대응이자 곡물법 폐지 이후 기존 정책을 바꾸려는 최초의 시도였고(Gamble 1985, 159), 정치적으로도 경제정책 이슈가 지배하는 20세기 영국 선거정치로의 이행을 시작하는 첫 걸음이었다고 평가할 수 있다(Marrison 1996, 25).

1903년 5월 15일, 버밍햄의 나사 제조업자 출신이자 보수당 발포어(Arthur Balfore) 내각의 식민지 장관인 챔벌린은 버밍햄에서의 대중연설을 통해 제국특혜관세제(imperial preference)의 도입을 요구했다. 각료에 의한 내각 밖에서의 이 요구는 당내와 사회적으로 커다란 호응을 불러일으킴으로써 발포어 내각으로 하여금 영국 무역정책을 전반적으로 검토하게 만들었다. 즉, 챔벌린의 연설 직후부터 반년간 발포어 내각과 보수당은 영국의 경제상태 및 무역상태와 무역정책에 관한 중대한 논쟁에 빠지게 되었으며, 무역정책의 중대한 변화가 시도되면서 심각한 내분이 야기되었다.

챔벌린의 제국특혜제는 20세기 초의 국내외 정치경제 상황에서 더 이상의 쇠퇴를 막기 위해 고안된 국가개혁 전략으로 주창되었다(Friedberg 1988, 55-57 ; Newton and Porter 1988, 15-22). 챔벌린과 그의 지지자들인 관세개혁연맹(Tariff Reform League)은 당시 영국의 상황을 비관적으로 진단했다. 이들에 따르면 영국은 더 이상 세계의 공장이 아니라 독일, 프랑스, 미국 등에 의해 경제적으로 추월되고 있음은 물론 대영제국의 식민지들까지 위협당하고 있었다. 더욱이 국내적으로도 사회개혁이 지지부진하고 국내농업과 산업이 수입품에 의해 몰락하고 있었다(Newton and Porter 1988, 12-20). 제국특혜관세제는 이러한 위기들을 타개할 수 있는 유일한 대안이라고 이들은 주장했다.

버밍햄에서의 첫 제안 당시 챔벌린은 제국특혜관세제가 대영제국의 결속을 증대시킬 것이라는 점을 강조했다. 식민 본국과 각 식민지들의 경제적 유대가 강화됨은 물론 정치적 결속도 심화되어 경쟁국들의 도전에 대응할 수 있다는 것이다. 이미 1896년부터 챔벌린은 대영제국 내의 관세동맹(Zollverein)을 제안한 바 있다. "나는 단합된 대영제국(a British Empire)이 아직까지는 모든 경쟁국들에 대해 스스로를 지키고 자급자족할 수 있다고 믿습니다"(Rempel 1972, 17)라는 챔벌린의 메세지는 각 식민지 정부의 찬동이나 국내적 반향을 크게 일으키지 못했었다. 그러나 1902년에 식민지 이외 지역으로부터 수입되는 곡물에 대한 관세가 자유무역론자들에 의해 폐지되고 이에 대한 불만이 고조되는 정치적 기회를 만나 챔벌린은 식민지 장관으로서 보다 구체적인 제국특혜제를 제안했다. '제국의 단합'은 관세개혁운동의 일차적 목적이자 당과 의회 및 유권자들 중 통합주의자들, 보수층, 애국주의자 및 반(反)이민 노동층에 호소할 수 있을 것으로 생각되었다.

그러나 챔벌린의 연설 직후부터 이에 대한 가장 강력한 지지기반이 된 것은 수입품과의 경쟁에서 패배하고 있던 농업과 일부 제조업 부문이었다. 제국특혜관세제가 도입되면 당연히 식민지 이외의 지역으로부터 수입되는 상품에 대해서는 일정한 관세가 부과될 것이고, 이는 곧 해당 국내산업을 보호하는 효과를 가져올 것이기 때문이다. 수출산업들 역시 식민지 시장에서 특혜관세제에 의해 경쟁의 우위를 누릴 수 있으므로 관세개혁을 지지할 것으로 기대되었다. 챔벌린 역시 이를 인식하고 있었고 국내산업의 보호를 강조했다. 1904년 초 챔벌린이 런던 금융가에서 행한 다음의 연설은 금융과 제조업의 관계, 그리고 국내산업의 보호 필요성에 대한 관세개혁운동의 관점을 드러내 준다.

> 금융이 우리의 번영을 창조한 것이 아닙니다. 우리 번영의 창조물에 불과합니다. 우리의 부의 원인이 아니라 그 결과인 것입니다. 이 나라에서 수십년간 계속되어 온 공업생산의 동력과 발전이 방해를 받거나 지체된다면, 어떠한 형태

의 금융이라도 곧 우리보다 (공업에 있어) 성공적인 나라들로 넘어가게 될 것입니다(Friedberg 1988, 75-76).

다른 한편 제국특혜관세제는 국내 사회개혁을 가능하게 한다는 점에서 사회개혁론자들은 물론 보수당과 중산층 이상의 부유층들의 지지를 획득할 가능성이 있었다. 19세기 후반 투표권이 확대되고 하층 유권자들이 대거 진입하면서 사회복지와 같은 사회개혁의 정치적·정책적 필요성이 대두되었다. 문제는 이에 대한 재원을 조달하는 것이었는데, 보수당의 입장에서는 자신의 지지기반인 부유층에 대한 증세를 주저하고 있었다(Tomlinson 1990, 35-37). 관세개혁은 이 문제 역시 해결해 줄 것으로 기대되었다. 제국특혜관세에 의해 비식민지 지역으로부터의 수입품에 대한 관세가 부과되면 그만큼의 재정수입이 생기게 되고, 이를 사회개혁의 재원으로 조달할 수 있으리라는 것이다. 챔벌린은 초기부터 관세수입이 노인연금 등 사회개혁의 재원으로 사용될 수 있을 것이라고 약속했다(O'Brien and Pigman 1992, 106).

과연 제국특혜관세제가 쇠퇴하던 영국을 재건할 수 있었을지는 역사적 가정에 불과하며, 이에 대한 역사학자들의 평가도 상충된다. 다만 관세개혁운동은 당시 영국이 당면했던 여러 가지 문제를 연계시켜 제국특혜관세라는 해결책을 지향했던 것으로 평가할 수 있다. 즉, 사회개혁의 시행, 정부 재정의 안정적 확보 및 보수당 집권의 유지 등 국내정치적 과제들과 쇠퇴하는 국내산업을 부흥시킨다는 경제적 과제, 그리고 경쟁국들의 정치적·경제적 도전을 물리칠 수 있도록 제국의 단합을 이룬다는 국제 정치경제적 목표들 모두를 제국특혜관세제의 도입으로 해결하려 했던 것이다. 그러나 관세개혁운동이 본격화되면서 제국특혜관세제의 문제와 모순도 드러났다. 한편으로는 관세개혁운동의 주요 지지층이 농업과 낙후된 제조업 부문이 되면서 퇴행적 보호주의의 성격이 강해졌다(Porter 1978, 5). 다른 한편 제국특혜관세가 곧 '식품세'(food tax)가 될 것이라는 비판에 직면하자 챔벌린은 차와 설탕 등의 감세를 제안함으로써 관세개혁이 사회개혁의 재원이 될 가능성은 상실되었다(Marrison 1996, 19-21, 42-43).

따라서 표면적으로 볼 때 제국특혜관세제는 다양한 지지세력들에 호소하여 정치적으로 실현될 수 있는 가능성을 지니고 있었다. 제국주의자들에게는 대영제국의 단합을, 보호주의자들에게는 관세를, 보수주의자들에게는 온건한 사회개혁을, 부유층에게는 대안적 과세원을 가져다 줌으로써 이들의 지지를 획득하리라고 예측되었다. 반면, 바로 이같은 성격 때문에 관세개혁운동은 자유주의자들로부터는 자치와 진정한 개혁을, 자유무역론자들로부터는 무역의 자유를, 그리고 무엇보다도 노동을 비롯한 하층민으로부터는 저렴한 빵을 빼앗아 가는 것일 수 있었고, 이들의 격렬한 저항에 부딪힐 수도 있었다.

버밍햄 연설 직후 이 가능성은 보수당 내에서 현실화되었다. 보수당과 자유주의 통합주의자들 중 상당수가 관세개혁운동에 동조했지만, 상하원의 보수당 지도부 다수는 챔벌린의 제안에 강력히 반대했다(Newton and Porter 1988, 25-26). 특히 관세제도가 검토되기 시작한 발포어 내각에서 관세개혁운동과 반대세력들 간에 격렬한 대결이 벌어졌다. 당시 내각에는 크게 세 파벌이 존재했다. 하나는 챔벌린으로 대표되는 관세개혁파이다. 이에 가장 적대적이었던 것은 재무장관 리치(Charles Ritchie)를 중심으로 하는 철저한 자유방임, 자유무역론자들이었다. 이들은 영국 경제에 대한 진단과 경제정책에 대한 철학이 전혀 달랐다. 영국 경제가 쇠퇴하고 있다는 어떠한 증거도 없으며, 따라서 지난 반세기 이상 영국에 부를 가져다 준 자유방임과 자유무역을 변화시킬 어떠한 근거도 없다는 것이 이들의 생각이었다(Sykes 1979, 31-54). 또한 이들은 제조업보다는 금융업이 국부의 중심이라고 보았고, 일부 제조업의 부진도 일시적인 것으로 간주했다. 이들에게 관세개혁운동은 현상의 안정을 해치는 것으로 받아들여졌던 것이다. 챔벌린의 급진주의적 경력과 대중적 스타일도 이들의 의심대상이었다. 관세수입으로 사회복지 등 사회개혁을 이루고 이를 통해 보수당의 정치적 기반을 확대한다는 챔벌린의 계산은 곧 '신분과 토지에 기반을 둔 토리당' 을 '중산층과 기업인들에 기반을 둔 세속적 · 물질적 정당' 으로 만들려는 것이라고 보았다(Pollard 1989, 241-243). 이 같은 원칙적 반대로 인해 자유무역주의자들과 챔벌린 간에는 타협의 여지가 없었고, 발포어 내각은 분열상태에 빠지게 되었다.

양 극단의 중간 입장을 취한 것은 발포어 수상이었다. 발포어는 자유무역주의자들처럼 자유방임의 원칙을 교조적으로 따르지 않았고, 영국 경제에 대해 낙관적이지도 않았다(Sykes 1979, 31-54). 발포어는 당시 영국 산업의 지위가 자유무역을 시작하던 60년 전과는 완전히(entirely) 다르다고 지적하면서 자유무역론자들의 낙관론을 비판하곤 했다(Friedberg 1988, 63). 챔벌린이 제기한 제국 내 경제적 유대를 강화할 필요성을 인정했던 것이다. 5월 28일의 의회연설에서 그는 "대영제국이 지금과 같이 일련의 고립된 경제단위들로 남게 된다면 우리에게 미국처럼 위대한 산업적 · 정치적 미래가 확실히 보장되어 있다고 생각하는 것은 헛된 망상이다"라고 주장하면서 제국의 단합을 강조했다.[1)]

그러나 발포어가 제국특혜관세제에 대해 찬성했던 것은 아니다. 사적 자리에서 발포어는 제국특혜관세제에 대해 훨씬 조심스러웠고, 이 문제에 대한 분석을 명령하기도 전에 이미 가능하지 않다고 생각하고 있었다. 무엇보다도 그는 제국특혜관세제가 실현가능한 대안이라고 간주하지 않았다. 왕과 내각, 그리고 보수당 주요 지도부에게 그는 거듭해서 "(제국특혜관세에 대해) 내가 주저하는 이유는 그 효

1_ Friedberg(1988), p. 62 참조. 이처럼 발포어가 내각의 다수파인 자유무역주의자들보다 챔벌린의 입장에 원칙적으로 동조했던 데는 정치적 이유도 작용했던 것으로 보인다. 즉, 챔벌린의 정치적 효용이 크다고 판단했던 것이다. 1895년 선거의 경우 챔벌린의 기여가 너무 커서 샐리스베리와 발포어를 제외한 어떤 각료 자리도 제안할 정도였고, 다시 1900년 선거에서 보수당이 승리하는 데도 챔벌린은 상당한 기여를 했다. 특히 챔벌린은 제조업자 출신으로 중부 제조업을 대표했고, 이들의 지지가 자유당이 아닌 보수당으로 이동하는 데 상징적 역할을 한다고 판단했다(Rempel 1972, 13-15). 이 밖에 재정문제에 대한 고려도 작용했던 것으로 보인다. 보어전쟁의 전비를 충당하고 미루어지고 있는 사회개혁을 위해 필요한 재원을 조달해야 하는 일차적 책임이 있던 발포어 수상으로서는 어떤 형태로든 관세수입이 필요했을 것이다.

용성 때문이 아니라 실현성 때문이다. 우리 국민들은 이 계획의 보호주의적 성격을 충분히 감수하려 들지 않을 것이며, 반면, 식민지 주민들은 이 계획의 자유무역적 측면을 충분히 참아내지 않으리라는 것이 내 생각이다”(Friedberg 1988, 63)라고 밝혔다.

1903년 7월에서 8월 사이 발포어는 자신의 입장을 정리했다. 내각의 수상이자 위계적이고 정당기율이 엄한 보수당의 지도자로서 발포어가 정책수립에 지니는 영향력을 감안할 때, 발포어의 입장은 관세개혁운동의 운명을 결정하는 첫 번째 계기였다고 평가할 수 있다. 8월 11일 내각의 심의에 부쳐진 ‘청서’(Blue Paper)에서 발포어는 자유무역주의자의 원칙주의적인 자유무역 옹호론과 제국특혜관세제의 실현가능성 모두를 비판하고 ‘관세책정의 자유’(fiscal freedom)를 요구했다. 어떠한 경제원칙과도 무관하게 정부가 현실에 부합되는 호혜적 관세협정을 외국과 체결할 수 있는 자유를 요구했던 것으로, 보복관세의 적용까지도 포함할 수 있는 것이었다(Sykes 1979, 42–44). 대신 발포어는 자유무역주의자들에게 이러한 관세책정의 자유가 어떠한 국내산업의 보호나 어떤 종류의 특혜관세제에도 적용되지 않을 것임을 분명히 했다(Sykes 1979, 45).

발포어가 자신의 입장을 고수하는 가운데 내각은 분열되었다. 우선, 발포어 자신이 내각을 장기간 분열시키고 있는 챔벌린과 자유무역주의자 모두를 축출하려 했고(Sykes 1979, 48–50), 자유무역주의자들로서는 발포어가 고집하는 관세의 자유가 곧 자유무역의 후퇴와 보복관세의 도입을 의미했으므로 내각에 잔류할 명분을 잃게 되었다. 챔벌린 역시 내각 내에서 관세개혁이 이루어질 가능성이 없었으므로 각료직을 사퇴하고 대중운동에 의해 압력을 행사하려고 시도했다. 다른 한편, 제국특혜관세제는 아니라도 보복관세의 도입이 가능하게 되었으므로 발포어에 대한 압력을 가중시키면 특혜제도 가능하리라고 판단했다(Sykes 1979, 47). 결국 발포어 내각은 보복관세가 가능한 관세정책의 조정을 준비하게 되었고, 자유무역주의를 고수하던 자유주의 통합주의자들이 축출되고 보수당이 심각히 분열된 채 챔벌린은 대중운동에 호소하며 제국특혜관세제를 추진하게 되었던 것이다.

당의 분열로 인한 부담이 커지고 선거가 다가오는 가운데 1904년 6월에 이르러 챔벌린과 발포어는 타협에 이르게 되었다. 선거에서 승리한 후 식민지 대표들의 회의를 소집하여 특혜관세제를 논의하고, 그 논의결과에 따라 제국특혜관세제 도입을 결정하자는 것이었다. 챔벌린으로서는 이 기회에 발포어가 제기하는 실현가능성의 문제를 해결하고자 했고, 발포어에게는 특혜제가 도입되어도 그 구체적 방안을 결정할 권리가 인정되었다(Sykes 1979, 81-82).

이러한 타협은 1906년 선거에 의해 무산되었다. 이 선거에서 보수당과 자유주의 통합주의자들은 참패했고, 내각은 대승을 거둔 자유당으로 넘어갔다. 자유당이 377석을 거둔 가운데 보수당은 132석에 그쳤고 자유주의 통합주의자들은 25석을 제외하고 전멸했던 것이다. 이같은 참패의 책임은 상당 부분 챔벌린의 관세개혁운동에 있었다(Blake 1970, 171). 우선, 관세개혁운동이 축출한 자유주의 통합주의자들은 보수당 정부의 핵심적 지주였으므로 이들의 축출은 보수당과 보수당 정부를 심각히 약화시켰다. 또한 제국특혜관세제는 대부분의 하층 유권자들에게 '식품세'로 받아들여져서 아일랜드 자치법과 이민노동자에 대한 적대감 때문에 보수당을 지지하던 노동계층 유권자들의 상당수가 이탈하게 되었다(Pearce and Stewart 1992, 388-391). 선거 참패의 충격 속에서 챔벌린은 심장마비로 무력화되었다. 관세개혁의 주도권은 전적으로 발포어에게로 넘어가게 되었던 것이다.

이후 발포어는 재집권을 기대하며 관세정책의 조정을 계속 추진했으나[2] 보수당은 1910년 선거에서 다시 패배했고, 이후 경제상태가 호전되면서 관세의 문제는 양당과 대부분의 유권자들에게서 잊혀졌다. 결국 어떠한 보호주의 정책이나 제국특혜관세제를 통한 블록화 혹은 보복관세에 의한 시장개방정책도 시행되지 않은 채 기존의 자유방임적 자유무역정책이 지속되면서 제1차 세계대전을 맞이하게 되었고, 이미 영국의 경제력과 산업이 크게 쇠퇴한 1930년대의 혼란기가 되어서야 제국특혜관세제가 도입되었다.

2_ 1908년 마침내 발포어가 챔벌린의 아이디어를 받아들였을 때, 이미 관세는 관세개혁운동 및 사회개혁운동으로서의 의미가 아니라 재정수입원으로서 부유층의 세금을 대신하는 국내정치적 의미로 변질되었다. Sykes(1979), p. 144 참조. 따라서 1913년에 이르러 '식품세' 이슈가 유권자들에게 불리하다고 판단되자 다시 포기되었다. Newton and Porter(1988), p. 26 참조.

미국

패권의 쇠퇴와 대안의 모색

객관적인 지표에 있어서 미국 패권의 쇠퇴는 1970년대부터 가시화되었고 1980년대에 본격적으로 진행되었다고 볼 수 있다.[3] 미국 경제력의 상대적 쇠퇴가 가시화되면서 제2차 세계대전 이후 지속되어 온 미국의 자유주의적 대외경제정책, 특히 무역정책에 대한 강한 의문이 제기되기 시작했다. 미국 경제의 장래에 대한 우려가 계속 제기되었고, 스뭇-홀리 관세법(Smoot-Hawley Tariff Act) 이래 형성되었던 자유무역에 대한 국내적 합의가 무너지기 시작했다. 나아가 경제적 쇠퇴를 야기한 책임이 국제주의 외교정책과 자유무역정책에 돌려졌다. 이러한 상황 속에서 다양한 세력들이 대내외 경제정책과 무

3_ 이러한 평가에는 두 가지 유보조건이 전제되어야 한다. 하나는 1970년대는 물론 1980년대 후반에 있어서도 미국은 여전히 상당한 수준의 패권적 능력을 지니고 있었다는 점이다. 둘째, 1990년대 이후 미국 경제의 회복과 '신경제'에서의 압도적 우위를 고려할 때 1970-1980년대의 쇠퇴는 일시적 현상이었을 수 있다. 그럼에도 불구하고 1970년대와 1980년대는 미국 경제력의 상대적 우위가 심각히 침식되었던 시기이며, 이러한 상대적 쇠퇴가 미국 내에서 분명히 인식되고 이에 대한 대응이 모색되었던 시기였다. 따라서 이 시기를 '패권쇠퇴기'로 규정하고 한 세기 전 영국의 경험과 비교해 보는 것은 충분한 의미가 있다.

역정책의 진로에 영향을 미치려고 시도했다. 미국의 경우 쇠퇴와 위기에 대한 진단과 그 처방은 주로 경제적·정치적 이해관계에 따라 다양한 사회집단과 정치세력들에 의해 제기되었는데, 크게 다음 네 가지로 분류될 수 있다.

첫째는 '부활한' 보호주의자들로, AFL-CIO를 비롯한 노조와 기초 제조업들로 구성되었고, 이들의 보호주의적 요구는 노조의 영향력이 강력하거나 사양산업이 밀집한 지역구 출신 의원들에 의해 의회에 전달되어졌다. 1960년대까지만 해도 자유무역에 대한 합의가 강했고 노조 역시 공식적으로 자유무역을 지지하고 있었으므로 보호주의적 요구는 공개적으로 표출되기 어려웠다. 그러나 1970년대의 경제침체와 무역상황의 악화는 보호주의 세력을 부활시키는 결과를 가져왔을 뿐만 아니라, 수입의 급증과 국내산업의 파산이 동시에 진행되는 경우가 두드러지면서 보호주의의 호소력을 크게 증대시켜 주었다. 더욱이 무역수지의 악화는 기초 제조업 분야와 자동차 등 고용효과가 큰 산업 부문에 집중되었다. 즉, 수입품과의 경쟁에서 패배하여 붕괴되어 가던 산업 부문이 주로 노동집약적인 기초 제조업과 고용효과가 크고 전통적으로 조직노동을 선도하는 자동차, 철강 등이었던 것이다. 그 정치적 효과는 곧 드러나게 되었다. 1970년대 초반에 이르면 AFL-CIO, UAW, ILGWU 등 조직노동의 대부분이 자유주의 정책에 대한 지지를 철회하게 되었다. 또한 각 부문별 수입정책에 있어서 보호주의적 혜택에 대한 요구가 정치화(politicize)되었다. 나아가 1980년대의 위기상황이 되면 보호주의자들의 요구는 단순히 부문별 보호주의 혜택에 그치지 않고 전후의 자유주의적 대외경제정책의 진로를 변경시키는 데 집중되기 시작했다.

보호주의 세력이 부활 · 확대되고 이들의 정치적 압력이 커지면서 반(反)보호주의 세력들도 동원 · 소직화되기 시작했다. 이들은 곡물 등 수출농업, 수입업, 유통업 등 전통적으로 자유주의적인 산업 부문들과 거대 다국적 기업들 및 첨단산업 부문들이 주축이 되었는데, 보호주의로의 회귀를 저지하려는 이들의 영향력은 의회 내 공화당과 민주당 일부에 의해 대표되었고, 행정부의 자유주의적 입장에 의해 강화되었다. 보호주의의 부활에 자극받아 조직되기 시작한 자유주의자들의 영향력은 대외경제정책 전반뿐 아니라 각 부문별 정책결정과정에도 보호주의자들 못지않게 행사되었다. 이는 전후 30년에 걸쳐 미국 경제의 대외의존도가 심화되어 자유무역의 지지기반이 확대 · 강화되었던 데 원인이 있다. 밀너의 연구가 보여주듯 세계 경제에 대한 미국 경제의 의존도는 1920년대에서 1970년대에 이르는 기간 열 배로 증가했고, 1970년대 초에 이르러 미국의 수입과 수출은 각각 국내 총소비와 총생산의 20%에 달하게 되었다(Milner 1988, 26-28). 또한 미국 산업의 '다국적성' (multinationality)도 심화되어 1970년대 말에 들어서면 미 기업의 해외자산이 총자산의 20%에 달하게 되었다. 이러한 구조적 변화는 당연히 이에 수반된 경제적 이익과 정치적 세력을 확대 · 강화시켰던 것이다. 특히 행정부의 자유주의 정책을 지지하는 반(反)보호주의 세력이 전통적 자유무역론자들과 농업, 거대 다국적 기업 및 하이테크 산업의 일부를 중심으로 형성되었다

(Destler and O'Dell 1987 ; Milner 1988).

그러나 이들이 기존 자유주의 정책의 유지만을 원했던 것은 아니다. 미국 산업의 대외 경쟁력 저하가 뚜렷해진 1970년대 이후 전통적인 자유주의-보호주의의 틀로 파악하기 어려운 새로운 형태의 요구가 첨단산업을 중심으로 형성되었다. 이들은 기존 정책의 변화를 요구하며 미 무역정책이 자유주의의 틀을 유지하되 보다 공격적이고 자국 중심적인 방향으로 추진될 것을 요구했다. 예컨대 폐쇄적인 해외시장의 개방과 공정한 무역관행의 보장을 적극적 · 공격적으로 요구하는 공정무역(fair trade)정책이라든가, 양국 간의 무역량을 통제하는 관리무역(managed trade), 고부가가치 산업의 대외경쟁력 육성을 국가에 요구하는 전략적 무역(strategic trade), 양국 간 무역에 있어 부문별로 무역상 혜택을 교환하자는 부문별 호혜론(sectoral reciprocity) 등이 그것이다. 이러한 요구들은 대체로 첨단산업 중 심각한 국제경쟁에 직면한 산업 부문을 중심으로 형성되었다. 이 산업들의 특성은 규모의 경제와 막대한 R&D 비용 때문에 거대한 시장의 확보가 생존의 필수조건이라는 데 있는데, 이들은 경쟁력 약화의 원인이 외국 정부들이 자국 산업의 육성을 위해 자국 시장을 폐쇄하고 자국 산업을 보조하는 데 기인한다고 판단했다(Milner and Yoffie 1989). 따라서 이들은 공정무역이나 관리무역, 전략적 무역정책 등을 통하여 미국 첨단산업의 경쟁력을 확보하도록 하고 미국 산업에 대한 외국의 불공정 무역관행을 철폐하도록 하며, 나아가 해외시장의 일정 부분을 양보받도록 하자는 요구를 형성하게 되었다.

거대 다국적 기업들도 점차 해외시장의 개방을 위한 강력한 대응의 필요성을 인정하게 되었다. 그러나 그 수단에 있어 이들은 기존의 다자협상(multilateral negotiation)의 틀을 유지하기를 원했으며, 다만 해외시장 개방을 통한 자유무역의 빠른 확내를 제안했다. 이들의 경제적 이해에 가장 치명적인 것은 당연히 미국의 보호주의로의 회귀와 세계 경제의 폐쇄였다. 일방주의적(unilateral)이고 공격적인 해외시장개방정책 역시 자칫 기존의 다자주의적 자유무역질서를 위협할 수 있기 때문에 회피되어야 한다고 이들은 주장했다.

이와 같이 다양한 이해관계와 정책처방들은 1970년대에는 산발적으로 의회 내에서 제기되다가 1980년대 들어 미국 경제의 쇠퇴가 가속화되자 분명하게 표출되기 시작했고, 미국 대외경제정책의 기조를 변화시키기 위해 대결하게 되었다. 사회집단들과 민주 · 공화 양당 내부, 양당 간, 의회 내, 그리고 행정부와 의회 간에 벌어진 대결은 1980년대 중반에 더욱 첨예화되었는데, 그 절정 시점에 1988년 종합무역법(Omnibus Trade and Competitiveness Act)이 제정되었다.

1988년 종합무역법

전후의 국제경제질서 속에서 패권의 쇠퇴가 가속화되자 미국은 국제경제질서의 성격 자체를 변화시키려 했다. 즉, 각국의 거시경제정책적 자율성을 허용하는 한도 내의 제한적 자유주의 국제경제질서 내에서 미국의 국제수지 문제와 무역상황의 악화가 진행되고 있었으므로 이 질서의 성격을 바꾸려 했던 것이다. 미국 경제의 국제화 수준을 감안할 때, 패권안정론자들이 우려했던 폐쇄와 고립은 미국에게도 감당하기 어려운 비용을 가져올 수밖에 없다. 따라서 미국의 대응은 전후의 제한적 자유주의 질서에서 탈피하여 자유화의 정도를 급속히 심화시키는 것이었다. 그간 자유화의 대상이 되지 않았던 산업 부문들과 지역들에까지 자유화를 확대함으로써 미국의 경쟁력이 우월한 산업들의 해외시장을 대폭 확대하려 했던 것이다.

우선, 미국은 브레튼 우즈의 제한적 금융질서를 유지하던 자본통제를 공식적으로 폐기했다. 급속히 증가하는 무역수지적자와 재정적자를 보전하기 위해 해외로부터의 차입을 극대화했던 것이지만(Helleiner 1994, 103-105), 이는 국제금융의 자유화와 세계 금융의 부활을 가져왔다. 일찍부터 자본통제가 미치지 않는 유럽 시장을 유치했었던 영국이 곧 뒤를 따랐고, 1980년대 초까지 독일, 일본, 프랑스, 이탈리아 등 주요국이 자본자유화와 금융자유화를 도입했던 것이다(Goodman and Pauly 1993). 결과적으로 전후의 제한적 자유주의 국제경제질서를 지탱하던 금융질서가 무너지고 1980년대 이후 국제금융은 반세기 전의 자유주의 질서로 돌아가게 되었다.

한편, GATT의 제한적 자유무역질서가 초래하는 비용이 감당하기 어려운 수준으로 증대되자 미국은 GATT 체제 하에서 수립된 자유무역에 대한 제한을 풀고 국제무역질서를 보다 자유화하는 방향으로 대응하기 시작했다(Ruggie 1995). 미국은 지리적 · 산업적 · 영역적으로 무역자유화를 확대하려 했다. 즉, GATT 체제에 포함되지 않았던 농업, 서비스업, 투자 등이 개방의 대상이 되었고, 제3세계와 구 사회주의권을 포함해 전 세계적으로 자유화가 확산되었으며, 무역의 확대를 위해 많은 새로운 이슈와 정책 영역들에서 각국의 자율성을 축소하려 했다. 이를 통한 시장의 확대로 경쟁의 심화를 완화시키고 국내경제적 충격을 완화하려 했던 것이다. 이를 위해 미국은 1984년 우루과이 라운드를 출범시켰다.

이러한 과정에 떠오른 것이 AFL-CIO와 민주당 보호주의자들에 의해 제기된 무역법안이었다. 이 법안들은 미국 경제의 쇠퇴와 무역상황의 악화가 초래된 책임을 무역상대국들의 불공정한 무역행위와 미국의 자유무역에서 찾고, 이를 시정하기 위해 강력한 보복조치 및 관리무역을 처방하고 있었다. 이러한 정책이 실현될 경우, 미국의 무역량이 제한되고 각국과의 마찰과 보복의 악순환이 일어날 가능성이 높았다. 곧 미국의 자유무역정책이 심각한 타격을 받고 국제자유무역질서가 크게 훼손될 것은 물론 우루과이 라운드를 통해 자유화를 확대하려는 시도에도 큰 장애가 될 수 있었던 것이다. 이와 같이 1980년대 중반부터 제안되어 1988년 입법화되는 종합무역법은 쇠퇴하던 패권국 미국의 대응의 방향을 결정짓는 의미를 지니고 있었다.

1988년 종합무역법은 스뭇-홀리 관세법 이래 최초로 무역정책 전반에 대해 의회가 제안하고 주도하여 만들어진 무역법이다. 즉, 자유무역의 제도적 기반을 이룬 1934년 호혜통상협정법(Reciprocal Trade Agreement Act) 이래 행정부로 이관했던 무역정책결정권을 의회가 되찾아 온 것이다. 여기에는 양당 간의 정치적 계산도 작용했지만, 당시 미국의 무역적자가 천문학적인 숫자를 기록하며 급증하고 무역 문제의 심각성이 널리 인식되었던 데 근본적 원인이 있었다(Baik 1995 ; Bello and Holmer 1990).

상하 양원은 1984년 무역법의 입법 직후부터 새로운 무역법안에 착수하게 되며, 1986년 초에 이르면 무역문제가 하원 내 민주당의 최우선, 과제로 떠오르게 되었다. 당시 하원에서 제안 · 통과되었던 법안들의 요체는 대략 무역상대국의 불공정 무역행위에 대한 응징, 대통령의 재량권(discretionary authority)에 대한 제한의 강화, 그리고 수입피해 구호(import relief)의 확충 등으로 요약된다. 법안의 지지자들은 이 법안의 목적이 보호주의의 장벽을 구축하는 것이 아니라 불공정하게 폐쇄되어 온 해외시장을 개방시킴으로써 자유무역을 전 세계적으로 확대하는 것이라고 주장했다. 그러나 이 법안들은 보호주의적인 것으로 간주되었고, 자유무역질서 내에 위치지우기에는 너무 공격적이라는 것이 지배적 견해였다. 즉, 모호한 절차상 변화를 통하여 미국의 무역정책을 기존의 다자주의(multilateralism)에서 쌍무주의(bilateralism) 및 독자주의(unilateralism)로 전환시키려 했던 것이다.

이 중 가장 강력한 공격적 정책을 채택하여 논란의 대상이 되었던 것은 게파트(Richard Gephart)가 제안한 무역적자 삭감에 관한 조항이다. 이 조항은 미국과의 무역관계에 있어 '과다한' (excessive) 흑자를 거두고 있는 국가들의 무역관행이 '부당하거나' (unjustifiable) '불합리하거나' (unreasonable) '차별적' (discriminatory)일 경우,[4] 행정부로 하여금 이 국가들과 이러한 관행을 철폐하기 위한 협상을 하도록 했고, 협상이 실패할 경우 25%의 과징금(surcharge)을 부과하거나 혹은 수입 쿼터를 부과하도록 규정했다.

새로운 무역법안의 본격적 심의는 하원에서 먼저 시작되었다. 하원 세입위에서 민주당 지도부의 주도 하에 별 논란이나 수정을 거치지 않고 통과시킨 법안은 전체적으로 이전부터 논의되었던 문제점과 대안들을 다루고 있으나 이보다 훨씬 온건하게 수정되었다. 거부권 행사를 공언했던 행정부가 받아들이기 힘들 정도로 강경한 법안을 원치 않았기 때문이며, 민주당 지도부는 그들이 법안에 대해 계속 '유연한' 입장을 취할 것임을 보장하면서 미해결된 논란적 조항 역시 상원과의 협의과정을 통해 해결될 것이라고 보장했다. 게파트 조항 역시 세입위는 온건화의 접근을 취했다. 게파트 안(案)이 지니고 있던 '매년 10%씩 대미(對美)무역흑자 감축'과 같은 '독소적' 조항을 삭제했던 것이다.

이와 같은 수정에 반대했던 게파트는 어느 정도 완화된 수정안

4_ 부당한 행위란 기존의 관세와 무역에 관한 일반협정(GATT)과 쌍무협정(bilateral agreements)을 위배한 것을 말하며, 차별적 행위란 GATT의 무차별(non-discrimination) 원칙이 위배되었음을 의미한다. 따라서 이 두 관행은 기존 다자주의 틀 안에서도 불공정 무역관행으로 공인되는 것이다. 단, 이의 시정을 GATT를 통하지 않고 미국의 국내법에 기반한 일방주의적(unilateral) 방식을 사용하려던 것이 GATT 범위를 넘어선 것이다. 반면, 불합리한 관행의 규정은 모호한 기준에 의해 자의적으로 행해지는 것이므로 GATT 원칙의 명백한 위반이며 다른 무역상대국들이 수긍할 수 없는 조항이다.

을 본회의에 제출했다. 그러나 이 수정안 역시 대미무역흑자의 자동적(automatic) 감축을 요구했다는 점과 이 조치의 집행에 있어 행정부 재량권을 대폭 축소시켰다는 점에 있어 원안과 대동소이하다고 평가되었다. 게파트 수정안은 우선, 국제무역위원회(International Trade Commission : ITC)로 하여금 규정된 '공식'에 따라 대미 '초과' 무역흑자국을 찾아내도록 하고, 이들 중 어느 국가의 무역관행이 '부당'하거나 '불합리'하거나 '차별적'인지를 무역대표부가 판정하도록 했다. 판정 후 6개월 내에 무역대표부는 이 국가들과의 협상을 통하여 1) 이러한 불공정 무역관행을 철폐하거나, 2) 이러한 불공정 관행으로부터 파생되는 양(量)만큼의 대미무역흑자를 감축하거나, 3) 대미무역흑자 전체의 10%씩을 매년 삭감하도록 해야 하며, 협상이 실패할 경우 대통령은 무역적자 삭감 목표에 따라 이러한 불공정 무역관행에 대해 의무적 보복을 실행하도록 의무화했다.

게파트가 자신의 수정안을 본회의에 상정할 계획을 공표한 이래 게파트 수정안은 새 무역법안의 최대 쟁점이 되었고, 보호주의, 자유주의, 수정주의 등 각 이익집단 간의 최우선, 과제가 되었다. 결국 마지막 순간까지의 논란 끝에 218-214의 근소한 차이로 하원 본회의에서 채택되었다. 일단 게파트 수정안이 본회의에 상정되자 민주당 지도부의 상당수는 수정안을 찬성하기로 결정했고, 수정안의 지지를 조직화했다(Bello and Holmer 1990, 78-79). 이는 노조의 영향력이 직접적 원인으로, AFL-CIO를 필두로 한 노조는 게파트 수정안의 통과를 최우선, 목표로 삼고 민주당 의원들에 압력을 행사하였다. 게파트 수정안에 반대하기 위해서는 이러한 압력에 저항해야 했는데, 민주당 의원들로서 이는 쉽지 않은 일이었다. 공화당 의원들도 마찬가지로 행정부로부터의 강한 압력에 처해 있었다. 즉, 의회와의 연계(liaison)를 담당하고 있었던 USTR 야이터(Clayton Yeutter)가 게파트 수정안의 반대를 조직화했고, 레이건 자신도 마지막 순간까지 공화당 의원들에게 행정부의 입장을 지지해 줄 것을 요청하였다. 이러한 상황 하에서 게파트 수정안의 표결은 정당 간에 찬반이 엇갈리는 결과를 낳았던 것이다.

그러나 게파트 수정안의 표결을 결정한 또 하나의 요인은 수정안 자체의 운명에 대한 대체로 일치된 전망이었다. 즉, 당시의 표결결과에 상관없이 게파트 수정안은 최종 법안에 포함되지 않을 것이라는 전망 때문에 상당수의 의원들이 수정안의 실질적 내용이나 표결결과에 유념치 않고 입장표명(position taking)식의 투표를 할 수 있었던 것이다. 하원에서 게파트 수정안의 처리에 고심하고 있을 당시 상원 역시 자체의 게파트 수정안을 준비 중에 있었는데, 이 상원안은 세입위의 안보다도 온건한 것이었다. 새 무역법의 제정을 최우선, 과제로 천명해 온 상원 지도부는 대통령이 서명할 수 있는 법안의 산출을 위해 보다 온건한 법안을 준비하고 있었던 것이다. 이에 비추어 하원의 전폭적 지지를 얻지 않는 한, 게파트 수정안이 상하 양원의 협의위원회(conference committee)에서 채택될 가능성은 없는 것으로 판단되었다. 입법과정의 후반부에 폐기될 것이 명백하므로 게파트 수정안의 통과는 입법과정의 실질적 측면에 별 영향을 미치지 않을 것이고, 따라서 하원이 수정안을 통과시키는 것은 행정부와 불공정 무역국들에 대한 일종의 경고일 뿐이라고 해석되었던 것이다. 이 점이 대다수의 의원들과 민주당 지도부가 큰 부담 없이 게파트 수정안의 지지를 결정하게 된 한 요인이 되었다. 이들은 게파트 수정안을 지지함으로써 미국의 이익을 위해 불공정 무역국가에 대항하였다고 주장함과 동시에, '이 강경한 수정안이 상원과의 협의과정에서 고쳐질 수 있으리라' 는 구실을 지닐 수 있었던 것이다.

예상대로 상원안은 불공정 무역의 문제에 대해 보다 온건한 접근을 했다. 상원안은 무역대표부로 하여금 주어진 기한 내에 미국 상품의 수출을 방해하는 해외의 무역장벽과 시장왜곡 관행 및 이러한 관행을 견지하고 있는 국가를 확인하도록 했으며, 이러한 관행에 의해 파생되는 미국 수출의 손해를 산정하도록 하였다. 이 절차를 통하여 확인된 불공정 무역 관행에 대해 무역대표부는 15-19개월 내에 해당 국가와의 협상을 통하여 이를 철폐 혹은 보상한다는 동의를 받아야 하며, 협상 실패시에 관하여 보복을 규정했다. 그러나 보복 여부와 보복의 방법에 대해 행정부에 폭넓은 재량권을 허용했다. 이것이 곧 최종법안에서 소위 '수퍼 301조' 로 채택되었다.

다음 단계의 입법과정은 양원의 17개 위원회에서 199명의 의원이 참가한 협의위원회(conference committee)에서 양원안들의 차이를 조정하여 단일안을 만드는 것이었는데, 이 과정은 반년간 미루어져 이듬해 2월에 이르러서야 협의위원회가 본격적 활동에 들어가게 되었다. 예상대로 게파트 수정안은 협의위에서 삭제되고 상원안이 채택되었다. 그러나 그 과정은 애초의 예상만큼이나 평탄하지는 않았다. 협의위 활동이 지연됨으로써 선거의 정치가 입법과정에 영향을 미치기 시작했기 때문이다. 무역의 문제를 최대 이슈로 내세우며 대통령 선거에 출마한 게파트가 민주당 예비선거의 초반에 기대 밖의 선전을 하게 되자 의원들은 무역상대국들에 대한 매도와 보복이라는 게파트 식의 메시지가 유권자들에 지닌 놀라운 호소력에 경각심을 갖게 되었다. 이에 따라 하원측 협의위 위원들은 게파트 선거운동의 성패가 결정될 '수퍼 화요일' (Super Tuesday)[5)]까지 게파트 법안에 대한 처리를 거부했다. 결국 게파트 선거운동이 무너지고 난 후에야 양원 협의위원들은 신속히 게파트 수정안의 처리에 합의하게 되었다. 이에 따라 게파트 수정안 대신 상원안이 새 무역법안의 최종안으로 결정되었다. 3년간에 걸친 의회의 입법활동의 결과 마침내 시장개방을 위한 공격적(aggressive) 무역정책의 최종안이 '무역자유화를 위한 우선,대상의 선정 조항' (Identification of Trade Liberalization Priorities), 즉 '수퍼 301조' 로 확정되었된 것이다.

이와 같이 완화된 최종안은 행정부로서도 만족할 만한 것이었

5_ '수퍼 화요일' 은 대통령 후보 지명에 있어 남부 주(州)들의 영향력을 증대시키기 위해 대다수의 남부 주들이 한꺼번에 예비선거를 치르는 것을 말한다. 1988년 처음으로 아이오와(Iowa)와 뉴햄프셔(New Hampshire) 예비선거 직후에 치러진 이 '수퍼 화요일' 에는 상당수의 대의원이 결정되므로 게파트를 포함한 모든 후보들의 운명이 결정될 것으로 예측되었다. 실제, '수퍼 화요일' 에 의해 공화당 후보로는 부시(George Bush)가 확정되었다. 민주당 측에서도 듀카키스(Michael Dukakis)의 후보 지명이 확실해졌고, 게파트는 '수퍼 화요일' 에서의 참패 직후 사퇴하게 된다.

다. 우루과이 라운드 협상을 위한 신속처리 권한을 연장받았을 뿐만 아니라 대부분의 독소 조항들이 폐기되거나 유명무실해졌기 때문이다. 수퍼 301조 역시 이러한 맥락에서 이해되었다. 수퍼 301조는 정해진 기한 내에 정해진 절차를 통하여 행정부로 하여금 무역상대국에 대한 보복을 전제로 시장개방 압력을 행사하도록 규정하고 있으나 이는 원안의 게파트 수정안에 비교할 때 훨씬 완화된 조치였다. 더욱이 제재 여부와 제재의 방법에 있어서 행정부의 재량권을 인정하고 있었으므로, 실질적으로 행정부의 집행방식이 법안의 내용을 결정할 수 있다고 평가되었다(Bello and Holmer 1990, 64-65).

결국 1980년대 중반 이후 미국 무역정책의 방향을 두고 사회세력들과 양당 간, 양부 간에 벌어졌던 치열한 대결은 다자주의에 의한 자유주의 질서의 심화로 귀결되었다. 보호주의적 방향이나 일방주의적 보복정책은 회피되었던 것이다. 이에 따라 미국은 우루과이 라운드를 통한 자유화의 확대를 추진했고, 수년 후 WTO 체제가 출범하게 되었다. 수퍼 301조와 같은 보복정책은 일시적 · 제한적으로 적용되었고, 미국 무역정책의 전반적 성격에 직접적으로 영향을 미치지는 않았다. 오히려 보복정책의 입법화와 그 위협은 우루과이 라운드에 주저하던 무역상대국들로 하여금 미국 주도의 자유무역 확대에 순응하도록 만드는 효과를 가져왔다.

비교와 설명

지금까지 살펴보았듯이 19세기의 패권국 영국과 제2차 세계대전 이후의 패권국 미국은 패권의 쇠퇴를 경험하면서 서로 다른 방향의 대응을 했다. 즉, 영국은 기존의 자유주의 정책을 고수했던 반면, 미국은 제한적으로 보복적 시장개방정책을 도입하면서 자유주의 질서를 대폭 확대하는 정책 전환을 이루었던 것이다. 이러한 선택이 결과적으로 영국에게는 쇠퇴의 가속화를, 미국에게는 패권의 부활을 가져다 주었다고 단정할 수는 없지만, 전후의 제한적 자유주의 질서를 신자유주의적 질서로 전환시킨 것이 미국 경제의 복구에 도움이 되었음은 분명하다. 패권의 쇠퇴가 곧 폐쇄적 정책을 가져올 것이라는 패권안정론자들의 추론과 다르게 영국과 미국이 대응했고, 또 양 패권이 서로 다르게 대응한 것을 어떻게 설명할 수 있을까?

우선, 앞의 제2장에서 제시했던 바와 같은 양 패권과 패권질서의 성격의 차이에서 원인을 찾을 수 있다. 그러나 이러한 변수들은 상이한 선택이 이루어지게 된 국내 정책결정 과정의 동태를 설명하기에 충분하지 않다. 상이한 구조들이 국내 각 행위자들에게 어떠한 기회와 제약으로 인식되고 이에 따라 어떤 선호와 전략이 선택되며, 이들 간의 대결이 어떻게 벌어져서 특정한 결과가 도출되었는지를 설명해야 한다.

이러한 맥락에서 영국의 관세개혁운동이 실패한 것은 두 가지 점으로 설명할 수 있다. 우선, 금융 및 이와 연관된 지주귀족 세력이 산업자본 세력을 압도하고 있었다는 점이다. 일반적으로 받아들여지던 것과 같이 1840년대의 개혁과 곡물법 폐지 이후 부르주아가 정치권력을 장악한 것이 아니라, 지주귀족들은 런던(the City)의 금융자본과 결탁하여 여전히 정치적 지배를 확고히 하고 있었다. 최근의 영국 경제사 및 제국주의에 대한 연구들이 이를 입증하고 있다. 이 연구들에 따르면, 지주귀족의 구지배세력들과 런던의 신흥 상업금융 세력은 부와 결혼, 학연 등으로 견고하게 결탁되어 '신사자본가'(gentlemanly capitalists) 계급을 이루고 영국 경제와 제국주의는 물론 보수당과 관료기구를 지배하고 있었다(Cain and Hopkins 1993 ; Dumett 1999 ; Daunton 1989). 한 연구에 따르면, 1886년에서 1916년까지의 내각 각료 101명 중 47명이 지주였고, 단지 12명만이 상공업 부문 출신이었으며, 지주 가문 출신이 아닌 수상은 1908년 취임한 애스퀴스(H. A. Asquith)가 최초였다(Pollard 1989, 230-234). 19세기 후반 이후 보수당은 중상층의, 자유당은 중하층의 정당으로 굳어졌는데, 보수당 내에서 산업자본가의 존재는 미미했고, 금융자본과 지주세력의 통제가 확고했다. 많은 산업자본가들의 경우, 부를 축적하면 시티에 투자하거나 토지를 사들여 신사자본가에 편입되는 것이 동경의 대상이었다.

20세기 초반 이후까지 영국의 정치와 경제를 장악했던 금융-지주귀족의 연합은 본질적으로 철저한 자유방임, 자유무역주의자들이었다. 따라서 이들이 지배했던 영국 정부의 경제정책 목표는 자유무역과 금본위제의 유지 및 최소한의 균형재정에 있었다(Newton and Porter 1988, 10-11). 국내경제정책은 물론 대외경제정책에 있어서도 기존 자유주의 정책의 지속은 이들에게 사활석 이익이었고, 이에 대한 변화는 중대한 도전이 되었다. 이러한 정치적 세력관계 속에서 관세개혁운동은 성공할 수 없었던 것이다. 챔벌린의 제안 자체가 국내산업의 보호보다는 '제국의 단합'을 주목적으로 내세웠음에도 불구하고 관세개혁은 보수당 핵심과 내각에서 철저한 반대에 부딪혔다. 대다수의 평의원들과 보수당 지지층이 동조했음에도 불구하고 금융-지주귀족 연합이 장악하고 있던 내각과 보수당의 핵심이 이를 거부했던 것이다(Pollard 1989, 241). 또한 무역상황의 악화와 재정압박 속에서 원칙론적 자유무역주의자들이 구축된 후에도 관세개혁은 조세원의 확보 목적으로 변질되었고, 그나마 상황의 변화에 따라 폐기되었다. 요컨대 정책결정 과정을 장악하고 있던 세력들의 반대 때문에 관세개혁운동은 보수당에 의해 추진될 수 있는 가능성이 전혀 없었던 것이다(Pollard 1989, 241-243).

다른 측면에서도 관세개혁운동은 성공할 수 없었다. 챔벌린은 내각 내에서 관세개혁이 이루어질 수 없음을 깨닫고 대중에 호소하는 전략에 의지했다. 보수당 지지층을 동원하여 발포어와 내각에 압력을 가하는 한편, 노동층의 지지를 이끌어내려는 시도였다. 수입품에 위협받는 산업 부문의 노동에 대해 관세개혁의 보호주의적 측면이 호소하여 이들과의 연합을 이룰 수 있다고 생각했던 것이다. 그러나 1906년 선거결과가 보여주듯이 노동은 물론 많은 산업 부문들이 관세개혁운동에 등을 돌렸다. 우선, 관세개혁이 곧 식비의 증가를 가져온다는 자유무역주의론자들의 주장을 반박하는 데 실패했기 때문에 노동의 지지를 받지 못했고, 저렴한 식비 때문에 저임금이 가능했던 산업 부문들을 놀라게 만들었다(Newton and Porter 1988, 26-27). 식료품 가격의 인상이 가져오는 단기적 피해가 수입품에 대한 관세가 가져다 줄 혜택보다 크다고 계산하는 산업 부문이 훨씬 많았던 것이다. 또한 석탄, 면직, 조선, 식품가공 등 값싼 수입 원자재를 필요로 하는 산업과 해외시장이 확보되어 있는 산업들은 관세개혁에 반대했는데, 이들이 관세개혁을 지지하는 산업 부문보다 고용효과가 훨씬 컸다. 대표적으로 제철업의 고용효과(10만)보다는 자유무역으로 덕을 보고 있는 산업의 고용효과가 훨씬 커서 예컨대 면직업은 60만, 석탄은 80만, 해운은 120만을 고용하고 있었다(Rempel 1972, 97-104). 요컨대 관세개혁운동을 둘러싼 사회세력의 대립은 엘리트의 수준에서나 유권자의 수준에서나 압도적으로 자유무역 세력에 유리했던 것이다.

미국의 경우, 사회세력들의 대립 양태는 다르게 이루어졌다. 영국과는 달리 단순히 자유무역의 고수와 보호주의의 축으로 갈등이 전개되지 않고 다양한 선호와 대안이 제기되었고, 이들 간의 타협이 가능했다. 기존 자유무역정책의 유지를 원했던 세력은 전통적 자유무역주의 세력의 일부였고, 거대 다국적 기업이나 첨단산업을 중심으로 자유화의 심화와 해외시장 개방정책을 추진했다. 노조와 사양산업들은 보호주의를 원했으나 이들은 전략적으로 강력한 공정무역론을 주장함으로써 해외시장 개방정책을 가장 유력한 대안으로 만들게 되었다. 따라서 다자주의 틀 안에서 자유화를 심화시키고 동시에 온건한 수준에서 공격적 해외시장 개방정책을 병행하는 정책이 수립될 수 있었던 것이다. 보호주의자들에게는 보복적 무역정책에 대한 기대를 남겨준 셈이고, 자유무역주의자들에게는 자유무역의 확대를, 공정무역론자들에게는 해외시장의 확장을 가져다 줌으로써 이 정책은 국내적 합의를 도출할 수 있었던 것이다.

이와 더불어 관세개혁운동과 종합무역법이 추진되었던 틀로서 양 사례의 정치제도의 차이에도 주목할 필요가 있다. 20세기 초의 영국은 지금과 마찬가지로 내각제 정부형태였으므로 내각과 내각을 구성한 보수당의 소수가 정책결정권을 독점하고 있었다. 무역정책과 재정정책의 경우 수상과 재무장관, 영란은행 총재 및 고위 관료가 정책결정의 핵심적 지위를 차지하고 있었는데, 앞에서 논의했듯이 발포어를 제외하고 이들은 모두 금융-지주귀족 연합의 일부로 철저한 자유무역주의자들이었다. 반면, 반대당이었던 자유당은 중하층민을 지지기반으로 하고 있었으므로 식료품 가격을 인상시킬 관세개혁에 당연히 반대했다. 따라서 보수당의 일부가 제기한 관세개혁은 어디에서도 기반을 지닐 수 없었던 것이다. 정당기율이 엄격한 양당체제에서 상대당과의 연합이 있을 수 없었고, 자유무역 세력이 권력을 독점하고 있었으므로 대중운동에 호소할 수밖에 없었던 것이다. 또한 무역정책을 둘러싼 갈등이 기득세력인 자유무역주의자 대 도전세력인 관세개혁주의자의 구도로 형성되었고, 이 대결은 제로섬 게임으로 진행되어 양 세력 모두가 1906년 선거에서 패배하는 결과를 가져왔다.

한편, 미국의 정치제도와 무역정책 결정체계는 분산되어 있어서 오히려 다양한 세력이 공존하고 타협하는 것이 가능했다. 1934년 이후 대통령이 독점하던 무역정책에 의회가 개입하게 되고, 느슨한 구조의 양당에 다양한 사회세력들이 일정한 영향력을 행사하고 있었던 것이다. 따라서 무역정책은 특정한 한 세력이 영향력을 독점하고 있지 않은 채 이들 간의 다수연합의 타협에 따라 결정되어졌다. 특정세력에 의해 기존 자유무역정책의 고수나 폐쇄로의 전환이 결정되지 않고 자유주의자, 보호주의자, 공정무역론자, 해외시장 개방주의자들이 각기 영향력을 행사하면서 이들 간의 대립과 타협에 의해 우루과이 라운드와 수퍼 301조가 동시에 추진되었던 것이다. 이렇게 볼 때 정당제도에서 정부구성 원리에 이르는 권력분립적 정치제도 요소들이 결과에 중요한 영향을 미쳤다고 볼 수 있다.

1980년대의 쇠퇴론자들 중 대다수는 미국 정치제도의 이러한 권력분립적 요소가 쇠퇴를 가속화시키는 것으로 파악했다. 대표적으로 써니(Phillip Cerny)는 미국 정치의 구성원리인 매디슨주의적 권력분립이 효율적인 정책의 수립과 집행을 가로막는다고 주장했다(Cerny 1989, 47–58). 매디슨주의적 엔트로피(Madisonian entropy)가 정치체계의 에너지를 증발시켜 1980년대 무역상황의 악화와 미국 경제의 쇠퇴가 가속화되었다는 것이다. 반면, 정책결정체계가 분절화되고 권력이 분립 · 공유된 제도가 점진적이지만 안정적인 정책산출을 가져옴으로써 장기적 효율성이 높다는 제도론자들의 주장도 제시되어 왔다(Weaver and Rockman 1992). 이후의 결과로 유추하여 평가할 수는 없지만, 1900년대 영국의 관세개혁운동과 1980년대 미국의 종합무역법의 사례를 보면 후자의 주장이 보다 타당하다고 판단된다. 권력구조가 위계적 · 독점적으로 이루어진 틀 안에서는 기존 정책의 지속과 혁신적인 대안이라는 양 극단 간의 대결이 벌어질 수밖에 없었고, 권력이 분산된 틀 안에서는 중도적인 대안이 모색될 수 있었던 것이다.

제5장

국가 능력의 변화와 미국 패권

이 장은 국가 능력과 그 구성의 변화를 통해 브레튼 우즈 체제가 붕괴되는 과정에서 미국이 취한 일련의 결정들을 설명한다. 제2차 세계대전 직후 군사·안보와 국제경제 양 영역에서 패권질서를 구축한 이후 브레튼 우즈 체제가 붕괴되는 과정까지 미국의 대내적·대외적 승인·추출·규제 능력이 어떻게 변화했는지를 분석하고 그 결과 미국이 어떠한 정책을 취했는지 보일 것이다. 이 국가 능력의 변화에 따라 미국이 일련의 정책적 선택을 할 수밖에 없었고, 그 결과 브레튼 우즈 체제가 붕괴되었다고 설명하려는 것이다. 이를 위해 다음 세 절에서는 승인·추출·규제 능력의 변화에 초점을 두고 패권비용 조달 문제, 자본통제(capital control) 문제, 그리고 국제통화질서의 위기에 대응하는 관리 능력의 문제를 분석한다.

브레튼 우즈의 실제

브레튼 우즈 통화금융체제는 원래 환율과 유동성 공급에 대해 다음과 같은 규범과 규칙을 지니고 있었다. 첫째, 환율은 조절가능한 고정환율제로서 고정환율과 변동환율의 중간 형태를 취했다. 고정환율제는 국제수지 불균형의 조정이 완전히 국내경제에 지워지기 때문에 케인즈주의 시대에는 불가했고, 변동환율제는 통화질서에 불안정을 가져올 수 있었다. 따라서 국제수지 불균형의 해결을 국내경제와 환율의 양쪽에 분담시켰던 것이다. 둘째, 유동성의 공급은 IMF의 인출권(drawing rights)과 금으로 공급하여 각국은 일시적 적자일 경우 IMF 재원을 조건부로 인출할 수 있으며, 궁극적인 준비고는 금으로 했다.

주지하듯이 브레튼 우즈의 실제는 이와 달랐다. 대략 서구 경제가 복구되는 1958년 이후 조절가능한 고정환율제는 실질적인 고정환율제가 되었고, 유동성의 공급은 미국의 국제수지 적자에 의존하게 되었던 것이다. 우선, 환율의 경우 1962년부터 5년간 단 하나의 국가도 환율을 변경하지 않을 정도로 실질적인 고정환율로 운영되었다. 어느 나라나 자국 통화의 평가절하는 국내경제를 잘못 관리한 정부의 실패를 인정하는 것으로 받아들여졌고(Williamson 1977, 6), 이는 곧 정치적 패배로 직결되었기 때문이다. 나아가 평가절하로 국내경제의 문제를 확실히 인정하게 되면 평가절하를 하지 않았을 경우 초래되는 비용보다 더 큰 문제가 야기될 수 있었다. 반면, 평가절상 역시 회피되었다. 특히 독일과 일본 등의 경제대국에서는 수출산업과 수입경쟁산업이 강력한 정치적 연합을 결성하여 환율 인하를 저지하곤 했다(Gowa 1983, 38). 요컨대 환율 조정에 대한 시장의 압력이 지속되고 있는 가운데 각국은 정치적 이유에서 환율에 의한 조정을 저지해 갔던 것이다. 둘째, 환율이 고정되고 단기 자금의 이동성이 커짐에 따라 애초의 유동성 공급 기제가 충분치 못하게 되었다. IMF의 인출권은 제한적이었으며, 금은 공급이 부족할 뿐만 아니라 소련이나 남아프리카 등 특정국에 의존할 수밖에 없었다. GAB(General Agreements to Borrow) 등 다양한 유동성 공급 기제가 고안되었으나 실효성이 없었다. 이에 따라 1960년대에 들어 점차 달러화가 금의 역할을 대신하게 되었다. 미국의 국제수지 적자에 의해 유출되는 달러가 국제 유동성을 공급하게 되었고, 이는 다시 각국 중앙은행들이 지불준비금으로 보유하게 되었다(Strange 1976, 82-89).

이와 같이 고정환율과 금-달러 본위제로 변화된 국제통화금융질서는 중대한 문제점을 지니고 있었다. 소위 트리핀 딜레마(Triffin dilemma)가 그것이다. 즉, 지속적으로 증가하는 국제수지 적자의 결과 미국의 단기 부채가 준비금의 양을 초과하게 되면 미국이 수지균형을 맞춤으로써 국제 유동성 공급이 중단되거나 달러화에 대한 신뢰가 붕괴되어 통화질서가 무너지게 된다는 것이다(Triffin 1961). 1959년 미 의회 청문회에서 트리핀이 지적했던 이 근본적 모순은 1960년대에 들어서면서 미국은 물론 서구 국가들 모두가 충분히 인식하게 되었다. 미국의 준비금은 급감하고 단기 부채가 준비금을 몇 배 이상 초과하게 된 때문이다(〈표-5-2〉 참조).

〈표 5-2〉 미국의 국제수지 단위 : 10억 달러

연도	국제수지	준비금	단기 채무
1950	−3.489	24.27	7.12
1960	−3.665	19.36	18.01
1965	−2.493	15.45	24.75
1969	−6.084	16.96	39.36
1970	−3.852	14.49	41.29

출처 : Calleo & Rowland 1973, p. 284, n. 8에서 추출.

그럼에도 불구하고 미국과 서구가 불충분한 미봉책을 동원하면서 변형된 브레튼 우즈 체제를 고수한 것은 이 통화체제가 양자 모두에게 이득이 되었기 때문이다. 이 체제 하에서 미국은 특권을 부여받았고 서구는 번영과 안보를 누릴 수 있었다. 미국과 서구 간의 "거래"(bargain)였던 것이다(Cohen 1974). 양자 간의 교환이 일정한 수준까지 대칭적인 한 이 거래는 유지될 수 있었고, 어느 한 쪽의 이익이 비대칭적으로 커지게 되자 흥정은 파국으로 치닫게 된 셈이다. 따라서 이 거래의 양측을 이해하는 것이 브레튼 우즈의 실제 기능과 붕괴 원인을 진단하는 데 필수적이다.

먼저 서구 각국이 누린 혜택을 살펴보자. 이 시기의 자유주의 경제질서가 유지되기 위해서는 각국이 주기적으로 국내경제의 안정화와 환율의 변동을 해야 했다. 그러나 당초의 예상과는 달리 점증하는 미국의 국제수지 적자가 국제 유동성을 계속 증가시켜 줌에 따라 서구 각국은 환율의 조정이나 국내경제의 고통스런 안정화를 할 필요가 없었다. 미국 이외의 다른 국가들은 넘쳐나는 국제 유동성 속에서 비교적 쉽게 국제수지 흑자를 볼 수 있었고 성장을 지속할 수 있었다. 동시에 국제수지 흑자 덕에 달러화로 막대한 준비금을 비축할 수 있게 되어 태환성을 복구·유지할 수 있었다. 이렇게 되자 서구 국가들은 평가절하나 긴축, 보호주의, 외환통제를 하지 않을 수 있었던 것이다. 요컨대 이 체제는 '고통 없는 자유주의'(liberalism without tears)였다(Calleo & Rowland 1973, 88-89). 미국은 결제되지 않는 적자가 다른 국가들의 준비금으로 흘러들어 가게 함으로써 일종의 세계 중앙은행과 같은 역할을 수행했고, 계속 화폐공급을 더해감으로써 성장을 촉진했다. 그 덕분에 세계 무역과 투자는 급성장할 수 있었다. 더욱이 다음에서 보듯이 미국의 국제수지 적자의 대부분을 차지한 정부 해외지출은 소련과 공산주의의 위협을 막는 데 쓰여졌다. 서구 국가들에게 브레튼 우즈 체제는 번영과 안보를 동시에 가져다 주었던 것이다.

그러나 동전의 이면에는 미국이 누린 독점적 특권과 혜택이 있었다. 미국의 배타적 특권은 바로 기축통화국으로서 지니는 주조권(seigniorage)에 있었다. 주조권이란 "화폐의 발행자에게 발생하는 자원의 순가치"이며, "화폐의 발행에 독점권을 지니고 있어서 효과적인 대용물을 시장에서 배제하고 화폐의 보유자에게 이자를 지급하지 않을 수 있을 때에 존재한다"(Grubel 1969, 269). 기축통화국이 지니는 주조권은 "과거의 국제수지 적자를 메우기 위해 싼 이자로 빌릴 수 있는 능력, 미래의 적자를 충당하기 위해 지불준비금을 쌓아놓을 필요가 없는 능력, 재정적 제약이 없이 해외지출을 할 수 있는 능력, 혹독한 조정정책을 피할 수 있는 능력, 외환위기를 겪고 있는 나라들에게 대출해 줄 수 있는 능력, 그리고 투기의 결과로 준비금의 변화를 겪지 않을 수 있는 능력"(Williamson 1977, 78) 등으로 실현된다.

브레튼 우즈에서 미국의 주조권은 국제수지 적자에 따라 미국이 해외에서 지불한 달러화를 서구 각국들이 지불준비금으로 보유하는 데서 생긴다. 외국 정부가 이 달러 자산의 금태환을 미국에 요구하지 않는 한 미국은 이 "채무"를 상환할 필요가 없거나 최소한 이에 대해 지불하는 이자가 이 자본에 대한 미국 내의 이윤보다 작다. 외국 정부가 달러 자산을 준비금으로 보유하는 정도만큼 미국에게는 외국의 상품과 용역에 대한 무료 이용권이 부여되었던 것이다(Swoboda 1968, 11-12). 이는 달러의 기축통화 지위 때문에 외국의 민간인이 보유하는 달러에 대해서도 적용될 수 있다. 이와 같이 기축통화의 발행자로서 미국은 달러화를 대외적으로 사용하는 데서 막대한 주조권의 혜택을 거둘 수 있었다. 페이퍼 달러를 지불하여 만성적 적자를 메움으로써 미국은 서구의 실질 자원과 상품과 서비스를 획득할 수 있었던 것이다(Aliber 1964 ; Malchlup 1965).

1960년대에 들어 서구 경제가 복구 · 팽창하고 각국 통화가 태환성을 회복함에 따라 금 부족 상황 속에서 달러 지준금은 획기적으로 증가했다. 1958-1967년간 세계 지불준비금은 171억 달러 증가했는데, 이 중 외환 지준금이 72%, 금이 9%, IMF, BIS 인출권이 19%를 차지했다. 외환 지준금 중 90% 이상이 달러 자산이었다(〈표 5-3〉 참조). 이 기간 중 미국의 누적 국제수지 적자는 216억 달러로, 이 중 108억 달러는 금 보유고의 판매로 구성되었다(Walter 1993, 168). 나머지 금액의 상당 부분을 서구 중앙은행들이 지준금으로 보유했고, 이는 미국에게 주조의 이득으로 돌아갔던 것이다.

〈표 5-3〉 지불준비금의 변화, 1950-1970

	국가	1950	1955	1960	1965	1970
지불준비금(금 제외) 보유 비율	미국	10	6	7	5	6
	독일	1	11	18	10	17
	일본	4	6	8	6	8
	영국	4	2	4	2	3
	프랑스	1	6	3	6	2
금 보유 비율	미국	68	62	47	34	30
	독일	–	3	8	11	11
	일본	–	–	1	1	1
	영국	9	6	7	5	4
	프랑스	2	3	4	11	10

출처 : Walter 1993, 153, 표 6.2에서 추출.

주조권과 대외적 추출

이와 같이 주조의 이득은 미국으로 하여금 점차 악화되어 가는 국제수지 적자를 지속할 수 있게 해주었다. 미국의 국제수지 적자가 점차 악화된 것은 무역수지의 적자 전환과 같은 경제적 이유가 근본적인 원인이지만, 최소한 1970년까지 적자의 주원인은 정부 부문의 해외 군비 지출이었다. 군사 거래상의 막대한 적자 지출을 제외하면 1970년대 초반까지 미국의 무역 · 자본수지는 흑자상태였다(Calleo & Rowland 1973, 97-99). 아시아와 유럽에 군대를 주둔하고 베트남에서 소모적인 전쟁을 수행하는 데 소요된 막대한 비용 때문에 미국의 국제수지 적자는 한계를 넘어서는 수준으로 악화되어 갔던 것이다(〈표 5-4〉 참조). 이는 재무장관 코널리(John B. Connally)의 발언을 통해 미국 정부도 1971년 닉슨 선언 직전 인정한 바 있다 : "매우 인상적이자 좌절스러운 사실은, 그렇게 우려되고 있는 우리의 만성적 적자가 매년 우리의 해외 군비 지출로 메워지고도 남는다는 점이다 … "(Calleo & Rowland 1973, 99).

결과적으로 미국의 해외 군비 지출은 브레튼 우즈 통화질서에서 미국이 지닌 주조권에 의해 가능한 것이었다. 주조권에 의해 미국 경제와 국제 통화-금융-무역질서를 위기에 빠뜨리지 않고 상당한 양의 국제수지 적자를 지속할 수 있었고, 그만큼의 해외 군비 지출이

〈표 5-4〉 미국의 해외 군비 지출 단위 : 100만 달러

	1961	1962	1963	1964	1965	1966	1967	1968	1969	1970
지출	2,776	2,718	2,850	2,816	2,730	3,350	4,168	4,502	4,732	4,952
수입 (군비 수출, 기타 수입)	328	922	1,429	1,245	1,337	1,204	1,775	1,239	1,514	1,871
기타	생략									
국제수지 적자	2,448	1,796	1,421	1,571	1,393	2,146	2,393	3,263	3,218	3,081

출처 : US Congress 1971a, 115.

이루어질 수 있었던 것이다. 서구 중앙은행들이 달러를 보유하지 않고 금으로 태환했다면 미국의 국제수지 적자는 지속될 수 없었고, 국제수지 문제를 해결하기 위해서는 해외 군비 지출이 대폭 삭감되어야만 했다. 그렇지 않으려면 국내경제의 긴축을 유지하면서 동시에 국내자원을 동원하여 해외군비 지출을 했어야 했다.

닉슨 행정부에 대해 국제수지 문제 해결 방안을 자문한 보클러(Paul Vockler) 팀은 이를 인정했다 : "기존 체제는 지난 10년간 240억 달러에 달하는 우리의 국제수지 적자의 약 70%를 외국의 공공 및 민간의 달러 보유로 충당해 주었다. 이 덕분에 미국은 막대한 해외 군비 지출을 감당할 수 있었고, 국내 경제정책에 상당한 유연성을 지닐 수 있었다 … " (Gowa 1983, 63, fn. 6). 국제수지 문제에 대한 우려가 대두되었던 아이젠하워 행정부 시기에도 이미 해외 군비 지출을 줄이려던 시도가 있었으나 성공하지 못한 바 있다(Walter 1993, 168). 닉슨의 당선 직후 국제수지 문제에 대한 조언을 했던 하벌러(Gottfried Haberler) 연구팀도 국제수지 개선을 위해서는 "자유세계 수호의 비용을 서구 국가들과 분담"하고 "해외 개입의 확산을 피해야 한다"고 제안했다(Gowa 1983, 70). 또 1971년 미 의회는 국제수지 문제를 해결하기 위해 해외 주둔군을 감축하는 맨스필드 수정안(Mansfield amendment)을 결의하기도 했다(Gowa 1983, 70). 반면, 닉슨 행정부 당시 연방준비위원회의 보고서는 국제수지 개선정책의 최우선, 목표들 중 하나는 국제평화를 위한 해외작전을 수행할 수 있도록 하는 것임을 인정했다(Gowa 1983, 69). 한편, 좌파들 역시 이 점을 인식하고 있어서 미국이 제국주의적 안보와 팽창에 필요한 비용을 다른 나라들에 전가시키고 있다고 비난하기도 했다(Robinson 1973, 422). 어떤 입장이든 해외 군비 지출과 국제수지, 그리고 브레튼 우즈 체제가 밀접히 연관되어 있음을 인정하고 있는 것이다.

요컨대 브레튼 우즈 통화금융체제는 곧 냉전 군사안보질서의 이면으로 작동했다. 브레튼 우즈 체제가 부여한 주조권에 의해 미국은 "자유세계를 수호하는" 패권으로서 해외 군비 지출을 할 수 있었던 것이다. 군사적 패권 수행에 필요한 자원을 대내적으로 추출하는 것이 정치적으로 가능하지 않은 가운데 브레튼 우즈의 주조권이라는 형태로 패권 유지 비용을 서구 경제로부터 추출했던 셈이다 : "달러가 군대를 지지하고 있고, 군대가 달러를 지지하고 있다. 이제는 어느 쪽이 더 상대방에 의존하고 있는지 알기 어려울 정도이다"(Calleo & Rowland, 1973, 87).

서구 각국의 입장에서 이러한 통화-안보체제는 1960년대 이

전까지 시혜적으로 작동했다. 미국은 마샬 플랜과 해외원조, 그리고 해외 군비 지출을 통해 국제 유동성을 공급했고, 이는 서구 경제의 복구와 팽창의 원동력을 제공했다. 또한 넘쳐나는 달러를 지준금으로 흡수 · 보유하면서 서구 각국의 통화들의 태환성이 복구되었다. 한편, 미국의 해외 군비 지출은 주된 용도가 바로 소련으로부터 서구를 보호하는 것이었고, 이는 미국만이 제공할 수 있었다. 경제와 안보 모두에서 서구는 이득을 보고 있었던 셈이다.

그러나 1960년대 들어서면서 미국의 주조권에 대한 서구의 반발이 커지기 시작했다. 이는 대체로 다음 두 가지 상황 변화에 따른 것이다. 첫째는, 해결의 기미가 보이지 않는 미국의 국제수지 적자의 규모 자체가 위험수위를 넘어섰고, 서구 경제에 위험을 가져다 주었기 때문이다. 우선, 급증하는 미국의 국제수지 적자가 서구 경제에 대해 인플레이션 압력으로 작동했다. 서구의 비판에도 불구하고 미국은 국내경제를 안정화시키려는 어떠한 시도도 하지 않았고, 이에 따라 서구의 반발이 심화되었다. 또한 1960년대 후반 들어 통화 불안정이 빈발하고 투기열풍이 지속되자 정부와 은행 체제가 경제에 대한 통제권을 잃어가고 있다는 생각이 팽배하게 되었는데, 그 책임이 미국의 잘못된 국제수지정책에 있다고 지적되었다. "유럽은 미국의 꼬리에 매여진 깡통 신세"라는 자조적 비판까지 제기되었다(Calleo & Rowland 1973, 93). 둘째, 1960년대 후반 데탕트가 도래하면서 서구의 반감은 더욱 표면화되었다. 미국의 안보우산이 이전만큼 절실하게 인식되지 않았고, 주조권의 형태로 미국의 해외 군비 지출의 일정 부분을 부담하면서까지 미국의 안보우산을 필요로 하는지 의문이 제기되었다. 더욱이 베트남 전쟁은 미국 외교안보정책의 정당성에 대한 의문까지 제기했다(Gowa 1983, 28–30). 미국의 군사 모험주의적인 정책에 의해 냉전질서와 국제경제질서가 위기에 처할 수 있다는 우려가 제기되는 한편, 미국의 이러한 일방적 외교안보정책의 비용을 서구가 분담한다는 것에 대한 반발이 심화되었던 것이다.

주지하듯이 서구의 불만을 가장 적극적으로 표출했던 것은 프랑스의 드골이었다. 드골은 미국에 일방적으로 의존하고 있는 브레튼 우즈 체제의 비대칭성을 비판하면서 특정 통화를 준비금으로 보유하는 것은 정치적 제국주의의 경제적 표현이라고 비난했다(Calleo & Rowland 1973, 287). 미국의 국제수지 적자는 미국의 전 세계적인 제국주의적 군사 · 경제활동에 충당하기 위해 다른 나라들에 부과되는 일종의 간접세와도 같다는 것이다. 이 시스템 하에서 서구는 정치적으로 미국의 제국주의, 특히 베트남 전쟁 같은 잘못된 정책을 지원하고 있는 셈이다. 경제적으로도 미국은 서구에 인플레이션을 수출하고 있으며, 페이퍼 달러를 찍어서 서구의 자산을 획득하고 있다고 공격했다. 프랑스는 특히 정기적으로 달러의 금태환을 요구하는 것만이 미국의 정책에 대한 외적 제약으로 작동할 수 있다고까지 주장했다(Walter 1993, 179–180).

이와 같이 서구의 불만이 고조되어 가는데도 불구하고 미국은 몇 가지 미봉책들을 거듭했을 뿐, 근본적인 치유책을 선택하지 않았다. 1971년까지도 상당수 경제학자들은 현상유지를 원했고, 가능하다고 생각했다. 서구 중앙은행들이 달러를 거부하거나 금태환을 함으로써 위기를 불러오지는 않을 것이라고 생각했던 것이다. 미국의 관점에서 브레튼 우즈 체제는 미국에게 특권을 부여했지만 다른 모두에게도 이득이 되었다. 미국의 해외지출은 자유세계를 보호해 주고 있을 뿐만 아니라 자유세계의 경제를 활성화시키고 있는 것이다. 또 미국의 다국적 기업이 막대한 직접투자를 함으로써 전 세계에 효율적으로 자본을 분배하고 있다. 서구가 달러를 소비하지 않고 쌓아두는 것은 서구의 잘못이지 미국의 잘못이 아니다. 그렇게 막대한 달러를 쌓아두는 것이 걱정스럽다면 미국 상품을 사거나 미국 채권에 투자하면 될 것이다. 만약 쌓아두기도 싫고 쓰기도 싫다면 언제든지 자국 통화를 평가절상하면 될 것이다. 요컨대 미국의 적자는 좋은 것이며, 이에 대한 미국의 정책은 수수방관(benign neglect)이어야 한다는 것이다(Calleo & Rowland 1973, 90-91).

브레튼 우즈 체제가 점점 파국으로 다가가고 국제통화금융질서의 혼란이 빈발하고 있는 가운데서도 미국은 낙관 또는 방관의 입장을 고수했다. 국제경제체제의 안정을 유지하기 위해 근본적 대안을 모색하려는 노력들에 대해 무결정(non-decision) 혹은 거부권(veto power)의 행사를 지속했던 것이다. 뿐만 아니라 미국은 서구에 대해 군사적 보호를 수단으로 금태환 요구를 제어하고 달러의 지준금 유지를 강제하기도 했다. 대표적 예가 소위 블레싱 서한(Blessing letter)이다. 더 이상의 금태환은 독일 주둔 미군의 미래를 위협할 것이라는 미국 정부의 위협에 굴복하여 독일 연방은행 총재 블레싱(Karl Blessing)이 달러의 환율에 대한 우려에도 불구하고 지불준비고에서 금의 비중을 늘리지 않겠다고 서약하는 서한을 미국 정부에 보냈던 것이다(Hirsch & Doyle 1977, 41).

브레튼 우즈의 국제경제질서와 냉전의 군사안보질서를 유지하기 위해 미국에 요구되었던 것은 미국 기업의 해외투자를 통제하거나 국내경제를 안정화시키는 것이었다. 냉전정책을 유지하기 위해 해외 군비 지출은 필수적이었고, 이를 국내적으로 조달하는 것이 정치적으로 불가능했기 때문이다. 해외 군비 지출을 지속하면서 국제수지 적자와 이에 수반되는 주조의 이득을 줄일 수 있는 길은 이 두 가지였다. 그러나 뒤에서 보듯이 양 방안 모두가 국내적으로 가능하지 않았고, 현상유지와 수수방관 이외에 대안이 없었다. 결과적으로 냉전정책에 소요되는 비용의 상당 부분을 주조권의 형태로 서구로부터 추출하는 정책이 그 한계점까지 지속되었던 것이다. 마침내 서구 국가들이 미국의 군사적 · 경제적 해외지출을 제약할 수 있는 힘의 사용을 위협하게 되자 브레튼 우즈에 대한 미국의 미련은 사라지기 시작했다(Gowa 1983, 28). 1971년 중반쯤 미국은 해외지출의 자유를 훼손당하지 않으면서 금 보유고를 지킬 수 있는 처방들을 소진했다(Gowa 1983, 29).

주조권의 분배와 대내적 규제

지금까지 논의한 바와 같이 브레튼 우즈에서 미국은 일정한 수준의 국제수지 적자를 통해 주조권의 형태로 패권수행의 비용 중 상당 부분을 조달했다. 브레튼 우즈의 이 기능이 지속되기 위해서는 서구가 감당할 수 있는 한도 내에서 미국의 국제수지 적자와 주조 이득이 유지되어야 했다. 1960년대 들어 이 한도가 급속히 초과되면서 국제통화금융질서의 혼란과 서구의 불만이 깊어졌던 것이다.

이 문제에 대한 인식은 이미 아이젠하워 행정부 후기부터 시작되었다(Walter 1993, 168). 1960년대 들어 국제수지 적자가 지속적으로 증가하게 되면서 케네디, 존슨, 닉슨 행정부는 각각 나름대로의 국제수지정책으로 이에 대응했다. 국가의 입장에서 문제는 국내경제에 충격을 주지 않으면서 양 패권질서의 안정을 유지하는 것, 곧 브레튼 우즈의 통화금융질서를 유지하는 동시에 냉전의 군사안보정책 비용을 조달하는 것이었다. 이를 위한 방안은 바로 민간 부문의 자본유출을 막아 국제수지 적자를 관리하는 것이다. 브레튼 우즈의 위기에 대한 미국의 대응은 자본통제(capital control)였던 것이다.

자본통제는 4단계를 걸쳐 진화했다. 1962년 세입법(1962 Revenue Act), 1963년부터 시작된 이자평형세(Interest Equalization Tax), 1965년에서 1967년까지 지속된 자발적 자본통제(Voluntary Capital Control),

1968년 이후의 의무적 자본통제(Mandatory Capital Control)가 그것이다. 이 과정을 간략히 살펴보자.[1]

1962년 세입법은 케네디 행정부 초반에 국제수지 문제를 해결하기 위해 고안한 방안을 토대로 마련되었다. 이미 1960년 대통령 선거 당시부터 국제 금융시장의 위기가 전개되고 미국 경제가 불황 국면으로 접어들게 되면서 두 경제 이슈는 중대한 현안으로 떠올랐다. 케네디 행정부는 초기에 중앙은행들 간의 스왑(swap)과 루사 본드(Roosa bond) 등 미봉책들을 동원하여 국제수지 문제를 해결하려 했다가 보다 포괄적인 해결책을 마련하게 되었다. 즉, 국내 경기불황과 국제수지를 동시에 해결하는 방안으로 국내투자를 활성화하도록 유인하고 해외투자를 줄이도록 강제하는 것이다. 이는 1962년에 의회에 의해 "1962년 세입법"으로 입법화되었다.

1962년 세입법의 원안의 골자는 두 가지였다. 한편으로 국내투자를 늘리기 위해 국내투자에 유인을 제공하며, 다른 한편으로 해외투자를 줄이기 위해 초국적 기업들의 해외 자회사(subsidiaries)들의 이윤에 대한 세금 유예를 폐지하는 것이다. 이를 통해 해외투자를 줄이도록 유도함으로써 국제수지 문제를 해결하고, 동시에 줄어든 양만큼 국내에 투자되도록 유인하여 국내 경기불황을 타개하겠다는 것

1_ 자본 자유화에 관해서는 많은 연구가 있으나 그 기원이 되는 1960년대 미국의 자본통제에 대해서는 본격적인 연구가 드물다. Hawley(1987)만이 그 역동적인 과정과 결과를 면밀하게 분석하고 있다. 여기서는 Hawley(1987)에 주로 의존하여 자본통제 과정을 살펴보았음을 밝혀둔다.

이다.

그러나 이 원안은 크게 훼손되어 결국 세금 도피처에 투자되는 이윤에만 세금 유예를 폐지하는 상원안으로 통과되었다. 18개월간의 입법과정 기간 동안 국제수지가 반감되었고, 독일이 5%의 평가절상을 단행한 데다 미국의 불황이 지속되었던 상황적 요인들이 작용했다. 그러나 무엇보다도 자본의 조직적 반대가 입법과정에서 큰 영향을 미쳤다. 원안에 대해 거의 모든 자본이 반대했던 것이다. 해외투자의 제한을 받게된 초국적 기업들은 물론이고, 내수 위주의 중소기업들도 국내투자에 대한 유인이 대기업에 제한된 것에 반대했다. 결국 1962년 세입법은 "가장 온건한 형태의, 간접적 자본통제" (Hawley 1987, 44)였음에도 불구하고 정책수립 단계부터 실패했던 것이다.

1962년 말 한시적인 세입법은 폐지되었다. 1963년이 되자 미국의 국제수지는 다시 크게 악화되어 상반기 중 민간자본 유출이 58억 달러에 달했다. 이 중 포트폴리오 투자 유출은 1960년의 5억 730만 달러에서 1962년에는 11억 달러로 급증했고, 다시 1963년에는 20억 달러까지 증가할 것으로 예측되었다. 이때까지의 경기부양책으로 미국 경제의 호황이 시작되어 무역수지가 악화되는 가운데 민간자본 유출이 급증하면서 이에 대한 새로운 대안의 마련이 시급해졌다.

이론적으로 당시 케네디 행정부는 네 가지 선택지를 고려할 수 있었다(Aubrey 1964). 첫째는 무역수지 악화를 막기 위해 국내 장단기 신용 공급을 축소하는 긴축정책이다. 그러나 이는 미국 경제를 다시 불황으로 빠뜨릴 우려가 있고 정치적으로 수용불가능하다고 배제되었다. 둘째는 브레튼 우즈 통화체제를 포기하고 변동환율제로 전환하는 것이다. 국제통화금융질서의 근본적인 해결책이 될 수 있지만, 국제경제에 대한 엄청난 충격이 예상되고 미국 외교정책의 대전환이 요구될 수도 있는 실행에 옮기기 어려운 대안이다. 셋째는 본격적으로 민간자본의 유출을 직접 통제하는 것이다. 넷째는 간접적인 자본통제이다.

네 번째 대안이 케네디 행정부가 선택하고 의회가 승인한 방안으로 소위 이자평형세(Interest Equalization Tax : IET)의 도입이다. IET는 외국 발행 증권 중 3년 이상의 장기 증권에 부과되는 2년간의 한시적 세금으로 다음 세 가지 의도로 도입되었다. 첫째는 미국의 국제수지 적자 원인 중 해외직접투자보다는 포트폴리오 투자를 억제하려는 것이다. 둘째는 해외투자의 이점을 상쇄함으로써 장기 투자자본이 국내에 머물도록 유도하려는 것이다. 셋째, 보다 근본적인 지향점은 국내 자본시장과 국제 자본시장을 분리하여 미국 이외의 지역에 국제투자 자본시장을 육성하려는 것이다. IET의 도입으로 뉴욕 금융시장에서 외국 증권의 거래가 제한되면 이를 거래하는 새로운 금융 중심이 해외, 특히 유럽에서 성장할 것이다(Enzig 1965). 이렇게 되면 미국 자본에 대한 수요가 줄어들 것이고, 미국의 초국적 금융기관들도 미국 자본의 유출보다 새로운 역외 시장에서 활동하리라는 것이다.

IET는 자본유출 방지에 어느 정도의 성과를 거두었고, 국제수지를 개선하는 효과도 인정되어 매2년마다 연장되며 1973년까지 존속했다. 그러나 이 제도는 근본적인 대안은 되지 못했고, 점점 악화되는 국제수지 적자를 감당할 수 없었다. 자본통제였지만 국제수지 적자의 주범 중 하나인 해외직접투자를 규제하지 못하고 포트폴리오 투자만을 제한했기 때문이다. 사실 IET가 존속할 수 있었던 이유가 여기에 있다. 해외직접투자를 규제하지 않았기 때문에 초국적 금융과 달리 초국적 기업들이 지지에 가까운 중립적 입장이었던 것이다. 이와 같은 자본의 분열로 국가가 승리한 셈이고 IET는 존속되었다(Hawley 1987, 52-60). 그러나 초국적 금융이 IET에 대한 초기의 격렬한 저항을 포기한 데는 보다 근본적인 이유가 있었다. IET에 의해 유로 마켓이 급속히 성장하게 되었고, 초국적 금융의 영업이 보다 국제화될 수 있었던 것이다. 뒤에서 논의하듯이 이는 국가와 자본의 대결에 있어서 근본적인 변화를 가져오게 되었다. 단기적으로는 국가가 자본을 통제하는 데 소기의 성과를 거두었으나 장기적으로는 자본자유화의 물꼬를 튼 셈이다.

자본통제의 세 번째와 네 번째 단계는 해외직접투자와 포트폴리오 투자 모두에 대한 직접적인 자본통제로 자발적인 형태와 강제적인 형태의 두 가지로 도입되었다. 자발적 자본통제(Voluntary Capital Conrrol ; VCC)는 1965년 초에 도입되었다. 1964년의 민간자본 유출은 64억 달러로 전년 대비 21억 달러가 증가했다. 무역상황이 호전되어 무역수지가 66억 달러의 흑자를 기록했고 IET가 도입되었음에도 불구하고 국제수지 적자 문제는 크게 나아지지 않았던 것이다. 존슨은 의회에 보낸 국제수지 메시지(annual Balance of Payments message to

Congress)에서 국제수지가 1962년의 36억 달러에서 1964년에는 30억 달러로 호전되었으나 여전히 "진전이 느리다"(Hawley 1987, 64)고 진단하고 비공식적이고 자발적인 자본통제를 제안했다. 이를 의회가 승인하면서 최초의 직접적 자본통제가 실시되었던 것이다.

VCC는 일종의 "비공식적 코포라티즘"(Hawley 1987, 67-72)과 같은 식으로 정부와 민간기업 간의 협의와 협조에 의해 운영되었다. 우선, 해외직접투자를 규제하기 위해 상무부 내에 국제수지자문위원회(Balance of Payments Advisory Committee)를 설치하고 초국적 기업들의 CEO들을 참여하도록 했다. 이 위원회는 서열 600개 대기업에 대해 전년보다 15-20%의 국제수지 적자 개선을 요청했다. 초국적 은행들에 대해서는 연방준비위원회가 가이드 라인을 제시하고 보다 직접적으로 해외대출을 감축할 것을 요구했다.

VCC는 단기적으로는 성공적이었다. 1965년 국제수지 적자는 11% 정도 감소했다. 그러나 이 중 상당 부분은 일시적으로 참여기업들이 단기자금을 해외송금(repatriation)한 덕분이었고, 하반기부터는 1963년 수준으로 단기자금 송환률이 떨어졌다. 은행의 국제수지도 개선되었으나 이 역시 국내 대출 요구가 증가하면서 생긴 일시적 현상이었다. 결국 장기적으로 VCC는 효력을 발휘하지 못했다. 해외직접투자에 대한 통제가 되지 않았기 때문이다. 미참여 기업들의 해외직접투자가 오히려 증가했고, 1966년부터는 기업들의 저항이 커지면서 해외직접투자가 더욱 증가하기 시작했다. 초국적 기업들은 유로마켓을 이용하여 필요한 자본을 현지조달할 수 있었으나 자본유출은 지속적으로 증가했고, 초국적 금융들은 해외영업을 증가시켰다. 코포라티즘적 VCC의 목적이 자본 전체의 이익을 수호하고 세계 경제와 미국 경제를 보호하는 것이었다면 개별 기업들은 개개의 이익에 보다 충실하고 제대로 참여하지 않았던 셈이다(Hawley 1987, 86).

이러한 상황 속에서 1967년 말 스털링 위기가 일어났다. 파운드화에 대한 공격 속에서 영국이 미국 채권들을 처분하기 시작하자 미국 보유금이 대량으로 유출되었다. 이와 함께 미국의 무역수지는 악화되었고, 자본통제에 대한 우려가 대두되면서 자본유출이 심화되었다. 1967년의 국제수지 적자는 35억 달러인데, 4분기에만 70억 달러의 적자가 발생했던 것이다. 위기감이 고조되는 가운데 존슨은 1968년 1월 1일 의무적 자본통제(Mandatory Capital Control) 프로그램을 발표했다. 이는 1917년의 "적성국교역법"(Trading with the Enemy Act)에 규정된 대통령의 긴급조치권에 의한 것이었다.

MCC는 국제수지 적자 축소를 위해 네 가지 구체적 목표를 설정했다. 해외직접투자를 축소하여 연간 10억 달러의 적자를 감축하고, 은행들의 해외대출을 제한하여 5억 달러의 적자를 감축하며, 국민들의 해외여행 제한을 통해 연간 5억 달러의 적자를 감축하고, 주둔국들의 분담금을 통해 해외 군비 지출을 5억 달러 감축한다는 것이었다. 이 중 여행 제한은 여론의 반대 속에 별다른 실효 없이 곧 폐지되었고, 분담금 문제 역시 주둔국들의 동의를 얻지 못했다(Hawley 1987, 91).

초국적 금융에 대한 의무적 자본통제는 이전의 VCC와 마찬가지로 연방준비위원회가 관장했고, 비교적 효과적으로 운영되었다(US Congress 1971a, 10-14). 초국적 금융기관들이 이미 유로 마켓에 직접 참여하여 영업을 확장하고 있었기 때문이다. 해외직접투자에 대한 규제는 상무부 내에 해외직접투자청(Office of Foreign Direct Investment)을 신설하여 집행되었다. OFDI는 연간 10만 달러 이상 해외직접투자를 하는 3,400개 기업을 대상으로 자본통제를 감독했으나 수많은 예외와 면제 속에 목표를 달성하지 못했다(US Congress 1971a, 51-73).

MCC는 닉슨 행정부까지 지속되었으나 그 효과는 일시적이었고 자본의 순유출은 계속 증가했다(〈표 5-5〉 참조). 자본, 특히 초국적 기업들은 초기에는 국제수지 적자 문제의 위기감 때문에 회의적이나마 국가의 자본통제를 따랐으나 곧 조직적으로 반대하기 시작했다. 예컨대 1968년 선거에서 공화당과 닉슨은 자본통제에 대한 반대를 공언했다. 전 세계적으로 미국의 해외직접투자는 1960년 319억 달러에서 1970년에는 781억 달러로 증가했고, 유럽에 대해서는 같은 기간 67억 달러에서 345억 달러로 증가했던 것이다. 그럼에도 불구하고 MCC가 그나마 유지되었던 이유는 초국적 기업들에게 소위 "유로달러 탈출구"(Euro dollar escape valve)가 있었기 때문이다(Hawley 1987, 106-107). 이들은 해외직접투자의 자금원으로 유로 마켓을 활용할 수 있었고, 이로 인해 자본통제를 폐지하려는 압력이 약화될 수 있었다.

지금까지 살펴본 바와 같이, 1962년 세입법부터 의무적 자본통제에 이르기까지 미국은 국내자본의 통제를 시도했으나 결과적으로

〈표 5-5〉 미국에서 유럽으로 순 자본유출

단위 : 백만 달러

연도	1960	1961	1962	1963	1964	1965	1966	1967	1968	1969	1970
자본 유출	962	724	868	929	1,388	1,479	1,834	1,458	1,001	1,209	1,904

출처 : Hawley 1987, 109, Table 1.

실패했다. 오히려 유로 마켓을 급성장시키고 초국적 기업과 초국적 금융이 국가의 통제를 보다 자유롭게 벗어날 수 있게 되는 결과를 초래했다.

패권국 미국의 국가는 국제경제질서와 안보질서를 유지하기 위해 국내자본의 통제가 필요했다. 안보질서의 비용을 조달하는 데 브레튼 우즈의 주조권이 필수적이었고, 국제경제질서의 안정을 위해서는 미국의 국제수지 적자가 한계를 넘어서는 것을 막아야 했다. 이를 위해서는 국내자본의 해외유출을 저지해야 했던 것이다.

자본의 입장에서 자본통제는 양날의 칼이었다. 초국적 기업과 금융들의 국제적 축적과 팽창을 위해서는 국가가 "국제적 사회자본" (Hawley 1987, 12), 즉 안보와 국제경제의 안정성을 제공하는 것이 필수적이다. 국제수지 적자가 한계를 초과하여 국가가 이 역할에 실패하면 미국 자본 전체, 특히 초국적 자본에게는 중대한 위기가 초래될 수 있다. 그러나 초국적 자본의 입장에서 유럽으로의 팽창은 귀중한 기회였다. 더욱이 브레튼 우즈의 직접적 이득, 즉 주조권을 국가가 전유하기 위해 자본통제를 하는 것은 받아들일 수 없었다(Hawley 1987,

107). 나아가 베트남 전쟁이 국내경제의 인플레이션과 국제수지의 악화를 가져오게 되면서 자본은 국가의 국제적 역할 수행 방식과 재정지출 구조에도 이의를 제기하기 시작했다. 해외지출의 감축이나 국내경제의 긴축을 요구했던 것이다.[2)]

요컨대 국가와 자본 간의 이익의 충돌이 벌어진 것이다. 장기적으로 양자는 상호 의존적이지만 브레튼 우즈의 위기가 심화되면서 양자 간의 이익 혹은 해결책에 대한 선호가 달랐던 것이다. 국가는 패권을 위해, 자본은 이윤을 위해 서로 갈등했고, 결과적으로 미국의 국가는 패배했다. 브레튼 우즈의 위기가 심화되어 감에 따라 가장 낮은 수준에서부터 자본통제를 시도했으나 자본유출은 규제되지 않았고, 오히려 금융시장이 국가의 개입을 보다 자유로이 벗어나는 결과를 낳았다. 패권질서의 유지를 위해 국내 사회집단을 규제하는 것이 필수적인데 미국의 국가는 대내적 규제 능력이 취약했던 것이다.

2_ 이는 마치 자본주의 국가의 "재정의 위기"(fiscal crisis of the state)와 유사하다. 자본축적을 위해 국가의 사회적 소비 지출이 팽창한 결과 국가의 재정위기가 초래된 것과 마찬가지로 초국적 자본의 국제적 축적을 위해 패권국의 국제적 사회자본 지출이 팽창하면서 패권의 재정위기가 도래한 셈이다. 전자에 대한 자본의 처방이 작은 정부였듯이 후자에 대한 처방도 작은 패권이었다고 할 수 있다. O'Connor(1973) 참조.

국내정치와 승인 능력

미국의 국제수지 적자와 국제통화금융질서의 혼란은 1960년대 후반 들어 더욱 악화되었다. 무엇보다도 베트남 전쟁이 중요한 영향을 미쳤다. 1967년에서 1969년까지 베트남 전쟁에 의해 직접적으로 유발된 미국의 국제수지 적자는 연간 16억 달러 정도이며, 1970년에는 더욱 증가했다(US Congress 1971a, 121-122). 해외 군비 지출 30억 달러의 절반에 해당되는 양이다. 더욱이 전쟁이 가져온 인플레이션과 무역에 대한 부정적 효과는 연간 35-40억 달러의 국제수지 적자를 유발한 것으로 추산된다(Dudley & Passell 1968, 438-442).

베트남 전쟁을 포함한 냉전정책을 유지해야 하는 국가로서는 자본통제가 제대로 되지 않는 상황에서 두 가지 선택지만이 남게 되었다. 하나는 국내경제의 긴축을 통해 무역수지를 개선하는 길이고, 다른 하나는 국제통화금융질서를 근본적으로 변환하는 길이다.

국내경제의 긴축은 서구 국가들이 계속 주문했고, 1960년대 말에는 미국의 초국적 자본들도 요구했다. 세금을 인상하고 재정지출을 축소하여 국내경제를 안정화시켜야 한다는 것이다. 그러나 케네디 행정부와 마찬가지로 존슨 행정부는 정반대의 길을 선택했다. 전형적인 케인즈주의 정책의 틀 속에서 민주당 행정부들은 국내경기를 부양하는 것이 국제수지 개선에 도움이 된다고 믿었다. 국내경제를 팽창시키고 경쟁력을 높여서 무역수지 흑자를 증가시킴으로써 국제수지 적자를 완화하려 했던 것이다(Hawley 1987, 107). 더욱이 존슨은 뉴딜의 완수를 위해 "위대한 사회"(Great Society) 프로그램을 시작했다. 베트남 전쟁과 동시에 대대적인 사회정책 프로그램을 수행하는 가운데 국내경제의 안정화는 기대할 수 없었다.

이는 1968년 선거를 통해 들어선 공화당의 닉슨 행정부도 마찬가지였다. 외교정책, 국내경제, 국제통화질서 간의 우선순위는 바뀌지 않았고, 이에 대한 합의가 행정부 내에 존재하고 있었다. 국제수지 적자 개선안을 마련했던 볼커(Paul Volcker) 그룹은 국내경제의 디플레이션이나 해외지출의 축소는 아예 논의의 대상으로 삼지도 않았다(Gowa 1983, 61-63). 이러한 입장은 행정부는 물론 의회와 학계에서도 폭넓은 지지를 받고 있었다. 미국 경제는 GDP의 9%만이 무역과 연관된 부문으로 구성되어 있는 비교적 폐쇄적인 경제이므로 국제수지 개선을 위해 전체 경제를 압박할 수 없다는 것이 이들의 생각이었다(Calleo & Rowland 1973, 113). 디플레이션은 미국 내의 수요를 축소시켜 외국의 소득을 하락시키고 이는 다시 미국의 수출을 하락시키는 악순환이 벌어진다고 전망되었다. 1969년 연방준비위원회의 보고서는 "국제수지 개선을 위해 총수요를 국내경제적 근거에서 정당화될 수 있는 수준 이하로 축소시키는 것은 대단히 비용이 많이 들고 명백히 실패할 것임이 명백하다"고 진단했다(Gowa 1983, 66, fn.14).

초국적 자본 중 일부가 긴축을 주장하기는 했으나 정치권과 정책 네트워크 내에는 디플레이션 불가론에 대한 압도적인 지지가 있었던 것이다(Matusow 1998 ; Miller & Williams 1972). 국내경제의 디플레이션이 불가하다는 데 이처럼 사실상의 합의가 이루어진 것이 단순히 관점과 이론적 입장 때문만이 아니다. 미국은 당시까지 무역부문이 소규모인 경제였으므로 국제 통화안정에 대해 국민과 기업, 의회도 큰 관심도 없고 이를 위해 희생을 치를 이유도 찾을 수 없었고, 디플레이션에 대해 어떤 의미 있는 정치적 지지층(constituency)도 형성될 수 없었던 것이다(Gowa 1983, 64-69). 반면, 디플레이션이 가져올 경제적 고통에 대해서는 누구도 책임질 수 없었다. 이와 같이 일방적인 세력관계와 국내 정치과정에 의해서는 일방적인 결과가 나올 수밖에 없다.

달러가 버팀목이 되는 국제통화질서의 안정성은 기축통화국 미국의 책임성에 달려 있었다(Cohen 1977, 227-228). 국내경제를 안정시켜야 했던 것이다. 문제는 이에 대한 아무런 보장이나 외부 견제가 없다는 데 있으며, "패권국은 궁극적으로 특권을 악용하게 된다"(Calleo 1976, 50). 하물며 국내 사회집단들의 압력과 선거정치에 취약한 미국의 정책결정체계는 이 "책임"에 대해 진지한 고려를 할 수 없었던 것이다.

이제 남은 선택지는 국제통화체제 자체의 변환이었다. 그 중 가장 단순한 방안은 달러의 가치를 하락시키는 것인데, 이에 대해서도 닉슨 행정부는 대단히 회의적이었다. 볼커 그룹은 금 1온스당 35달러로 고정되어 있는 달러의 가치를 하락시키는 것은 효과도 없고 부작용만 클 것으로 보았다(Gowa 1983, 73-75). 반대의 가장 큰 이유는 달러 가치의 하락(devaluation)이 평가절하(depreciation)로 귀결되지 않으리라는 의심이었다. 다른 나라들도 각기 자국 통화들을 평가절하할 것이기 때문이라는 것이다. 결국 "변화되는 것은 금의 가격이지 달러의 가치가 아니다"(Kindleberger 1981, 81). 이처럼 금 가격이 인상되면 각국의 준비고가 자동으로 팽창하게 되고, 이는 전 세계적 인플레이션으로 귀결될 수도 있다. 더욱이 소련과 남아프리카와 같은 금 생산국이나 프랑스와 같이 달러 금 보유고가 많은 나라들은 이득을 보고 그동안 협조적으로 달러를 보유했던 나라들은 상대적으로 손해를 보게 된다. 또한 또 한번의 달러 가치 하락을 예상하는 투기에 의해 미국의 금 보유고가 위협받는 사태도 일어날 수 있다고 지적되었다(Gowa 1983, 73).

대신 닉슨 행정부는 달러의 고평가를 교정하도록 서구에 대해 평가절상을 요구했다. 달러의 근본 문제에 손대지 않고 다른 나라들에 미국의 국제수지 적자 문제 해결의 부담을 전가한 것이다. 그러나 서구 각국 통화들의 일률적인 평가절상은 각국들이 받아들일 수 없는 것이고 서구 경제 전반의 디플레이션 위험이 컸다(Cerny 1993, 166). 결국 통화가치 조정을 통한 대안도 서구와의 협의를 통해 실행될 수는 없었다.

이 상황에서 서구가 실질적인 평가절상을 하도록 만들 수 있는 유일한 방안을 닉슨 행정부는 달러의 금태환 정지(suspension)라고 보았다. 금태환을 정지하면 시장은 미국이 곧 달러를 평가절하할 것으로 예측하여 달러를 쏟아낼 것이다. 불태환의, 조만간 평가절하될 달러로 뒤덮일 외국 정부들은 자국 통화를 평가절상하거나 변동환율제를 취할 수밖에 없다. 결국 금의 달러 가격을 인상하는 대신에 즉각적 금태환 정지가 달러의 평가절하와 동일한 효과를 가져올 수 있다고 보았던 것이다(Gowa 1983, 76-77).

브레튼 우즈의 위기가 점점 고조되는 가운데 미국이 취한 선택은 결국 달러의 금태환 정지, 곧 브레튼 우즈의 종식이었다. 닉슨 행정부는 금태환 정지가 결코 생각할 수 없는 것이거나 바람직하지 않은 것은 아니라고 보았다. 오히려 서구에 대해 평가절상을 강제할 수 있는 유일한 대안으로 간주했던 것이다(Cohen 1977, 104 ; Keohane and Nye 1977, 151). 그러나 이 궁극적 무기는 마지막 순간까지 쓰지 않는다. 미지의 상황에 대한 막연한 불안감도 작용했겠지만, 무엇보다도 다른 나라들의 협조를 구하려면 금태환 정지만이 미국에게 남은 마지막 대안으로 보이게 해야 한다고 닉슨 행정부는 계산했다. "미국이 비자발적으로 혼란에 대한 마지막 대응을 한 것으로 비춰지지 않으면 다른 나라들이 협조하지 않을 것이고, 위기의 초래자로 낙인찍힌다"[3]는 것이다. 이 순간은 바로 모든 다자협의가 무산되거나 별다른 효과를 낳지 못했을 때이자 심리적으로는 미국의 금 보유고가 100억 달러까지 감축되었을 때이다. 바로 1971년 8월 15일이 이 순간이었

3_ U. S. Federal Reserve Board, Division of International Finance, "Balance-of-Payments and International Financial Policies for the United States : A Review of the Choices," June 30, 1969, p. 54. Gowa(1983), 80에서 재인용.

던 것이다. 그리고 이 순간이 도래할 때까지 미국의 정책은 “수수방관” (benign neglect)이었다.

지금까지 살펴본 바와 같이 브레튼 우즈의 위기과정에서 미국의 대응은 결국 브레튼 우즈를 종식시키는 선택으로 귀결되었다. 이에 대해 두 가지 중요한 해석이 제시되어 왔다. 하나는 체제의 제약(systemic constraints)에 대한 합리적 선택으로 간주하는 시각이다. 예컨대, 국제통화질서에서 미국이 지닌 힘을 행사하는 데 대한 체제의 제약을 제거하기 위해 금태환을 정지했다고 보는 시각이나(Keohane and Nye 1977), 기존 국제통화체계에서 미국이 서구에 대해 평가절상을 강제할 수 있는 방안이 없었기 때문에 기존 질서의 규칙 자체를 바꾸려 한 것이라는 시각(Cohen 1977) 등이 대표적이다. 반면, 단위수준의 분석에서는 닉슨 행정부 또는 미국 정책결정체계 자체의 문제점을 강조한다. 예컨대 국내경제와 외교정책의 독자성이 훼손될 수 없다는 데 대한 닉슨 행정부 내의 합의, 그리고 정책결정 구조와 과정의 특성 등이 닉슨 선언을 낳았다는 것이다(Gowa 1983).

이 장은 결과에 대한 해석에 있어서는 후자의 입장을 지지한다. 금태환 정지는 미국의 의도적이고 합리적인 선택이었다기보다는 모든 선택지가 소진된 이후의 마지막 대안이었던 것이다. 더욱이 닉슨 선언으로 브레튼 우즈의 문제가 해결된 것이 아니라 브레튼 우즈가 종식되고 새로운 통화금융질서로의 대전환이 이루어졌음을 고려할 때, 이를 합리적 선택이었다고 보기 어렵다.

그러나 이러한 결과를 낳은 원인에 대해서는 미시적 수준의 분석에서 벗어날 필요가 있다. 왜 국내경제와 외교정책의 우선성에 대한 합의가 존재하고 있었는지, 왜 다른 대안들에 대한 고려와 지지가 정책결정 과정에 제대로 반영되지 않았는지 그 구조적 원인을 찾아보아야 할 것이다. 지금까지 살펴보았듯이 외교정책 조정과 자본통제, 국내경제의 안정화, 달러화의 평가절하 등의 대안들이 모두 무산되거나 실패했기 때문에 마지막 단계의 정책결정 과정에서는 금태환 정지에 대한 실질적인 합의만이 존재하게 된 것이다. 그리고 다른 대안들이 실패한 것은 패권국으로서 미국이 지닌 능력의 한계 때문이었다. 패권 비용의 조달을 대외적 추출에 과도하게 의존할 수밖에 없었고, 국내 사회집단에 대한 규제와 추출 능력이 약한 국가로서는 국내외적 승인 능력 역시 취약할 수밖에 없었으며, 브레튼 우즈를 살리기 위해 아무 것도 할 수 없었다. 이것이 바로 "무결정"(non-decision)이자 "수수방관"(benign-neglect)이었던 것이다.

패권의 정치적 능력과 국제질서

브레튼 우즈가 붕괴된 이후 국제통화금융질서는 혼란 속에서 변동환율제와 금융자유화, 궁극적으로 금융세계화를 낳았다. 내장형 자유주의 질서가 무너지고 신자유주의적 세계화 시대가 도래하게 된 것이다. 이 과정에서 미국은 패권 비용을 조달하는 새로운 추출기제들을 마련했고, 새로운 국제경제질서에서 경제적 패권의 부활을 누리기도 했다(Walter 1993, 189-190).[4] 그렇다고 해서 브레튼 우즈 붕괴과정에서 미국의 일련의 정책들을 시혜적이든 약탈적이든 합리적이었다고 보기는 어렵다.

금융은 경제적 자원과 군사력과 정치적 능력을 결합하여 자원분배의 구조를 이룬다(Strange 1994, 88-114). 국제금융의 핵심은 국제지불체제의 안정이다. 이것이 없으면 무역은 중상주의와 보호주의로 빠지고 문화는 내부지향적이 되고 군사는 제로섬과 약탈적이 된다(Cerny 1993a, 162). 따라서 패권의 유지에 가장 관건이 되는 것은 금융력과 국제금융질서의 관리이다. 이렇게 볼 때 제2차 세계대전 직후 수립된 미국 패권질서의 근간으로서 브레튼 우즈를 붕괴시킨 것은 미국의 패권 역할 수행의 실패로 규정할 수 있다. 자원분배와 국제지불체제 관리에 실패했던 것이다.

그 원인을 패권안정론자들은 미국의 경제적 능력의 쇠퇴에서 찾곤 했다. 경제적 쇠퇴가 근본적인 환경요인이었고 대안의 폭을 좁힌 것은 사실이다. 그러나 지금까지 보았듯이 다른 대안들이 모두 소진된 것은 단순히 경제적 능력의 쇠퇴만으로 설명하기 힘들다. 이런

4_ 1971년 이후 미국의 정책과 국제통화금융질서에 대한 영향, 이후 군사적 패권과 경제적 패권 간의 관계, 미국 국가 능력의 변화 등은 이 연구의 범위가 아니다. 이에 대해서는 깊이 있는 새로운 연구가 필요하다.

맥락에서 써니는 패권과 패권질서의 비경제적 측면을 부각시킨다. 패권은 단순히 경제력이나 군사력 등 물리적 능력이 아니라 국제적 게임의 법칙을 수립하고 지켜지도록 하는 능력을 요구하며, 이는 경제력과 문화력, 그리고 국가의 결정 능력(decisional capacity)을 필요로 한다는 것이다(Cerny 1993a, 162). 매디슨적 정치체제를 지닌 미국은 이 결정 능력의 결핍 때문에 국제금융체제를 안정화시키지 못했다는 것이 써니의 진단이다(Cerny 1989, 47–63).

국가의 결정 능력이라는 써니의 개념은 확장시키고 정교하게 세분화할 필요가 있다. 앞의 분석틀에서 제시했듯이 패권 역할의 수행을 위해 국가는 대내 · 대외 양 영역에서 승인 · 추출 · 규제의 능력을 필요로 한다. 이 능력의 변화가 패권국의 정책 선택, 나아가 국제체계에 대한 영향을 설명할 수 있을 것이다.

잠정적으로, 제2차 세계대전 직후 냉전질서와 브레튼 우즈 체제를 수립한 시기부터 닉슨 선언까지 미국의 국가 능력을 〈표 5–6〉과 같이 파악할 수 있다. 우선, 패권체제 수립 당시 패권국으로서 미국의 능력은 다분히 대변환기 상황의 영향을 받은 예외적인 것으로 보인다. 제2차 세계대전의 승전, 냉전의 개시, 서구 경제의 황폐화와 복구 필요성, 대공황의 경험 등의 영향으로 다른 국가들에 대해 강력한 결정 능력과 규제 능력을 지닐 수 있었고, 대내적으로도 냉전과 제한적 자유주의 정책에 대한 초당적 합의와 지지를 바탕으로 약하지 않은 승인 · 추출 · 규제 능력을 확보할 수 있었다. 서구 경제의 복구를 위한 지원과 군사적 보호를 제공하는 데 필요한 비용은 서구로

〈표 5-6〉 미국의 국가 능력의 구성과 그 변화, 1945-1970

		승인	추출	규제
1950년경	대내적 영역	+	+	+
	대외적 영역	++	0	++
	총합	++	+	++
1960년경	대내적 영역	0	0	−
	대외적 영역	+	+	+
	총합	+0	+0	−0
1970년경	대내적 영역	−	−−	−−
	대외적 영역	0	−	−
	총합	−	−	−−

강약 순 : ++〉+〉+0〉0〉−0〉−〉−−

부터 추출할 수는 없었으나 이러한 상황 때문에 국내적으로 조달이 가능했다. 예외적 상황은 서구 경제가 복구되면서 흔들리기 시작했고, 1960년대의 데탕트와 베트남전을 겪으면서 국가 능력의 심각한 약화가 초래되었다. 대내적으로는 패권유지 비용의 추출이 불가능했고, 패권질서의 유지에 장애가 되는 사회집단들의 행태를 규제하는 능력이 심각히 훼손되었으며, 독립적으로 정책 대안을 모색 · 수립하고 지지를 획득하는 승인 능력도 크게 약화되었다. 대외적으로도 냉전과 브레튼 우즈의 패권질서를 유지하는 데 다른 구성국들의 지지와 협조를 구하는 능력이 약화되었다. 자원의 추출을 과도하게 대외영역에 의존한 결과 다른 구성국들의 반발이 고조되었고, 이들의 행태를 규제하고 문제 해결 방안을 선도하는 데 어려움을 겪게 되었다. 냉전과 주조권에 대한 집착, 자본통제의 실패, 디플레이션의 거부, 수수방관의 지속, 궁극적으로 금태환 창구의 폐쇄로 이어진 미국의 정책은 국가 능력의 이와 같은 변화로 설명할 수 있다.

이러한 관점에서 패권의 "정치적 능력"(political capacity)에 관한 이론화를 고려해 볼 수 있다. 패권안정론은 패권의 능력을 주로 경제적 측면에서만 고려했다. 패권의 (경제적) 능력이 쇠퇴하면 국제 레짐이 불안정해진다는 식이다. 써니와 같이 패권국의 대내적 결정 능력에 주목한 경우도 있으나 그도 브레튼 우즈 붕괴의 원인을 국가들의 무결정 속에서 시장의 발현이라고 봄으로써 국가 능력이 지니는 인과적 힘을 약화시켜 버렸다(Cerny 1989 ; Cerny 1993a ; Cerny 1993b). 그러나 국제질서의 관리를 위해 대외정책을 수행하는 패권에 필요한 능력은 단순히 경제적인 것만이 아니다. 독립적인 선택과 이에 대한 지지를 확보하며 이를 위해 자원을 동원하고 행위자들의 행태를 통제하는 정치적 능력 역시 패권의 수행을 위해 필수적인 능력이다. 또한 국내 사회집단들에 대한 정치적 능력뿐 아니라 국제질서의 구성국들에 대한 대외적인 정치적 능력 역시 필수적이다. 동전의 양면과 같이 작동하는 국제안보질서와 국제경제질서를 관리하기 위해 국가는 대내적으로 독립적인 결정 · 승인 능력을 지녀야 하고, 필요한 자원을 동원하고 사회집단들의 행태를 규제하는 한편, 대외적으로 구성국들의 동의와 추종을 확보하고 필요한 경우 자원을 추출하며 구성국들의 행태를 통제해야 하는 것이다. 이러한 정치적 능력의 약화는 곧 패권 수행의 비효율성을 초래할 것이고 패권질서의 변화를 가져올 수 있다.

제6장

일방주의와 미국 패권

미국 패권과 일방주의

최근 미국의 일방주의적(unilateral) 외교정책에 대한 불만과 비판이 고조되고 있다. 동맹국들까지 우려하는 가운데 미사일 방위체계의 구축을 강행하고 있는가 하면, 포괄적 핵실험 금지조약과 교토기후협약의 비준을 거부함으로써 중대한 국제문제 해결의 걸림돌이 되고 있다. 심지어 국제형사재판소의 경우, 국제적으로 합의된 규칙에서 자신이 예외가 되어야 한다고 고집한다. 미국이 자신의 잣대에 따라 특정한 국가들을 '악의 축'으로 규정하고 선제공격을 천명하고 있는 것도 주권국가 체계의 근본 규범에 대한 중대한 도전으로 여겨

지고 있다. 한두 국가를 제외하고는 거의 모든 국가들이 반대하고 있는 이라크전을 고집하고 있는 것이 가장 최근의 예가 되겠다.

냉전종식 이후 유일 초강대국이 된 미국의 외교정책에 일방주의적 성격이 강화되고 있는 것은 어떻게 설명할 수 있을까? 권력에 대한 고전적 · 현실적 관념에 따르면, 일방주의적 외교정책은 힘으로부터 나온다. 모든 국가는 자신의 이기적 국가 이익을 추구하며, 이런 점에서 일방주의적일 수밖에 없다. 다만 자신의 일방주의적 목표를 관철시킬 힘이 갖추어져야 일방주의적 정책이 현실화될 뿐이다. 따라서 압도적인 힘의 우위를 지닌 미국이 일방주의적인 것은 당연한 권력현상이다.

이러한 단순한 다원주의적 권력 관념은 비단 규범적 차원에서 비판될 뿐만 아니라 경험적 · 이론적으로도 중대한 문제를 지닌다. 탈냉전 시대 미국과 같이 압도적인 힘의 우위를 지닌 유일 초강대국의 존재는 근대 국가체계에서 찾아볼 수 없다. 19세기 영국의 힘의 우위는 해군력을 제외하면 비교가 되지 않는다. 제2차 세계대전 직후 미국의 경우도 경제적 · 군사적 · 정치적 힘의 우위는 비견될 수 있으나 유일 초강대국은 아니었다. 따라서 패권적 국가가 장기적 이익을 고려하여 일방주의적 외교정책을 추구하지 않을 수 있다는 직접적인 경험적 근거는 사례부족 때문에 발견할 수 없다.

그러나 제도주의자들에 의해 입증되었듯이 국가는 단순히 단기적인 국가 이익만을 추구하지 않고 지속적인 국가 간 관계 속에서 중장기적인 이익을 추구한다. 압도적 힘의 우위를 지닌 국가라고 해서 예외가 될 수 없다. 압도적 힘의 우위를 지닌 국가는 협소한 단기적 이익만을 추구하지 않고 힘의 우위를 유지하고 관리하는 장기적 이익을 추구할 수 있는 것이다. 자신의 힘의 우위가 재생산되는 국제체계를 안정적으로 관리하는 것이 단기적인 국익추구보다 중대하기 때문이다. 나아가 중대한 국제문제들의 해결이라는 공공재를 지속적으로 공급함으로써 국제사회로부터 자신이 지배적인 국제체계의 정당성에 대한 합의를 이루어낼 수도 있다. 힘의 우위를 지닌 국가의 일방주의는 타국들에 대한 위협을 제기함으로써 균형의 동기를 부여할 수 있고, 국제적 공공재의 공급을 가로막아 국제체계의 정통성에 대한 의문을 제기할 수 있다. 이 경우 장기적으로 국제체계의 안정이 훼손될 수 있을 뿐만 아니라 단기적으로도 확대된 문제를 관리하는 비용 부담이 더 커질 수도 있다. 압도적인 힘의 우위를 지닌 국가의 국가 이익이 아닌 것이다.

그렇다면 미국의 일방주의적 외교정책은 어디에 기인하는 것일까? 이 글은 '미국적' 원인에 주목한다. 국제적 협력과 합의를 중시하지 않고 국제문제의 해결보다 국내 이익을 존중하는 일방주의는 미국의 특수성에 뿌리를 둔 미국 외교정책의 전통이라는 것이 이 글의 주장이다. 즉, 미국이기 때문에 탈냉전 시대의 압도적 힘의 우위를 누리면서 일방주의적 정책을 추구한다는 것이다. 이러한 특수성으로 이 장은 미국 예외주의로 대표되는 이념적 특성과 정치제도적 기반을 분석한다. 먼저 탈냉전 국제체계의 성격과 미국 외교정책의 성격을 진단해 보자.

단극체계와 미국 외교정책

주지하듯이 냉전의 종식은 미국이 유일 초강대국으로 남는 국제체계를 낳았다. 이러한 단극체계(unipolar system)가 안정적인 것인지, 단극적 질서가 얼마나 지속될 것인지, 이 질서 하에서 패권적 존재인 미국의 대외정책이 어떠할 것이며 어떠해야 하는지에 대해 그간 치열한 논쟁이 전개되어 왔다. 새로운 국제질서의 성격에 따라 미국의 국가 이익을 극대화할 수 있는 대외정책의 조정이 시급한 과제가 되었기 때문이다. 뿐만 아니라 탈냉전 국제질서의 향방은 기존 국제관계 이론들의 타당성을 검증하는 무대 혹은 시험이 되어 왔다. 사실 전자를 둘러싼 논쟁의 근저에는 상이한 국제관계 이론과 시각들 간의 이론적 대립이 깔려 있다.

냉전 시기 미국 국제정치학계를 지배해 왔던 현실주의자들의 대부분은 세력균형의 논리를 통해 탈냉전 국제질서를 진단해 왔다(Waltz 1979). 단극적 존재는 다른 행위자들에게 위협적인 존재가 되고, 이를 균형(balancing)하려는 경쟁국가 혹은 동맹을 초래함으로써 궁극적으로 붕괴된다는 것이 현실주의자들의 신조이다. 따라서 냉전 종식 직후 이들은 단극적 질서는 일시적이고 불안정하며, 수년 혹은 십여 년 내에 다극화될 것으로 예측했으며, 이미 이러한 조짐들이 나타나고 있다고 진단했다(Mearsheimer 1992 ; 1990). 단극적 질서를 유지하고 경쟁국들의 영향력 추구를 억제하려는 대외정책은 무모하며 파탄을 가져올 뿐이다(Layne 1993).

이들의 대부라 할 수 있는 월츠 역시 2000년대에 이르러 미국은 "생소한 역할, 즉 다른 강대국들을 상대하고 공존하는 역할을 배워야 할 것"이라고 주장한 바 있다(Waltz 1993, 72). 독일과 일본이 핵을 보유한 초강대국으로 등장할 것이고, 러시아는 초강대국 지위를 유지할 것이며, 중앙정부의 통제력이 유지될 경우 중국도 이 지위에 오르리라는 것이다. 따라서 미국에게 가장 현명한 정책은 전 세계적 개입을 축소하고 다극적 질서에 대비하는 것이 된다.

다른 한편, 냉전 이후 미국의 지위가 단극성의 엄밀한 정의를 만족시키지 못한다는 주장도 제기되었다. 단극성은 한 국가가 자신의 능력만으로 어떠한 목표라도 달성할 수 있어야 한다. 그러나 걸프전이나 코소보 전쟁에서 보듯이 압도적인 힘의 우위에도 불구하고 미국은 다른 주요국들의 참여 없이 자신만의 능력으로 의지를 관철시킬 수는 없다. 이런 맥락에서 헌팅톤은 걸프전 이후의 국제질서를 단극성과 다극성이 병존하는 '단다극체제'(uni-multipolarity)라고 진단했다(Huntington 1999). 따라서 단극의 능력을 보유하지 않은 채 비용을 강제하며 전 세계적으로 개입하는 정책은 '고독하거나' '난폭한' 초강대국의 신세를 초래할 뿐이라는 것이다.

탈냉전 국제질서의 성격에 대한 이러한 예측은 아직 실현되지 않았다. 단극질서가 붕괴되는 데 소요되는 시간을 연장한다면 궁극적으로 세력균형론자들의 기대가 충족될 수 있을지 모른다. 국가들 간의 불균등 성장의 결과 미국보다 빠르게 성장해 가는 국가들이 언젠가 미국 패권에 도전할 만한 국력수준에 도달할 수 있을 것이다. 그러나 냉전종식 후 지난 십여 년의 기간 동안 국제질서는 오히려 이들의 예측과는 정반대로 재편되어 왔고, 가까운 장래에 미국 중심의 단극질서가 도전에 직면할 가능성은 크지 않다. 이러한 평가는 다음 두 가지 사실에 근거한다.

첫째, 미국의 압도적 힘의 우위는 지난 십여 년간 더욱 강화되었다(Brooks and Wolforth 2002). 국력을 측정하는 몇 가지 지표들만 살펴보아도 이 점은 여실히 드러난다. 우선, 군사력 부문에 있어서 미국의 군사비는 2위부터 20위까지 국가들의 군비 지출을 합친 것보다 많다. 2003년 국방예산은 375억 달러가 증액되어 총 3천551억 달러에 달한다. 압도적인 핵 우위와 공군력 및 해군력, 그리고 전 지구적으로 투사할 수 있는 군사력을 보유하고 있는 미국의 양적 우위가 더욱 확고해질 것이다. 질적인 면에 있어서도 미국은 정보기술의 우위를 바탕으로 군사 분야 혁명(Revolution in Military Affairs ; RMA)을 주도하고 있어서 대략 한 세대 정도 앞선 것으로 평가된다. 군사 부문의 기술개발(R&D)에 미국이 지출하는 금액이 하위 6개국을 합한 것보다 많다는 점을 고려하면 질적 측면에 있어서 미국의 우위는 상당 기간 도전받기 어려울 것이다. 더욱이 이렇게 막대한 군비 지출은 총국민생산의 약 3.5%에 불과하다. 과도한 군비 지출로 인한 경제적 손실이 크지 않고, 필요하면 이같은 규모의 지출이 상당 기간 계속될 수 있는 것이다.

경제력 측면에 있어서도 미국의 우위는 강화되었다. 1980년대까지의 쇠퇴에서 벗어나서 미국 경제는 1990년대 십 년간 놀라울 정도로 성장을 지속했다. 현재 미국 경제의 규모는 2위 일본의 두 배에 달하며, 캘리포니아 주의 경제규모만 해도 프랑스보다 크다. 서구와 일본이 전쟁 속에서 폐허가 되었던 제2차 세계대전 직후보다는 못하지만 이 정도의 경제적 우위는 패권국으로서 손색이 없는 수준이다. 더욱이 20세기 후반부터 지속되고 있는 금융자유화와 신자유주의적 세계화는 미국 경제에 가장 유리하게 작용하고 있다. 1999년 세계 총 해외직접투자 중 3분의 1 이상을 미국이 점유한 사실이 이를 반영한다. 이러한 경제적 우위는 기술개발의 우위에 의해 지속되고 있어서 미국 기업의 총 R&D 지출은 하위 7개국을 합친 것에 버금가고 있다.

요컨대 물리적인 힘에 있어서 미국의 패권적 위치는 역사적으로 유례가 없는 정도이다. 19세기 영국의 경우, 육상 전력에 있어서 우위를 확보하지 못했을 뿐만 아니라 산업생산력의 우위도 단기간만 유지했었다. 제2차 세계대선 직후의 미국 역시 정치 · 군사적인 힘에 있어서 소련이라는 경쟁국의 도전을 받았었다. 이에 비해 탈냉전 후 미국의 군사, 경제, 기술의 우위는 경쟁이 허용되지 않을 정도로 압도적인 것이다. 헌팅턴과 같이 패권을 무소불위한 존재나 세계정부와 같은 존재로 규정하지 않는 한, 미국의 패권적 지위를 부정하기는 어렵다. 더욱이 물리적 힘에 있어서 미국의 우위는 시간이 감에 따라 더욱 커지고 있다.

둘째, 단극질서가 유지되고 있는 또 다른 이유는 국제체계의 다른 행위자들이 미국의 힘에 대항하여 균형을 이루려 하지 않고 있다는 데 있다. 세력균형론자들의 예측과는 달리 하위 강대국들은 균형보다는 편승(bandwagoning)을 선택해 왔다. 유럽국가들이나 일본은 여전히 미국의 동맹으로 남아 있고, 러시아와 중국 역시 미국적 질서하에서 생존과 발전을 도모하고 있다. 단적인 예로 1995년 이후 대부분의 강대국들의 군사비 지출은 국민총생산의 비중뿐 아니라 절대액에 있어서도 감소되어 왔다. 요컨대 유럽 강대국들과 일본은 물론 러시아와 중국까지도 균형보다는 편승을 선택하고 있는 것이다. 이는 9 · 11 테러 이후 보다 공식화되고 있다.

왜 강대국들은 균형보다 편승을 선택하고 있는가? 두 가지 답이 가능하다. 하나는 미국의 압도적 힘의 우위이다. 국제안보질서와 경제질서에서 미국과 하위 강대국들 간의 힘의 격차가 워낙 크기 때문에 다른 강대국들이 균형을 대안으로 간주하지 않을 수 있다. 코소보 사태에서 보듯이 미국은 세계 도처에서 벌어지는 다양한 일들을 모두 해결할 수는 없으나 미국을 제외하고는 문제 해결을 시도하기 어렵다. 이러한 힘의 분포에서라면 강대국들은 가능성이 희박한 균형을 선택하기보다는 미국적 질서에 편승하기를 원할 수 있다.

전통적인 세력균형의 논리를 수정하려는 최근의 시도들도 이러한 현상을 이론적으로 규명하고 있다. 이 시도들에 따르면, 단극구조에서 강대국들은 '균형'(balancing) 보다는 '편승'을 선택한다. 패권국의 힘의 우위가 압도적이기 때문에 수정주의 세력이 되는 위험보다는 자기들끼리의 '지위 경쟁'(positional competition)에 만족하기 때문이다. 따라서 패권국은 패권을 관리하는 정책을 통해 상당 기간 단극질서를 안정적으로 유지할 수 있다는 것이다(Kapstein and Mastanduno 1999).

둘째, 위협균형론(balance of threat theory)이 제기하듯이 미국의 물리적 힘의 우위가 아무리 압도적이라 하더라도 다른 강대국들이 이를 위협으로 느끼지 않는다면 균형을 추구하지 않을 수 있다. 위협균형론은 국가들이 단순히 힘의 분포만을 고려하는 것이 아니며, 상대방의 공격적 의도가 국가의 대응을 결정하는 중요한 요소라고 파악한다(Walt 1987). 따라서 상당히 비대칭적인 힘의 분포에도 불구하고 미국의 정책이 상대국들에게 위협적인 것으로 받아들여지지 않는다면 미국에 대한 대항과 도전이 초래되지 않을 수 있다. 이 관점에 따르면, 냉전이 끝난 십여 년 뒤에도 미국의 단극적 질서가 유지된 이유가 여기에 있으며(Walt 2000), 러시아와 중국, 일본 및 유럽에 대한 위협을 최소화할 수 있는 신중한(prudent) 정책이 계속되면 이러한 질서가 유지될 수 있다(Mastanduno 1997).

이렇게 볼 때 현상(status quo), 즉 미국 중심의 단극체계를 안정적으로 유지하기 위해 미국은 다음 두 가지 목표를 동시에 추구해야 한다. 하나는 미국의 압도적인 힘의 우위를 지속시키고 잠재적 경쟁국들을 제어하는 것이다. 미국의 군사적·경제적 우위가 유지될 수 있도록 국제안보 및 경제질서를 조정하고 경쟁국 혹은 대항 동맹의 성장을 견제하는 구조를 수립하는 것 등이 이에 해당한다. 둘째는 미국의 압도적 힘이 다른 강대국들에게 위협적으로 사용되거나 위협으로 인식되지 않도록 하는 것이다. 균형의 동기를 방지할 수 있도록 다른 강대국들을 자극하지 않는 신중성이 요구된다. 보다 적극적으로는 미국 패권 하의 단극질서가 공동의 문제를 효과적으로 해결함으로써 다른 국가들이 이를 시혜적으로 받아들이도록 할 수 있다.

문제는 압도적인 힘의 우위를 지닌 국가가 타국들에게 위협적으로 보이지 않기가 어려운 데다가 전자의 목표를 추구하는 동시에 후자를 충족시키기는 더욱 어렵다는 데 있다. 기본적으로 잠재적 경쟁국들을 제어하는 전략은 패권 유지의 의도를 드러냄으로써 동맹관계까지 약화시킬 위험이 있다. 또한 소말리아나 코소보에서 드러났듯이 패권국은 국제문제를 방치할 수도, 깊이 개입할 수도 없는 딜레마에 처하곤 한다. 방치할 경우 패권국 중심의 국제질서가 공공재를 공급하지 못한다는 비난에 직면하게 되고, 자신이 주도하여 직접 개입할 경우 불가피하게 특정 국가들에게는 위협적인 것으로 인식된다. 더욱이 자신의 가치와 기준, 그리고 국내적 이익을 앞세우는 일방주의는 문제를 더욱 악화시키게 된다. 공공재를 공급하지 못하는 것은 물론, 패권국의 가치를 강제하고 힘의 우위를 통해 자국의 국내적 이익을 추구함으로써 타국들에 심각한 위협을 제기하기 때문이다.

미국 외교정책의 일방주의적 성격

일반적으로 미국 외교정책의 흐름을 고립주의와 국제주의의 주기적 순환으로 설명하곤 한다(Klingberg 1979). 이런 시각에서 탈냉전 미국 외교정책에 고립주의적 성향이 부활 혹은 강화되고 있다고 진단하기도 한다. 그러나 고립주의-국제주의의 틀은 미국 외교정책의 성격을 파악하는 데 더 이상 효용 있는 개념이 아니다.

우선, 본래 의미의 고립주의는 미국 중심의 단극질서에서 미국의 선택이 되기 어렵다. 극단적인 상황에서 미국 패권이 쇠퇴하면서 유라시아 대륙에서의 이해관계와 존재를 철수하지 않는 한, 고립주의적 정책이 현실화될 수 없다. 최근 논의되는 '신고립주의'(New Isolationism)도 미국의 직접적 이해가 얽힌 지역과 이슈에 대한 '적절한' 개입을 주장한다는 점에서 원래 의미의 고립주의가 아니다. 국제주의적 정책을 추구하는 폭과 방법의 차이만이 존재하는 것이다. 따라서 고립주의-국제주의의 구분은 탈냉전 미국 외교정책의 성격을 진단하는 데 도움이 되지 않는다.

앞에서 논의했듯이 미국 패권 하의 단극체계 하에서 미국 외교정책의 성격에 대한 논의 중 보다 적실성이 있는 것은 일방주의-다자주의 여부이다.[1] 일방주의-다자주의는 외교정책의 목표를 추구하는 방법상의 문제만이 아니다. 러기가 지적하듯이 일방주의(unilateralism)의 상대 개념으로서 다자주의(multilateralism)는 단순히 3국 이상의 공동 협조로 국제문제를 해결한다는 수적인 개념에 그치지 않는다.[2] 다자주의적 질서가 성립하기 위해서는 국제규범, 규칙 및 제도가 일국의 가치 및 제도보다 우선,되어야 하고, 공동 이익의 틀 안에서 자국의 이익이 계산되어야 한다. 따라서 일방주의는 국제적 협력과 공동의 이익보다 자국의 가치와 제도, 그리고 국내적 이익을 앞세우는 속성을 지닌다.

단순화의 위험을 무릅쓰고, 일방주의적 외교정책을 다음과 같이 분류할 수 있다. 〈그림 6-1〉에서 일방주의적 외교정책은 세 가지 유형으로 분류된다. 첫째는 협소하게 규정된 자국의 이익과 국내적 이익을 우선하여 국제 공공재의 공급을 거부하는 유형이다(II). 일방

1_ 흔히 자유주의-현실주의의 틀이 다자주의-일방주의의 틀을 포괄한다고 간주되곤 한다. 국제협력을 중시하는 자유주의는 다자주의를 추구하고 힘에 치중하는 현실주의는 일방주의를 추구한다고 보는 것이다. 따라서 미국 외교정책의 기조를 일방주의-다자주의의 틀로 진단하는 것이 전혀 새로운 것이 아닐 수 있다. 그러나 다음 두 가지 점에서 자유주의-현실주의와 다자주의-일방주의는 다르며, 일방주의의 틀이 보다 적실성 있는 개념이다. 첫째, 현실주의는 제2차 세계대전 이후 미국에 수입되었고, 그 이전에 미국 외교 이념의 전통 속에서 뿌리를 찾아보기 힘들다. 또한 현실주의는 다분히 냉전 시대의 발명이므로 탈냉전 시대의 적실성에 대해 의문의 여지가 있다. 둘째, 보다 중요한 차이는 자유주의가 곧 다자주의만을 의미하는 것은 아니라는 점이다. 뒤에서 분석하듯이 미국 자유주의 외교정책의 전형으로 간주되는 윌슨의 이상주의는 일방주의적 성향을 강하게 띠고 있었다. 셋째, 자유주의-현실주의는 국제관계 현실을 보는 포괄적 이념이다. 추상적 수준의 개념이기 때문에 미국 외교정책이 자유주의적인지 혹은 미국 내에 자유주의적 외교정책에 대한 합의가 있는지 입증하기 어렵다. 반면, 고립주의적 정책에 대한 합의가 있는지, 국내이익과 자국의 가치가 우선해야 한다는 합의가 존재하는지 여부는 보다 구체적 수준에서 입증할 수 있다.

2_ Ruggie(1996), pp. 20-27 참조. 다자주의에 대해서는 Ruggie(1993) 참조.

〈그림 6-1〉 일방주의의 유형

		가치	
		자국 우선	국제규범 · 규칙
이익	협소한 자국 이익 국내 이익	일방주의 I	일방주의 II
	국제 공공재	일방주의 III	다자주의

주의가 정당화되는 것은 자국 이기주의와 내국민 우선,의 원칙이다. 흔히 의회를 통해 전달되는 사회 집단들의 이익을 보호하려는 시도들로 나타나곤 한다. 둘째는 자국의 가치를 절대시하여 국제적 규범과 규칙을 무시하는 유형이다(III). 윌슨의 이상주의가 전형적인 예라고 할 수 있으며, 행정부의 외교정책 수사(rhetoric)에 빈번히 나타난다. 셋째는 자국의 이익을 앞세우는 데 대한 이념적 확신이 갖추어진 경우이다(I). 둘 사이의 상승효과에 의해 확신에 찬 일방주의적 정책이 추구된다. 어떤 유형이든 일방주의는 타국과의 대등한 관계와 공동의 문제 해결을 거부한다. 미국의 경우 세 가지 유형의 일방주의가 각각 혹은 혼합되어 지속적으로 나타나곤 했으며, 탈냉전 시대에 들어 점차 강화되고 있다. 냉전종식 후 미국 외교정책의 흐름을 일방주의의 틀로 진단해 보자.

냉전종식 후 미국은 현상의 유지, 즉 미국 패권 하의 단극질서를 유지하려 해왔고, 이 목표에 있어서 상당한 성공을 거두어 왔다. 단극질서의 유지라는 목표는 미국 대외정책에 일찍부터 반영되어 왔다.

예컨대 부시(G. Bush)가 '새로운 세계 질서'(new world order)를 선언하던 당시 현 부시(G. W. Bush) 행정부의 국방 차관인 월포비츠(Paul Wolfowitz)는 단극질서의 전제 하에 새로운 세계 전략을 수립했던 적이 있다(Ruggie 1996, 162). 미국이 유일 초강대국인 새로운 국제질서를 수립·유지하기 위해 선진 공업국들이 미국의 리더십에 도전하지 않도록 하고, 어떠한 경쟁국들도 전 세계적 역할이나 지역적으로 중대한 역할을 추구하는 것을 억제할 수 있도록 미국의 군사적 우위를 유지해야 한다는 것이 주요 내용이었다. 탈냉전 국제질서를 단극으로 규정하고 이러한 지위를 유지하기 위한 미국 대외정책의 기조를 강력한 군사력의 유지에 설정했던 것이다.

이 보고서는 사전에 누출되어 비난을 받고 폐기되었다. 이후 탈냉전 세계 전략이 부재하고 대외정책의 일관된 목표와 방향이 설정되지 않았다는 비판이 계속되고 있지만 단극질서의 현상을 유지하는 것에서 미국 대외정책이 크게 벗어난 적은 없다. 예컨대 나토의 확장과 동아시아 주둔 군사력의 유지에서 보이듯이 유럽과 동아시아에서의 미국의 군사적 존재는 심각히 재고되지 않았다.

클린턴 행정부 시기에 미국은 '개입과 확장'(engagement and enlargement)을 통해 전 세계적 수준에서 미국의 영향력을 유지하고 행사하려 했다. 소말리아에서 하이티, 보스니아, 코소보, 북한에 이르기까지 미국적 질서를 부과하려 시도했던 것이다. 부분적으로 성공했고 부분적으로 실패했지만 기본적으로 미국의 단극질서를 유지하기 위해 필요했기 때문에 개입했다고 볼 수 있다. 그러나 클린턴 행정부는 개입과 확장의 경계 설정과 목표를 추구하는 방법에 있어서 일관성을 결여했다고 비판된다. 미국의 사활적 이익이 결부되지 않은 지역적 분쟁에 개입했다가 목표를 상실하고 철수함으로써 국력의 낭비와 미국 영향력에 대한 믿음을 실추시켰다. 또한 환경에서 핵확산 통제에 이르기까지 중대한 국제문제들의 해결에 있어서는 국내정치적 합의를 이루어내지 못함으로써 실패하곤 했다.

이에 대한 비판과 함께 부시 행정부가 제시해 온 '적절한 개입'(moderate intervention) 역시 현상의 유지에서 벗어난 것이 아니다. 미국의 국익에 따라 개입의 경계를 재조정한다는 것이지 고립주의적 대외정책을 추구하려는 것이 아니다. 2000년 선거 캠페인 당시부터 공화당은 미국의 국가 이익에 기반을 둔 명확한 우선,순위의 설정과 일관된 추진, 그리고 힘을 바탕으로 한 대외정책을 천명했다.

부시 행정부가 명확히 표출된 국가 이익에 따라 설정하고 있는 우선,순위 중 첫째는 군사력의 확보와 사용에 관한 것이다(Rice 2000). 즉, 전쟁을 억지하고 전력을 투사하고 억지가 실패할 경우 국가 이익의 수호를 위해 싸울 수 있는 군사력을 확보하는 것에 중점을 두고 있는 것이다. 또한 군사력의 사용에 있어서도 명확한 우선,순위를 설정하여 전력의 손실을 막아야 한다고 보고 있다. 부시 행정부가 설정한 군사력 사용의 최우선, 순위로는 아시아-태평양 지역과 중동 및 유럽이다. 미국의 핵심적 동맹들이 위치하고 있으므로 어떠한 적대세력의 출현에도 강력히 대응해야 하기 때문이다. 다음으로 코소보와 같이 핵심 동맹들의 전략적 이해가 크고, 따라서 미국의 전략적 이해가 걸려 있는 국지적 분쟁에 대해서도 적극적으로 개입하고, 일단 군사적 개입이 결정되면 확고히 사용할 것임을 천명해 왔다. 반면, 이러한 전략적 이해가 연관되지 않은 인도적 개입의 경우에는 군사력의 사용이 절제되어야 한다는 것이 '적절한 개입'이 설정하고 있는 개입의 경계이다. 요컨대 부시 행정부는 국익의 우선,순위에 따라 개입의 한계를 조정하려 한다는 점에서 클린턴 행정부와 다르다. 그러나 미국의 단극질서라는 현상유지를 추구하고 있다는 점에 있어서 변한 것은 없다.

이는 지정학적 전략에 그대로 반영되어 있다. 부시 행정부 역시 유럽에 대해 미국 주도 하에 NATO의 테두리 안에서 각국의 군사력을 증대시키고 NATO의 확대를 계속한다는 입장이다. 러시아에 대해서는 러시아의 자립적 경제 이행과 민주주의 원칙을 강조하고 핵 감축과 확산 문제를 중시하지만 포용정책의 틀에서 벗어나지는 않고 있다. 중국에 대해서도 경제교류를 통해 국제경제에 통합시키는 정책을 지속하고 있다. 다만 중국은 동아시아의 현상유지를 원하는 '전략적 파트너'가 아니라 '경쟁자'로 인식하고 있으며, 따라서 안보적 차원에서 중국의 위협을 억지하려 하고 있다. 대만, 한국, 일본 및 인도와의 안보협력을 강화하려는 이유가 여기에 있다. 그 밖의 일탈국가들, 특히 핵 확산의 위협이 큰 북한과 이란에 대해서는 타협보다는 힘을 위주로 한 해결책을 추구한다. 특히 북한에 대해서는 비관적이다. 남북 정상회담과 평화적 해결의 시도를 인정하고 대북한정책을 남한 및 일본과 긴밀히 협의하지만 양보를 통한 타협은 인정하지 않고 있다.

이와 같은 지정학적 전략에서 드러나듯이 전반적인 대외정책의 목표와 방향에 있어서 부시 행정부는 클린턴 행정부와 인식을 같이하고 있다고 평가된다. 미국 우위의 현상을 유지하기 위해 주요 지역에서의 균형을 추구하고 이를 위해 적극적으로 개입하려는 것이다. 고립주의나 역할의 축소는 전혀 의도되지 않는다.

다른 한편, 미국의 압도적 힘의 우위의 유지를 추구하는 방식에 있어서는 일방주의적 성격이 강화되어 왔다. 힘의 우위를 지속하는 동시에 힘의 우위가 가져오는 상대국들에 대한 위협을 최소화하는 것은 쉬운 과제가 아니다. 클린턴 행정부는 이에 대해 이중적 접근을 취했다. 한편, 지속적인 개입과 안보의 제공을 통해 미국의 존재를 정당화하면서 독일과 일본 등 잠재적 강대국들이 독자적으로 군사력을 강화시킬 위협을 막음으로써 이 지역의 불안정 요인을 제거하고, 다른 한편으로는, 이들을 안보협력의 틀 안에 적극적으로 참여하도록 유도하고 지역적 문제의 해결에 중요한 역할을 담당하도록 함으로써 미국의 과잉개입에 대한 반발과 잠재적 도전을 방지하려 했던 것이다(Mastanduno 1997, 67-69). 코소보에 대한 클린턴 행정부의 정책을 좋은 예로 볼 수 있다. 사태의 전개가 UN과 NATO의 능력을 벗어나게 되면서 미국이 주도적으로 공습에 앞장섰지만, 이후의 평화유지와 재건은 유럽에 맡겨두었던 것이다(Walt 2000, 68).

이와 같이 클린턴 행정부는 국제문제의 해결에 대체로 다자주의적 접근을 추구했다. 이는 부분적으로 클린턴 행정부의 대외정책의 기조가 자유주의적 사고에 기반하고 있었기 때문이다. 자유주의자들은 힘의 분포나 균형보다는 국제제도와 이를 통한 국가 간 협력과 상호 의존의 영향을 중시한다. 미국 주도의 국제질서가 탈냉전 이후에도 지속되는 것은 제2차 세계대전 직후 미국 주도 하에 서방진영 내에 수립된 자유주의적 정치, 경제질서 때문이다. 이를 구현한 제도가 지속되며 국가들의 행태를 구속하기 때문에 비대칭적 힘의 분포와 무관하게 미국적 질서가 유지되는 것이라고 자유주의자들은 주장한다(Ikenberry 1999). 따라서 다자적 제도들을 존중하고 이를 통해 국제문제를 해결하는 것이 미국적 단극질서의 유지에 도움이 된다. 동시에 다자적 접근은 미국의 독주를 자제하고 다른 국가들에 대한 위협을 최소화할 수 있는 방안이다.

그러나 클린턴 행정부의 다자적 접근은 충분하지 않았고, 그나마 성공을 거두지 못했다. 국내적 합의를 이루지 못했기 때문이다. 미국의 국익을 양보하는 데 대한 국내의 비판, 특히 1994년 중간선거 이후 의회를 장악한 공화당의 반대에 부딪쳐 클린턴 행정부의 다자적 접근은 실패하거나 포기되곤 했다. 예컨대 포괄적 핵실험 금지조약이나 교토 기후협약을 체결하고 의회의 비준을 받지 못함으로써 미국은 중대한 국제문제의 해결에 스스로 걸림돌이 되었다. 요컨대 클린턴 행정부의 다자주의적 성향에도 불구하고 국내정치적 반대에 의해 클린턴 행정부 당시 미국 외교정책의 성격은 일방주의적 성격을 지니고 있었다고 평가할 수 있다.

부시 행정부의 정책은 힘에 대한 강조와 협소한 의미의 미국의 국익에 대한 강조를 하고 있으므로 일방주의적 성격이 더욱 강화될 수밖에 없다. 부시 행정부 출범 직후부터 포괄적 핵실험 금지조약과 교토 기후협약에 대한 거듭된 거부나 국제형사재판소 출범을 방해하는 조치 등 일방주의적 성격이 두드러졌다. 더욱이 9 · 11 이후에는 힘 위주의 일방주의적 정책으로 크게 기울어 왔다.

미국의 일방주의적 성향을 드러내는 최근의 몇 가지 예를 살펴보자. 미국의 외교정책이 국내정치적 변수에 의해 결정적으로 좌우될 수 있음을 여실히 드러낸 것은 클린턴 행정부 말기에 부결된 포괄적 핵실험 금지조약(Comprehensive Test Ban Treaty : CTBT)의 비준이다. CTBT의 협상과정은 미국의 요구를 만족시키기 위해 장기간 난항을 겪었으나 미국의 입장에서 최종안이 충분히 만족스러운 것은 아니었다. 그럼에도 불구하고 클린턴 행정부가 이 조약에 조인한 것은 탈냉전 시대의 안보문제 중 핵 확산을 통제하는 것만큼 중요한 것이 없고, 주어진 조건과 시간적 제약 하에서 CTBT가 최선의 대안이었기 때문이었다. 그러나 상원의 공화당은 조약이 핵 확산을 실질적으로 방지하지 못하고 오히려 미국의 핵 무장력을 훼손시키기만 한다는 이유로 CTBT의 비준을 거부하고 있었다. 임기 내 비준이 어렵다고 판단한 클린턴 행정부는 2000년 대선 이후 새로운 행정부의 임기 초반 CTBT의 비준을 시도하는 것이 수월하다고 판단하고 있었다. 그러나 헬름즈(Jesse Helmes)와 같은 상원 공화당 우파는 2년여 동안 심의를 미루던 CTBT를 선거 직전 기습적으로 상정하여 부결시켜 버렸다. 이같은 돌발사태의 원인으로 지목되는 것은 공화당의 반클린턴 정서였다. 1995년 이후 클린턴과 공화당 우파 간에 쌓인 적대감이 클린턴의 탄핵 실패 이후 더욱 고조되었고, 이러한 이유로 공화당 우파가 기습적으로 CTBT를 부결시켰던 것이다. 새로 들어선 부시 행정부는 당연히 CTBT의 재상정 포기를 천명했다. 그러나 핵 확산을 통제할 수 있는 새로운 대안이 가까운 시일 내에 현실화될 것으로 보이지는 않는다. 국내정치적 변수 때문에 국제문제의 해결은 물론 미국의 안보적 이익까지 볼모가 될 수 있음을 알 수 있다.

미국 내 특수 이익들이 중대한 국제문제의 해결을 가로막은 전형적인 예는 교토 기후협약이다. 지구 온난화라는 공동의 환경재앙을 해결하기 위한 교토 협약 역시 클린턴 행정부 당시 공화당의 반대로 비준되지 못했다. 부시는 임기 초반 "미국인의 일자리를 빼앗는 환경협약에는 가담하지 않겠다"며 미국의 탈퇴를 선언했다. 2002년 남아공에서 열린 지구환경 정상회의에는 참석하지도 않았다. 미국이 최대의 이산화탄소 배출국이며, 교토 협약이 실행될 경우 가장 큰 부담을 지게 된다는 것을 감안하더라도 세계 공통의 재앙을 방지하기 위한 공동 노력을 미국 스스로가 거부한 것은 다분히 국내산업의 영향력 때문이다. 이 예에서 보듯이 국내적 이익이 상충될 경우, 미국은 국제문제의 해결을 주도하는 역할은커녕 오히려 장애가 되곤 하는 것이다.

미국이 자국의 이익을 앞세워 국제적 공공재의 공급을 방해한 또 다른 예로 국제형사재판소(International Criminal Court : ICC)를 들 수 있다. ICC는 대량학살과 전쟁범죄, 반인륜범죄 등을 단죄하기 위해 1998년 120개국이 조인한 로마조약에 의해 2002년 7월 설립되었다. 클린턴 행정부는 로마조약에 반대했고 임기 마지막 순간에야 서명했는데, 부시 행정부는 로마조약의 비준을 거부했을 뿐만 아니라, 클린턴의 서명조차 무효화(unsign)할 수 있다고 선언했다. 세계 도처에 미군이 주둔하고 있고 전 세계적으로 무력 개입할 가능성이 큰 미국은 ICC에 피소될 가능성이 가장 큰 국가의 하나이다. 그렇기 때문에 ICC는 미국의 전 세계적 군사력 유지에 잠재적 위협이 될 수 있다. 이 때문에 미국은 로마조약 협상과정에서부터 반대의 목소리를 높여왔던 것이다. 그러나 반인륜적 범죄를 단죄하기 위해 거의 모든 국가들이 이룬 합의를 거부하는 것은 어떤 근거로도 정당화하기 힘들다. 더욱이 부시 행정부는 이스라엘 등 다수의 국가들과 별도 협정을 통해 미국을 예외로 대우할 것을 요구함으로써 ICC를 무력화시키려 했다.

미국적 가치를 고집하여 국제문제의 해결을 방해한 극적인 사례로 유엔 인구회의의 카이로 선언을 들 수 있다. 1994년 미국의 지지 하에 카이로에서 채택된 유엔 인구회의의 카이로 선언은 2050년까지 세계 인구를 98억 이하로 억제한다는 목표를 제시한 바 있다. 그러나 최근 이행계획의 논의과정에서 부시 행정부는 카이로 선언의 지지를 철회하겠다고 위협해 왔다. 문제가 되고 있는 것은 낙태 이슈이다. 카이로 선언은 낙태를 지지하지는 않지만, 낙태가 이미 합법화된 국가에서는 낙태가 안전하게 이루어질 수 있도록 해야 한다고 규정하고 있다. 부시 행정부는 이 문구가 낙태를 지지하는 것으로 해석될 수 있으며, 이에 대한 수정이 이루어지지 않는 한 카이로 선언을 미국민이 받아들일 수 없다고 주장하고 있다. 낙태 이슈가 미국 내에서도 합의되지 않은 갈등적 이슈임에도 불구하고 이를 문제시하여 세계 인구증가 문제의 해결을 거부 혹은 지연시키고 있는 것이다.

이러한 사례들에서 보듯이 탈냉전 시대 미국 외교정책은 일방주의로 기울고 있다. 클린턴 행정부 시기의 다자주의적 성향은 국내정치적 반대로 퇴색되었고, 공화당이 백악관을 장악하면서 일방주의적 성격이 더욱 강화되고 있는 것이다. 9 · 11 직후 테러에 대한 국제적 공조, 즉 다자적 문제 해결로 선회할 수 있으리라는 기대는 아프가니스탄 전쟁과 이라크 무기사찰을 위한 무력 개입 논쟁을 거치면서 무산되어 가고 있다.

일방주의의 기반

일방주의적 성격은 미국이 유일 초강대국이 되었기 때문이거나 클린턴 행정부나 부시 행정부 들어 갑자기 나타난 것이 아니다. 미국 외교정책의 역사를 살펴보면 미국적 가치와 국내적 이익을 우선,시하는 일방주의적 성격이 강하게 작용해 왔음을 알 수 있다. 미국이 국제정치에 본격적으로 간여하게 된 윌슨 시대 이래 이러한 성격은 더욱 분명해졌다. 이는 고립주의와 국제주의의 어느 한쪽에만 해당된 것이 아니다. 윌슨의 전후 구상을 무산시킨 '비타협파' (irrec-on-cilables)의 입장은 타협할 수 없는 미국의 주권과 국익이 희생될 우려가 있다는 것이었다. 동시에 윌슨의 전후 구상 역시 미국적 가치에 따라 구대륙의 권력정치를 일소하는 것이었다(Fromkin 1995). 미국적 가치가 우위에 있다는 입장이나 미국의 국내적 이익이 우선,되어야 한다는 입장의 어느 쪽이나 일방주의적 정책을 추구하게 된다.

미국 외교정책의 일방주의가 뿌리박고 있는 기반으로 두 가지 '미국적' 요인을 주목할 수 있다. 하나는 미국의 가치를 절대시하고 타자의 가치를 부정하는 이념적 전통이다.[3] '미국 예외주의' (American Exceptionalism)로 불리우는 이러한 신조 혹은 사고는 국제적 규범과 규칙보다 자신의 가치를 우월하게 인식하는 외교정책을 낳곤 한다. 다른 하나는 국내적 이익의 침투성이 강하게 보장되는 정치제도 및 외교정책 결정체계의 성격이다. 미국의 경우 "모든 국제정치는 지역적 성격을 지닌다" (*All international politics is local*). 국제적 합의나 국제공공재의 공급이 국내 특수 이익들과 상충될 경우, 국내 이익이 우선,하는 외교정책을 낳는 것이다.

3_ 보는 관점에 따라, 그리고 보려는 측면에 따라 미국 외교정책의 이념적 기반은 다양하게 분석될 수 있다. 예컨대 미국 예외주의 이외에 인종차별주의(racism), 실용주의(pragmatism), 정치 현실주의나 자본주의가 주목될 수 있다. Twing(1998) ; Hunt(1987) 참조.

이념적 기반

자신의 도덕적 우월감이나 애국심에 대한 호소는 어느 나라에나 존재한다. 더욱이 강대국일수록 자부심과 우월감이 강하게 나타나곤 한다. 예컨대 영국의 경우 대영제국의 전성기 동안 자신이 '또 하나의 예루살렘'(another Jerusalem)이고 프랑스와 같은 대륙의 구교 경쟁국가들은 '사탄'이라는 예외주의적 정서가 존재했었다(Payne 1995, 23). 그러나 미국은 전통적으로 이러한 성향이 특히 강하다. 구대륙, 즉 당시의 전 세계로부터 떨어져 나와 혁명을 통해 태어나기 위해, 그리고 하나의 국가, 하나의 국민으로 통합되기 위해 예외주의적 신념은 지속적으로 강화되었고 재생산되었던 것이다(Payne 1995, 23-25). 이 과정을 통해 미국은 타자와 다르고 우월하다고 믿으며, 미국적 가치와는 다른 타자의 가치를 인정하지 않는 성향은 '미국 예외주의'(American Exceptionalism)로 통칭되는 하나의 신조(creed) 혹은 정신적 전통으로 굳어져 왔다.[4] 식민 시대부터 건국과정을 거쳐 19세기 말 '도금 시대'(Gilded Era)에 이르면서 굳어진 미국 예외주의는 미국인들이 자신을 바라보고 타자를 평가하는 기준이 되어 왔던 것이다.

봉건사회를 거치지 않은 미국 사회가 구대륙과는 다른 특수성

4_ 미국 예외주의의 성격에 대해서는 Lipset(1991)을 참조하라.

들을 지녔다는 점은 이미 토크빌이 주목한 바 있다(Tocqueville 1944). 그러나 미국 사회가 근본적으로 다른 사회들과 다르고 미국적 가치가 가장 우월하다는 믿음은 여러 가지 종교적·사상적·이데올로기적 전통과 허구(myth)가 결합되어 강화되어 온 것으로 보인다. 미국사와 미국 지성사 연구들에 따르면 특히 다음 세 가지 근원에 주목할 수 있다.[5]

첫째, 미국의 독특성과 도덕적 우월성은 이미 식민시대 퓨리탄들에 의해 강조되었다. 1630년 메사추세츠 식민 장관이었던 윈스롭(John Winthrop)은 식민지에 이주한 퓨리탄들의 사명은 곧 세상의 도덕적 횃불이 되는 것이라고 규정했고, "우리는 모든 사람들이 우러러 보는 '언덕 위의 도시' (a City upon a Hill)가 되어야 한다"고 주장했다(Winthrop 1997, 15 ; McEvoy-Levy 2001, 24). 1630년대의 대이주기에 식민지에 건너온 퓨리탄들은 이러한 종교적 사명감을 공유하고 있었고, 자신들의 이주를 '황무지로의 신의 소명' (an errand into the wilderness)으로 인식했다(Miller 1965, 49). 신세계의 사회가 구대륙과는 전혀 다르고, 신의 부름에 따라 새로운 사회를 건설해야 한다는 종교적 믿음이 광범위하게 뿌리내렸던 것이다. 이러한 종교적 신념은 시간

5_ 이에 대한 국내의 탁월한 연구로 권용립(1991)이 있다. 권용립 교수는 미국의 이념적 뿌리가 자유주의, 공화주의 및 캘빈주의의 '융합'에 있다고 보고 있고 이러한 이념이 '보수적 팽창주의'라는 외교정책적 특성을 낳았다고 주장한다. 전자에 대해서는 보다 면밀한 분석들이 축적되어야 할 듯싶고, 후자에 대해서는 고립주의적 외교정책 역시 이러한 이념적 뿌리에서 나왔음을 설명하지 못한다고 평가할 수 있다.

이 지남에 따라 퇴색되고, 계몽주의적 이상주의에 의해 대체되었다 (McEvoy-Levy 2001, 24-32). 예컨대 독립혁명을 전후한 시기 독립전쟁과 건국을 이끌었던 정신적 동력은 구대륙의 구체제와는 다른 '새로운 국가'(a new Nation)를 건설해야 한다는 사명감이었다. 이와 같이 미국 사회의 차별성과 도덕적 우월성, 그리고 이상주의적 사명감은 지속되었던 것이다.

둘째, 미국의 이념적 기초로 가장 주목을 받아온 것은 자유주의(liberalism)이다. 미국사의 합의주의 학파(consensus school) 사가들은 건국 당시부터 존재해 왔던 미국 사회의 갈등들, 예컨대 비어드와 같은 혁신주의 사가들이 강조했던 동산 소유자와 소농들 간의 갈등이나 농업 대 산업 이해, 자본 대 노동의 갈등들의 중요성을 경시하고, 이러한 갈등들에도 불구하고 미국 사회에는 근본적인 합의가 존재해 왔다고 주장해 왔다. 구체적인 이슈들에 대한 갈등과 충돌이 있었다 하더라도 "재산권과 경제적 개인주의 및 경쟁의 가치에 대한 믿음"이 공유되어 왔으며, 미국 문화의 핵심적 부분을 이루어 왔다는 것이다(Hofstater 1973, xxix-xxx).

이러한 합의사학의 주장은 하츠(Louis Hartz)에 의해 정교화되었다. 하츠는 미국 사회가 위계적인 봉건사회를 경험하지 않고 "평등하게 태어났음"에 주목했다(Hartz 1955, 6). 결과적으로 미국인들의 사고는 중산층 자유주의(middle-class liberalism)적인 성향을 강하게 지니게 되었다는 것이다. 이러한 중산층 자유주의는 로크적 자유주의로 편향되었다. "미국은 로크와 함께 시작하고 로크를 변형시켜 로크와 함께 남아 있는 사회이다”(Hartz 1955, 60). 미국에 수입되어 변형된 로크적 자유주의의 내용에 대해 하츠는 명확한 규정을 하고 있지 않다. 그러나 로크적 자유주의는 입헌주의, 자본주의, 경제적 평등이 아닌 정치적·법적 평등과 같은 미국 정치사상의 핵심적 관념들이 여기서 도출되었다고 본다.

미국에 수입·변형된 로크적 자유주의의 또 다른 특성으로 하츠가 주목했던 것은 이념적 경직성이다. 다른 어떠한 대안적 사조를 경험하지 않은 채 로크적 자유주의가 정치적 사고를 지배하게 됨에 따라 미국의 정치적 사고와 현실은 자유주의 이데올로기에 고착되었다.[6] 자유주의는 개념 그대로 개별적 존재를 존중하는 이념이며, 따라서 자유주의와는 다른 사고와 가치라도 그 존재의 인정이 당연히 전제된다. 미국에 수입된 자유주의는 오직 자유주의만이 타당하고 다른 사조는 인정하지 않는 왜곡된 자유주의로 변질되었던 것이다. 따라서 로크적 자유주의에서 배태된 미국적 가치와 상충하는 가치, 문화, 사고와 이념은 ‘비미국적인 것’(UnAmericanness)으로 배척된다.[7]

자유주의와 함께 미국적 정신의 근원으로 주목되어 온 것은 공화주의(Republicanism)이다. 공화주의는 특히 식민 시대부터 독립혁

—— ★★★

6_ Hartz(1955), p. 140f. 하츠는 미국 정치사와 지성사에 유럽형 보수주의가 존재하지 않았던 것, 다른 산업사회에 비해 계급갈등이 훨씬 낮았던 것 등 미국 정치의 예외적 현상이 이에 기인한다고 본다.

7_ 미국적 자유주의의 변형과정에 대해서는 Young(1996)을 참조.

명을 거쳐 건국에 이르는 시기 동안 미국인의 정치적 사고를 형성했다고 평가된다. 고대 그리스에서 형성된 공화주의는 법에 의한 지배와 독립적 시민들이 참여하는 정치공동체, 그리고 인민에 의한 정부를 핵심 내용으로 한다. 베일린(Bernard Baylin)의 면밀한 분석에 따르면(Baylin 1967), 식민시대부터 미국에 수입된 공화주의는 18세기 영국의 급진적 위그파(Radical Whigs)의 저항 이데올로기였던 급진적 공화주의였다. 급진적 공화주의는 정치현실을 공화주의적 덕성(virtue)과 이의 타락(corruptness) 간의 대립으로 인식했으며, 영국의 급진적 위그들이 영국 왕실과 의회 내 왕당파를 공격하는 이념적 무기가 되었다. 이러한 급진적 공화주의가 수입되어 식민지가 영국 왕실에 대항하여 독립을 쟁취하는 이데올로기적 기반이 되었던 것이다. 공화주의는 또한 독립 이후 덕성이 보장되는 정치공동체를 만드는 데 이론적 기초를 제공했다.

개인적 자유를 절대시하는 자유주의와 달리 공화주의는 공동체의 공공선과 덕성을 강조한다. 그러나 미국에 수입되어 미국적 정치 전통을 형성한 공화주의는 자신과 타자와의 관계를 덕성과 타락 간의 대립으로 파악하는 급진적 공화주의의 실천적인 정치 이데올로기였다. 공동체 내에서는 공공선을 실현하기 위해 평등한 독립적 시민들의 실천을 강조하지만, 평등의 요건을 충족하지 못한 존재는 공동체의 구성원이 아니며, 공동체 외부는 타락의 세계이자 저항의 대상으로 평가된다. 이러한 공화주의적 관념은 헌법제정 과정에 구현되어 미국 정치의 원리를 이루었고 미국인들이 정치를 보는 시각,

그리고 자신과 타자의 관계를 설정하는 기준에 영향을 미쳤다는 것이다(Baylin 1967).

미국적 정신(American Mind)릉 이룬 이념적 합의가 과연 존재했었는지, 그 합의가 자유주의인지 공화주의인지, 아니면 이들의 결합 또는 융합인지, 또한 이러한 이념들이 현실정치에 얼마나 영향을 미쳤는지 하는 문제들은 미국사와 지성사의 계속되는 논쟁이며, 이 글의 범위를 넘는다. 한 가지 주목해야 할 점은 미국적 정신이나 신조, 혹은 이념적 뿌리를 이룬 것이 어느 것이든 간에 미국에 수용되어 변형된 이후에는 한 가지 공통점을 지니게 되었다는 점이다. 그것은 미국의 특수성과 도덕적(혹은 종교적) 우월함, 자신과 타자에 대한 선과 악의 이분법적 개념, 선(자신)을 보존 혹은 확장해야 한다는 사명감, 곧 미국 예외주의이다.

미국 예외주의에 근거한 이분법적 세계관은 외교정책에 그대로 투영되었다. 다니엘 벨(Daniel Bell)이 미국 예외주의의 종언을 선언했던(Bell 1975) 베트남 전쟁 직후 짧은 시기만이 예외적으로 보일 정도이다. 미국 독립으로부터 건국, 북미대륙과 서반구에서의 팽창, 고립주의, 양차대전의 참전, 국제주의, 냉전에 이르기까지 미국의 대외정책의 기저에는 자신과 타자를 미국 예외주의로 구분짓는 시각이 깔려 있었고, 이에 의해 정당화되곤 했다. 예컨대 북미대륙에서의 팽창이나 미서전쟁은 '명백한 소명' (Manifest Destiny)으로 인식되었고 정당화되었다. 먼로주의에서 제1차 세계대전 후의 고립주의는 '부패' 로부터 '선' 을 보호해야 한다는 도덕적 가치에 근거하고 있었다. 냉전과 봉쇄 역시 '악의 제국'(evil empire)으로부터 '언덕 위의 도시'를 지켜야 하는 당연한 소명이었다(Davis and Lynn-Jones 1987). 냉전종식 이후 부시 행정부에서 클린턴 행정부에 이르기까지도 '신세계질서'(New World Order)의 수립은 미국의 '소명'으로 간주되었다(McEvoy-Levy 2001). 마찬가지로 '악의 축'(evil axis)에 대한 응징은 '도덕적 의무'이다. 요컨대 미국 예외주의는 국제정치 현실과 미국 외교정책의 목표를 바라보는 하나의 파라 이데올로기(para-ideology)로서 '미국의 우월성', '선과 악의 대립', '미국의 소명'과 같은 관념들을 제공해 왔던 것이다.

이러한 이념적 전통은 정치지도자들의 정치적 수사(rhetoric)에 의해 중대한 국면마다 지속적으로 환기되고 강화되어 왔다. 심코(Keith L. Shimko)가 지적하고 있듯이, 국제정치 현상을 전혀 성격이 다른 현상에 비유(metaphor)하는 것은 종종 현실의 오도를 가져온다(Shimko 1995). 예컨대 도미노 이론은 제3세계 국가들의 공산화를 도미노가 넘어가는 것에 비유함으로써 국제정치 현상을 이와는 전혀 다른 도미노의 성격으로 파악하도록 오도했다. 그 결과 하나의 도미노라도 넘어지게 해서는 안 되고 외부의 힘에 의해 넘어지는 도미노를 우리가 막아야 한다는 주장, 즉 베트남 전쟁에 대한 개입이 정당화되었다. 반면, 도미노와 다른 측면은 무시되었다. 제3세계 국가 내부에서 내적 요인 때문에 공산화가 이루어질 수 있다는 점, 외적 힘이 아무리 막으려 해도 사회 내부의 문제에 의해 공산화될 수 있다는 점, 인접국이 공산화되어도 안정된 국가들은 공산화되지 않는다는 점 등은 무시되었던 것이다.

이와 같이 '비유'에 의해 정책결정자들과 대중의 특정한 고정관념이 강화되고, 이는 특정한 정책을 낳는 데 영향을 미치게 된다. 마찬가지로 미국 예외주의에 호소하여 미국과 외부와의 관계를 성서적으로 비유하고 선과 악의 대립구조로 보는 것은 미국 외교정책을 타협과 공존보다는 대결과 상호 부정의 방향으로 몰고갈 수 있다. 또한 국제체계에서의 미국의 역할을 소명과 도덕적 모범으로 간주함으로써 미국적 가치의 타협을 감수하지 않으려는 성향이 강화된다. 그 필연적 결과는 일방주의이다.

제도적 기반

국내적 이익이 국제적 합의와 공공재에 우선,하는 성향은 제도적 요인에 의해 강화된다. 주지하듯이 미국은 '약한 국가'와 '강한 사회'의 성격을 가지고 있다(Krasner 1978). 그 주된 원인은 사적 이익의 침투가 용이하고 수많은 접근점들(access points)이 허용된 정치제도에 있다. 앞에서 살펴본 건국 당시의 이념은 견제와 균형의 원리에 의해 행정부와 의회의 권력 공유, 상원과 하원의 대등한 입법권, 주와 연방정부의 권한 분배를 제도화했다. 개인과 소수의 자유와 권리를 보호하는 동시에 입법, 행정, 사법의 권력을 분립시켜 혼합하려 했던 것이다. 이는 다시 미국 정치체가 진화하면서 의회의 분산된 권력구조와 분절된 입법과정, 그리고 정당기율과 단합도가 취약한 분권화된 정당구조와 결합함으로써 사회세력의 침투성을 더욱 높여주었다. 더욱이 1970년대의 정당개혁과 의회개혁은 정당과 의회 내 권력을 더욱 원자화하여 정책결정체계에 사회세력들이 침투할 수 있는 접근점을 보다 많이 만드는 결과를 초래했다(백창재 2001).

외교정책 영역 역시 예외가 아니다. 제2차 세계대전 직후 베트남 전쟁까지의 기간 중 행정부는 사회세력의 영향이나 의회의 간섭에서 비교적 자유로이 외교정책을 추구했다. 국내적 반대는 최소화되었고 국내정치적 고려도 외교정책에 크게 영향을 미치지 않았다. 이 때문에 미국의 대통령은 일인이지만 제한된 권한만을 행사하는 국내정책상의 대통령직과 견제되지 않는 권력을 행사하는 외교정책상의 대통령직의 '두개의 대통령직' (the Two Presidencies)이 존재한다는 분석이 제기될 정도였다(Wildavsky 1966).

두 개의 대통령직이 존재했던 이유는 외교정책의 특수성, 즉 국가의 생존에 직결된 정책이고 때로 신속하고 비밀스런 결정을 요하며 많은 정보를 요구한다는 점 때문이 아니다. 이 시기에 대통령이 외교정책에서 상당한 자율성을 누릴 수 있었던 것은 소련을 봉쇄해야 한다는 궁극적 목적에 대한 초당적·전 사회적 합의가 존재했기 때문이다(Edwards 1986). 이러한 합의 하에서 대통령은 이슈를 재규정하여 정책결정의 장을 바꾸고 리더십을 발휘하여 국내적 이익보다 '국가 이익'을 추구할 수 있었다. 약한 국가를 외교정책에 있어서는 비교적 강한 국가로 만들 수 있었던 것이다(Krasner 1978).

그러나 베트남전의 실패를 겪고 냉전정책에 대한 초당적 합의가 붕괴된 1960년대 말 이후 더 이상 행정부는 외교정책을 독점하지 못하게 되었다. 헌법상 외교정책에 대한 권한을 공유하고 있는 의회는 외교정책에 대해서 보다 도전적(assertive)이 되었고, 행정부에 대한 견제를 제도화해 왔다(Mann 1990). 1970년대의 전쟁권한법(War Powers Resolution)이나 무역법상 신속처리 절차(fast track procedure)의 도입은 외교정책에 대한 의회의 개입을 상징적으로 보여준다. 레이건 행정부 시기에는 니카라과 반군에 대한 지원을 금지하는 법이나 남아프리카 투자회수법 등을 통해 의회가 구체적 현안에 대해 직접 결정을 담당하게 되었다. 클린턴 행정부 시기 외교정책을 둘러싼 행정부와 공화당 의회 간의 마찰은 일시적인 것이 아닌 것이다. 더욱이 1960년대 후반 이익집단의 폭증(balkanization)현상이 일어나면서 이익집단의 정치적 영향력 추구는 더욱 증대되었고, 외교정책상의 목표를 추구하는 이익집단들도 크게 활성화되었다. 의회는 이 힘들을 정책결정 과정에 전달하고 있는 것이다. 결과적으로 국내 사회집단들의 물질적 이해관계가 첨예하게 걸려 있는 대외경제정책은 물론 안보정책에까지도 국내 이익집단들과 의회의 영향력은 점증하고 있다. 미국 정치제도와 외교정책 결정체계가 이를 초대하고 있는 것이다. 그 결과 외교정책에 있어서도 국내적 이해관계에 대한 고려는 필수적이고, 국내적 이익이 국제문제의 해결에 우선,적으로 고려되곤 한다. 미국 외교정책이 일방주의로 기우는 또 다른 기반인 것이다.

함의

이렇게 볼 때 미국 외교정책의 일방주의적 성격은 일시적 현상이 아닐 가능성이 매우 높다. 대통령과 외교정책 결정자들의 성향 혹은 정당에 따라 크게 달라질 성격이 아니다. 일방주의적 외교정책으로 기울도록 만드는 이념적·제도적 기반이 있는 것이다. 이 기반에 의해 미국적 가치를 기준으로 다른 가치와 문화와 사회체계를 부정하려는 성향과 국제적 공공재보다 국내 이익을 앞세우려는 충동이 지속적으로 미국 외교정책에 나타날 수 있다.

물론, 미국 예외주의의 이념적 기반과 침투성 높은 정치제도에 의해 미국 외교정책이 일방주의적으로 '결정'된다고 볼 수는 없다. 때로는 외교정책 결정자의 리더십에 의해 국내적 이해가 통제될 수도 있고, 때로는 미국 예외주의의 배타적 요소를 넘어서는 다른 이념적 유산이 강화되어 나타날 수도 있을 것이다. 또는 내외의 충격으로 인해 외교정책의 성향이 바뀔 수도 있을 것이다.

그러나 이념과 제도의 지속성을 감안할 때 미국 외교의 일방주의적 성격은 쉽게 사라지지 않을 것으로 우려된다. 탈냉전 시대의 불확실한 안보 위협을 해소하고 세계화된 국제경제의 불안정성을 관리하기 위해 과거 어느 때보다도 국제협력이 요구되는 때이지만, 바로 이 이유 때문에 미국의 일방주의적 정책은 빈발할 수 있다. 그만큼 국제적 규범, 규칙, 가치 및 공공재와 미국 고유의 가치 및 국내 이익간의 접촉과 충돌 가능성이 높아졌기 때문이다.

이렇게 본다면 가까운 장래의 국제질서의 안정에 대해 현실주의자들의 비관적 전망이 떠오를 수밖에 없다. 일방주의적 성향 때문에 미국은 시혜적 패권이 될 수 없을 뿐만 아니라, 다른 강대국들에 위협적 존재로 간주되어 균형의 동기를 자극할 수 있는 것이다.

참고문헌

강근형(2003), 『미일관계의 정치경제 : 미국의 패권과 일본의 도전』, 제주대학교 출판부.

권용립(1991), 『미국 : 보수적 정치문명의 사상과 역사』, 역사비평사.

김민웅(1996), 『패권시대의 논리』, 한겨레신문사.

김태현(2002), 「세력균형이론」, 2002년 한국 국제정치학회 발표논문.

리우웨이 · 허훙(2004), 조영현 옮김, 『패권의 시대』, 시공사.

박건영 외(2000), 『21세기 미국패권과 국제질서』, 오름.

백창재(1999), 「국제금융의 세계화와 국가주권」, 백광일 · 윤영관 편, 『동아시아 : 위기의 정치경제』, 서울대학교 출판부, 13-41.

______ (2001), 「정치개혁과 미국 정치제도의 장래」, 서울대학교 미국학연구소(편), 『21세기 미국의 역사적 전망 I : 정치 · 외교 · 환경』, 서울대학교 출판부, 2001, 3-76.

______ (2002), 「미국의 대외정책 : 전통과 전망」, 『계간사상』 2000년 겨울.

윤영관(1996), 『전환기 국제정치경제와 한국』, 민음사.

이마가와 에이치(2003), 이홍배 옮김, 『미국의 패권주의 이대로 갈 것인가 :

미국 대통령의 아시아 · 중동 정책』, 이채.

이찬근(1998), 『투기자본과 미국의 패권』, 연구사.

장맹렬(1992), 「미국 헤게모니 쇠퇴경향에 관한 실증적 연구 : 대외경제를 중심으로」, 『한국과 국제정치』 8 : 2, 63–104.

정항석(2001), 『미국패권의 이해』, 평민사.

조기훈(2004), 『미국의 패권주의와 한반도 평화 : MD의 국제정치적 체제기능』, 정법사.

황병덕(2005), 『미 · 중 패권경쟁과 우리의 대응전략』, 통일연구원.

Aglietta, Michel (1982b), "World Capitalism in the Eighties," *New Left Review* 136, 5–42.

Aliber, Robert Z. (1964), "The Costs and Benefits of the U.S. Role as a Reserve Currency Center," *The Quarterly Journal of Economics*, LXXVIII, no. 3.

Arrighi, Giovanni (1994), *The Long Twentieth Century : Money, Power, and the Origins of Our Time*, Verso.

Aubrey, Henry G. (1964), *The Dollar in World Affairs*, Harper & Row.

Baik, Chang-Jae (1995), *Politics of Super 301 : The Domestic Political Basis of U. S. Foreign Economic Policy*, Seoul National University Press.

Baylin, Bernard (1967), *The Ideological Origins of American Revolution*, Harvard University Press.

Bell, Daniell (1975), "The End of American Exceptionalism," *The Public Interest* 41 Fall 1975, 193–224.

______ et al. (1991), *Is America Different? A New Look at American Exceptionalism*, Clarendon Press.

Bello, Judith H. and Allan F. Holmer (1990), "The Heart of the 1988 Trade Act : A Legislative History of the Amendments to Section 301," Jagdish Bhagwati and Hugh Patrick (eds.), *Aggressive Unilateralism : America's 301 Trade Policy and the World Trading System*, University of Michigan Press, 49–90.

Bergsten, C. Fred (1975), *Dilemmas of the Dollar : The Economics and Politics of United States International Monetary Policy*, New York University Press.

Bernstein, Richard and Ross H. Munro (1997), "The Coming Conflict with America," *Foreign Affairs* March/April, 1997.

Biersteker, Thomas J. (2002), "State, Sovereignty and Territory," in Walter Calsnaes, Thomas Risse and Beth Simmons (eds.), *Handbook of International Relations*, London : sage, 157-176

Blake, Robert (1970), *The Conservative Party from Peel to Chuchill*, Eyre and Spottiswoode.

Bobrow, Davis B. (1999), *Prospects for International Relations : Conjectures about the Next Millenium*, Oxford : Blackwell.

Bordo, Michael D. and Barry Eichengreen (1993), *A Retrospective on the Bretton Woods System : Lessons for International Monetary Reform*, University of Chicago Press.

Brawley, Mark R. (1998), *Turning Points : Decisions Shaping the Evolution of the International Political Economy*, Broadview Press.

Brooks, Stephen G. and William C. Wohlforth (2002), "American Primacy in Perspective," *Foreign Affairs* July/August 2002, 20-33.

Brown, Benjamin (1943), *The Tariff Reform Movement in Great Britain, 1881-1895*, Columbia University Press.

Brzezinski, Zbignew (2004), *The Choice : Domination or Leadership*, 김명섭 역, 『제국의 선택』, 서울 : 황금가지.

Buzan, Barry and Gerald Segal (1997), *Anticipating the Future : Twenty Millenia of Human Progress*, London : Simon & Schuster.

Chenais, François (1996), *La Mondialisation Financière*, La Découvette & Syros, 서익진 역, 『금융의 세계화 : 기원, 비용 및 노림』, 한울, 2002.

Cain, P. J. and A. G. Hopkins (1993), *British Imperialism, Vol.I : Innovation and Expansion, 1688-1914*, Longman.

Calleo, David P. and Benjamin M. Rowland (1973), *America and the World Political Economy : Atlantic Dreams and National Relations*, Indiana University Press.

______ (1976), "The Decline and Rebuilding of an International Economic System : Some General considerations," in David P. Calleo, ed., *Money and the Coming World Order*, New York University Press.

Carr, E. H. (1964), *The Twenty Years' Crisis, 1919–1939 : An Introduction to the Study of International Relations*, Harper.

______ (1968), *Nationalism and After*, Mcmillan.

Cerny, Phillip (1989), "Political Entropy and American Decline," *Millenium* 18 : 1, 47–63.

______ (1993a), "American Decline and the Emergence of Embedded Financial Orthodoxy," in Cerny, ed., *Finance and World Politics : Markets, Regimes and States in the Post–hegemonic Era*, Edward Elgar, 155–185.

______ (1994), "The Infrastructure of the Infrastructure? Toward "Embedded Financial Orthodoxy" in the International Political Economy," in Ronen P. Palan and Barry Gills (eds.), *Transcending the State–Globe Divide : A Neostructuralist Agenda in International Relations*, Boulder : Lynne Reinner, 223–249

Clark, Ian (1999), *Globalization and International Relations Theory*, Oxford : Oxford University Press.

Cohen, Benjamin J. (1986), *In Whose Interest? International Banking and American Foreign Policy*, Yale University Press.

______ (1993), "The Triad and the Unholy Trinity : Lessons for the Pacific Region," in R. Higgot et al. (eds.), *Pacific Economic Relations in the 1990s : Cooperation or Conflict*, Lynne Reinner.

______ (1977), *Organizing the World's Money : The Political Economy of International Monetary Relations*, Basic Books.

______ (1974), "The Revolution in Atlantic Economic Relations : A Bargain Comes Through," in Wolfram F. Hanrieder, (ed.), *The United States and Western Europe : Political, Economic and Strategic Perspectives*, Winthrop.

Connoly, W. E.(1974), *The Terms of Political Discourse*, Hearth.

Cox, Robert(1987), *Production, Power and World Order : Social Forces in the Making of History*, Columbia University Press.

Daunton, M. J.(1989), "Gentlemanly Capitalism" and British Industry, 1820–1914," *Past and Present* No. 122, 119–158.

Davis, John R.(1997), "A Reconsideration of Britain as Commercial Hegemon in the Nineteenth Century," *Synthese* No. 113, 195–203.

Davis, Tami R. and Sean M. Lynn–Jones(1987), "City Upon a Hill," *Foreign Policy* Spring 1987, 20–38.

Destler, I. M. and John S. O'Dell(1987), *Anti–protection : Changing Forces in United States Trade Politics*, Institute of International Economics.

Doyle, Michael(1983), "Kant, Liberal Legacies, and Foreign Affairs," *Philosophy and Public Affairs* 12, 205–235.

Dudley, Leonard and Peter Passell(1968), "The War in Vietnam and the United States Balance of Payments," *Review of Economics and Statistics* Nov., 1968.

Dumett, Raymond E. (1999), "Exploring the Cain/Hopkins Paradigm : Issues for Debate ; Critique and Topics for New Research," in Raymond E. Dumett(ed.), *Gentlemanly Capitalism and British Imperialism : The New Debate on Empire*, Longman.

Dunham, Arthur Lewis(1930), *The Anglo–French Treaty of Commerce of 1860*, University of Michigan Press.

Edwards, George C., III(1986), "The Two Presidencies : A Reevaluation," *American Politics Quarterly* 14 : 3, 247–263.

Eichengreen, Barry(1996), *Globalizing the Capital : A History of the International Monetary System*, Princeton University Press.

Enzig, Paul (1965), *The Euro-Dollar System*, Mcmillan.

Freeman, C. and C. Perez (1988), "International Business Cycles, Investment Behavior and Technical Chnge," in G. Dosi (ed.), *Economic Theory and Technical Change*, Francis Pinter, 38-67.

Friedberg, Aaron (1988), *The Weary Titan : Britain and the Experience of Relative Decline, 1895-1905*, Princeton University Press.

______ (1994), "The End of the Cold War and the Future of American Power," in Geir Lundstad (ed.), *The Fall of Great Powers : Peace, Stability, and Legitimacy*, Oxford University Press, 175-196.

Frieden, Jeffrey (1988), "Sectoral Conflict and Foreign Economic Policy, 1914-1940," *International Organization* 42 : 1, 59-89.

Friedman, Jonathan (2003), *Globalization, The State, and Violence*, New York : Altamira.

Fromkin, David (1995), *In The Time of the Americans : FDR, Truman, Eisenhower, Marshall, MacArthur-The Generation That Changed America's Role in the World*, Alfred Knopf.

Fukuyama, Francis (2004), "The Neoconservative Moment," *The National Interest* Summer 2004, 57-68.

Gamble, A. (1985), *Britain in Decline : Economic Policy, Political Strategy and the British State* 2nd ed., Macmillan.

Garrett, Banning and Bonnie Glasser, "Chinese Apprehensions about Revitalization of the U. S.-Japan Alliance," *Asian Survey* 37 : 4, 383-402.

Gill, Stephen (1987), "American Hegemony : Its Limits and Prospects in the Reagan Era," *Millenium* 15, 311-336.

______ (1989), *American Hegemony and the Trilateral Commission*, Cambridge University Press.

______ (1993), "Neo-Liberalism and the Shift towards a US-Centered Transnational Hegemony," in Henk Overbeek (ed.), *Restructuring Hegemony in the*

Global Political Economy : The Rise of Transnational Neo–Liberalism in the 1980s, Routledge, 246–282.

______ and David Law (1989), "Global Hegemony and the Structural Power of the Capital," *International Studies Quarterly* 33 : 4, 475–499.

Gilpin, Robert (1976), *U.S. Power and the Multinational Corporation*, Basic Books.

______ (1983), *War and Change in World Politics*, Cambridge : Cambridge University Press.

______ (1987), *The Political Economy of International Relations*, Princeton : Princeton University Press.

Goldstein, Joshua (1988), *Long Cycles : Prosperity and War in Modern Age*, Yale University Press.

Goodman, John and Louis Pauly (1993), "The Obsolescence of Capital Controls? : Economic Management of Global Markets," *World Politics* 46 : 1, 50–82.

Gourevitch, Peter (1978), "The Second Image Reversed : The International Sources of Domestic Politics," *International Organization* 32 : 4, 881–912.

______ (1986), *Politics in Hard Times : Comparative Responses to International Economic Crises*, Cornell University Press.

Gowa, Joanne (1983), *Closing the Gold Window : Domestic Politics and the End of Bretton Woods*, Cornell University Press.

Grubel, Herbert G. (1969), "The Distribution of Seigniorage from International Liquidity Creation," in Robert A. Mundell and Alexander K. Swoboda, eds., *Monopoly Policy of the International Economy*, Chicago.

Haggard, Stephan (1988), "The Institutional Foundations of Hegemony : Explaining the Reciprocal Trade Agreements Act of 1934," *International Organization* 42 : 1, 91–119

Hartz, Louis (1995), *The Liberal Tradition in America*, Harcourt, Brace.

Hawley, James P. (1987), *Dollars and Borders : U. S. Government Attempts to Restrict Capital Flows, 1960–1980*, M. E. Sharpe.

Held, David (2004), *Global Covenant*, Cambridge : Polity.

______, Anthony McGrew, David Goldblatt and Jonathan Perraton (1999), *Global Transformations : Politics, Economics and Culture*, Stanford : Stanford University Press.

Helleiner, Eric (1994), *States and the Reemergence of Global Finance : From Bretton Woods to the 1990's*, Cornell University Press.

Henning, C. Randall (1994), *Currencies and Politics in the United States, Germany, and Japan*, Institute for International Economics.

Hirsch, Fred and Michael W. Doyle (1977), "Politicization in the World Economy : Necessary Conditions for an International Economic Order," in Hirsch, Doyle, and Edward L. Morse, (eds.), *Alternatives to Monetary Disorder*, McGraw–Hill.

Hoffman, Stanley (1977), "An American Social Science : International Relations," *Daedalus* 106 : 3, 41–60.

Hofstafter, Richard (1973), *The American Political Tradition*, 25th ed., Knopf.

Hopson, John A. (1938), *Imperialsim : A Study*, George Allen & Unwin.

Hollinger, David A. and Charles Capper (eds.) (1997), *The American Intellectual Tradition*, Vol. I : 1630–1865, Oxford University Press.

Hunt, Michael H. (1987), *Ideology and U. S. Foreign Policy*, Yale University Press.

Huntington, Samuel P. (1999), "The Lonely Superpower : The New Dimension of Power," *Foreign Affairs* 78 : 2, 35–50.

Hurrell, Andrew and Ngaire Woods (1999), *Inequality, Globalization, and World Politics*, Oxford : Oxford University Press.

Ikenberry, John G. (1999), "Institutions, Strategic Restraint, and the Persistence of American Postwar Order," *International Security* 23 : 3, 43–78.

______ (2001), *After Victory : Institutions, Strategic Restraints, and the Rebuilding of Order after Major Wars*, Princeton University Press.

Kagan, Robert (2003), *Of Paradise and Power : America vs Europe in the New*

World Order, 홍수원(역), 『미국 vs 유럽 : 갈등에 관한 보고서』, 서울 : 세종연구원.

Kahler, Miles (1997), "Inventing International Relations : International Relations Theory After 1945," in Michael Doyle and G. John Ikenberry (eds.), *New Thinking in International Relations Theory*, Boulder : Westview Press, 20–53.

Kapstein, Ethan B. and Michael Mastanduno (eds.) (1999), *Unipolar Politics : Realism and State Strategies After the Cold War*, Columbia University Press.

Kaufman, Stuart J, (1997), "The Fragmentation and Consolidation of International Systems," *International Organization* 51 : 1, 173–208.

______ (1999), "Approaches to Global Politics in the Twenty–first Century," in Bobrow (1999), 195–196.

Kennedy, Paul (1987), *The Rise and Fall of Great Powers : Economic Change and Military Conflict from 1500 to 2000*, Random House.

Keohane, Robert O. and Joseph S. Nye (1997), "Problematic Lucidity : Stephen Krasner's "State Power and the Structure of International Trade," *World Politics* 50, 150–70.

Keohane, Robert O. and Joseph S. Nye (1977), *Power and Interdependence*, Little, Brown.

______ (1982), "Hegemonic Leadership and U.S. Foreign Economic Policy in the "Long Decade" of the 1950's," in William P. Avery and David Rapkin (eds.), *America in a Changing World Political Economy*, Longman, 49–76.

______ (1984), *After Hegemony*, Princeton University Press.

______ (1996), "International Relations, Old and New," in Robert E. Goodin and Hans–Dieter Klingemann (eds.), *A New Handbook of Political Science*, Oxford : Oxford University Press, 462–477.

Kindleberger, Charles P. (1973), *The World in Depression*, University of California Press.

______ (1975), "The Rise of Free Trade in Western Europe," *Journal of Econo-*

mic History 35 : 1, 2–55.

______ (1981), "The Price of Gold and the n–1 Problem," in Kindleberger (ed.), *International Money : A Collection of Essays*, George Allen & Unwin.

______ (1996), *World Economic Primacy, 1500–1990*, Oxford University Press.

Klingberg, Frank L. (1979), "Cyclical Trends in American Foreign Policy Moods and Their Policy Implications," in Charles Kegley, Jr. and Patrick J. McGowan, (eds.), *Challenges to America : United States Foreign Policy in the 1980s*, Sage, 37–55.

Krasner, Stephen (1976), "State Power and the Structure of International Trade," *World Politics* 28 : 3.

______ (1978), *Defending the National Interest : Raw Materials Investment and U. S. Foreign Policy*, Princeton University Press.

______ (1982), "American Policy and Global Economic Stability," in Avery and Rapkin (eds.), *America in a Changing World Political Economy*, 29–48.

______ (1985), *Structural Conflict : The Third World Against Global Liberalism*, University of California Press.

Krauthammer, Charles (1995), "Why We Must Contain China," *Time* 1995/7/3.

Kurth, James (1996), "America's Grand Strategy : A Pattern of History," *The National Interest Spring*, 1996, 3–19.

Kuznets, Simon (1966), *Modern Economic Growth*, Yale University.

Lake, David (1993), "British and American Hegemony Compared : Lessons for the Current Era of Decline," in Joseph M. Grieco (ed.), *The International System and the International Political Economy* Vol. I : *State Structure and Strategies*, Elgar, 130–146

Layne, Christopher (1993), "The Unipolar Illusion : Why New Great Powers Will Rise," *International Security* 17 : 4.

Lecht, Leonard A. (1974), *Dollars for National Goals : Looking Ahead to 1980*,

John Wiley & Sons.

Liberthal, Kenneth, "A New China Strategy," *Foreign Affairs* 74 : 6.

Lipset, Seymour Martin (1996), *American Exceptionalism : A Double Edged Sword,* Norton.

Lipson, Charles (1982), "The Transformation of Trade," *International Organization* 36 : 2, 417–455.

Loriaux, Michael, ets. (1997), *Capital Ungoverned : Liberalizing Finance in Interventionist States*, Cornell University Press.

Lusztig, Michael (1995), "Solving Peel's Puzzle : Repeal of the Corn Laws and Institutional Preservation," *Comparative Politics* 27 : 4, 393–408.

Malchlup Fritz (1965), "The Cloakroom Rule in International Reserves : Reserve Creation and Resource Transfer," *The Quarterly Journal of Economics*, LXXIX, no. 3.

Mann, Thomas (ed.) (1990), *A Question of Balance : The President, the Congress, and the Foreign Policy*, Brookings Institution.

Marrison, Andrew (1996), *British Business and Protection, 1903 – 1932*, Oxford : Clarendon Press.

Mastanduno, Michael (1997), "Preserving the Unipolar Moment : Realist Theories and U. S. Grand Strategy after the Cold War," *International Security* 21 : 4, 49–88.

______, David Lake and G. John Ikenberry, (1989) "Toward a Realist Theory of State Action," *International Studies Quarterly*, 33, 457–474.

Matuso, Allen J. (1998), *Nixon's Economy : Booms, busts, Dollars, and Votes*, University Press of Kansas.

McDougal, Walter (1998), *Promised Land, Crusader State : The American Encounter with the World Since 1776*, Mariner Books.

McEvoy–Levy, S. (2001), *American Exceptionalism and US Foreign Policy : Public Diplomacy at the End of the Cold War*, Palgrave.

McKeown, Timothy (1983), "Hegemonic Stability Theory and Nineteenth Century Tariff Levels in Europe," *International Organization* 37 : 1, 73–92.

Mearsheimer, John J, (1990) "Back to the Future : Instability in Europe After the Cold War," *International Security* 15 : 1, 5–56.

______ (1992) "Why We Will Soon Miss the Cold War," *Atlantic Monthly* August, 1992, 35–50.

Miller, Perry (1965), *The Life of the Mind in America : From the Revolution to the Civil War*, Harcourt Brace.

Miller, roger L. and Rayburn M. Williams (1972), *The New Economics of Richard Nixon : Freezes, Floats, and Fiscal Policy*, Harper's.

Milner, Helen V. (1988), *Resisting Protectionism : Global Industries and the Politics of International Trade*. Princeton University Press.

______ and David B. Yoffie (1989), "Between Free Trade and Protectionism : Strategic Trade Policy and a Theory of Corporate Trade Demands," *International Organization* 43 : 2, 239–272.

Mjøset, Lars (1990), "The Turn of Two Centuries : A Comparison of British and U.S. Hegemonies," in David P. Rapkin (ed.), *World Leadership and Hegemony*, Lynne Rienner, 21–48.

Modelski, George (1978), "Long Cycles of Global Politics and the Nation-State," *Comparative Studies in Society and History* 20 : 2, 214–238.

______ and W. R. Thompson (1988), *Seapower in Global Politics, 1494–1993*, University of Washington Press.

Nau, Henry (1990), *The Myth of America's Decline*, Oxford University Press.

Newton, Scott and Dilwyn Porter (1988), *Modernization Frustrated : The Politics of Industrial Decline in Britain Since 1900*, Unwin Human.

Nye, Joseph (1990), *Bound to Lead*, Basic Books.

______ (1996), "The Case for Deep Engagement," *Foreign Affairs* July/August, 1996.

______ and J. Donahue (2000), *Governance in a Globalizing World*, Washington D.C. : Brookings Institution.

O'Brien, Patrick K. and Geoffrey Allen Pigman (1992), "Free Trade, British Hegemony and the International Economic Order in the Nineteenth Century," *Review of International Studies* 18, 88–113.

O'Brien, R., A. Goetz, J. Scholte and M. Williams (2000), *Contesting Global Governance*, Cambridge : Cambridge University Press.

O'Connor, James (1973), *The Fiscal Crisis of the State*, St. Martin's.

O'Meara, Patrick, Howard D. Mehlinger and Matthew Krain (eds.) (2000), *Globalization and the Challenges of a New Century*, Indianapolis : Indiana University Press.

Oye, Kenneth (ed.) (1986), *Cooperation Under Anarchy*, Princeton University Press.

Pahre, Robert (1999), *Leading Questions : How Hegemony Affects the International Political Economy*, University of Michigan Press.

Pastor, Robert (1980), *Congress and the Politics of U. S. Foreign Economic Policy, 1929–1976*, University of California Press.

Paul, T. V. and John A. Hall (1999), *International Order and the Future of World Politics*, Cambridge : Cambridge University Press.

Payne, Richard J. (1995), *The Clash with Distant Cultures : Values, Interests, and Force in American Foreign Policy*, State University of New York Press.

Pearce, Malcolm & Geoffrey Stewart (1992), *British Political History 1867–1995 : Democracy and Decline*, 2nd ed., Routledge.

Pfaller, Alfred and Marika Lerch (eds.) (2005), *Challengers of Globalization : New Trends in International Politics and Society*, London : Transaction.

Pieterse, Jan N. (2004), *Globalization or Empire?*, London : Routledge.

Pijl, K. van der (1984), *The Making of an Atlantic Ruling Class*, Verso.

Platt, D. G. M. (1968), *Finance, Trade, and Politics in British Foreign Policy, 1815–1914*, Clarendon Press.

Plattner, Marc E. and Aleksander Smolar (2000), *Globalization, Power, and Democracy*, Baltimore : Johns Hopkins University Press.

Polanyi, Karl (1944), *The Great Transformation : The Political and Economic Origins of Our Time*, Beacon Press.

Pollard, Sydney (1989), *Britain's Prime and Britain's Decline : The British Economy 1870–1914*, Edward Arnold.

Porter, David (1978), "Joseph Chamberlin and the Origins of Tariff Reform Movement," *Moirae* 3 : 1–10.

Porter, Tony (1993), *States, Markets and Regimes in Global Finance*, St. Martin's.

Posen, Barry and Andrew Ross (1997), "Competing Grand Strategy," in Robert J. Lieber (ed.), *Eagle Adrift : American Foreign Policy at the End of the Century*, New York : Longman.

Rachman, Gideon (1996), "Containing China," *The Washington Quarterly*, 19 : 1, 129–139.

Rapkin, David P. (1990), "The Contested Concept of Hegemonic Leadership," in Rapkin, *World Leadership and Hegemony*, 1–20.

Rempel, Richard A. (1972), *Unionists Divided : Arthur Balfore, Joseph Chamberline and the Unionists Free Traders*, Newton Abbot.

Rice, Condoleeza (2000), "Promoting the National Interest," *Foreign Affairs* 79 : 1, 43–62.

Robinson, H. L. (1973), "The Downfall of Dollar," *The Socialist Register*, 397–450.

Rogowski, Ronald (1989), *Commerce and Coalitions : How Trade Affects Domestic Political Alignments*, Princeton : Princeton University Press.

Rosecrance, Richard (1986), *The Rise of the Trading State : Commerce and Conquest in the Modern World*, Basic Books.

______ (1987), "Long Cycle Theory and International Relations," *International Organization* 41 : 2.

Rosenau, James and E. Czempiel (eds.) (1992), *Governance without Government*, Cambridge : Cambridge University Press.

Ross, Dorothy (1992), *The Origins of American Social Science*, Cambridge University Press.

Roy, Denny (1996), "The "China Threat" Issue : Major Arguments," *The Asian Survey* 36 : 8. Aug..

Ruggie, John G. (1982), "International Regimes, Transactions, and Change : Embedded Liberalism in the Postwar Economic Order," *International Organization* 36 : 3, 379–415.

______ . (ed.) (1993), *Multilateralism Matters : The Theory and Praxis of an Institutional Form*, Columbia University Press.

______ (1995), "At Home Abroad, Abroad at Home : International Liberalization and Domestic Stability in the New World Economy," *Millenium* 24 : 3.

______ (1996), *Winning the Peace : America and World Order in the New Era*, New York : Columbia University Press.

Russet, Bruce (1985), "The Mysterious Case of Vanishing Hegemony, Or Is Mark Twain Really Dead?" *International Organization* 39 : 2, 207–232.

Schonhardt–Bailey, Cheryl (1991), "Specific Factors, Capital Markets, Portfolio Diversification and Free Trade : Domestic Determinants of the Repeal of the Corn Laws," *World Politics* 43 : 3, 345–369.

Schumpeter, Joseph, A. (1939), *Business Cycles*, McGraw Hill.

Schurmann, Franz (1974), *The Logic of World Power : An Inquiry into the Origins, Currents, and Contradictions of World Politics*, Pantheon.

Scott, James and David Lake (1989), "The Second Face of Hegemony : Britain's Repeal of Corn Laws and the American Walker Tariff of 1846," *International Organization* 43 : 1.

Segal, Gerald, "East Asia and the "Constrainment" of China," *International Security* 20 : 4.

Semmel, Bernard (1960), *Imperialism and Social Reform*, London.

Shambaugh, David (1995), "The United States and China : A New Cold War?" *Current History Sept.* 1995.

Shimko, Keith L. (1995) "Foreign Policy Metaphors : Falling "Dominoes" and Drug "Wars", Laura Neack, et al., (eds.), *Foreign Policy Analysis : Continuity and Change in Its Second Generation*, Prentice-Hall. 71-84.

Sked, Alan (1987), *Britain's Decline : Problems and Perspectives*, Blackwell.

Snyder, Glenn H. (1997), *Alliance Politics*, Cornell University Press.

Stein, Arthur (1984), "The Hegemon's Dilemma : Great Britain, The United States, and the International Economic Order," *International Organization* 39 : 3, 579-614.

Steiner, Zara (1994), "The Fall of Great Britain : Peace, Stability and Legitimacy," in Lundestad (ed.), *The Fall of Great Powers*, 47-80.

Stokes, Bruce (1997), "The China Challenge," *National Journal* 3/15/97, 501-515.

Strange, Susan (1971), *Sterling and British Policy : A Political Study of an International Currency in Decline*, Oxford University Press.

______ (1976), *International Monetary Relations*, Oxford University Press.

______ (1986), *Casino Capitalism*, Basil Blackwell.

______ (1987), "The Persistent Myth of Lost Hegemony," *International Organization* 41 : 4, 551-574.

______ (1994a), "The "Fall" of the United States," in Lundestad (ed.), *The Fall of Great Powers*, 197-213.

______ (1994b), *States and Markets*, St. Martin's.

Swoboda, Alexander (1968), "The Euro-doallr Market : An Interpretation," *Princeton Essays in International Finance*, no. 64.

Sykes, Alan. (1979), *Tariff Reform in British Politics 1903-1919*, Oxford University Press.

Tocqueville, Alexis de (1994), *Democracy in America*, Knopf.

Tomlinson, Jim (1990), *Public Policy and Economy Since 1900*, Clarendon.

Triffin, Robert (1960), *Gold and the Dollar : The Future of Convertibility*, Yale University Press.

______ (1961), *Gold and the Dollar Crisis*, Yale University Press.

Twing, Stephen W. (1998), *Myths, Models and U. S. Foreign Policy : The Cultural Shaping of Three Cold Warriors*, Lynne Rienner.

U. S. Congress (1970a), House, Committee on Foreign Relations, *United States Foreign Policy for the 1970's*, 91nd Cong., 2nd Sess, USGPO.

______ (1970b), Senate, Committee on Foreign Relations, *The Impact of the War in Southeast Asia on the U. S. Economy*, 91nd Cong., 2nd Sess, USGPO.

______ (1971a), Joint Economic Committee, Subcommittee on International Exchange and Payments, *The Balance of Payments Mess*, 92nd Cong., 1st Sess, USGPO.

______ (1971b), Joint Economic Committee, Subcommittee on Priorities and Economy in Government, *The Economics of National Priorities*, 92nd Cong., 1st Sess, USGPO.

______ (1971c), Joint Economic Committee, Subcommittee on Economy in Government, *Economic Issues in Military Assistance*, 92nd Cong., 1st Sess, USGPO.

Vayrynen, Raimo (ed.) (1999), *Globalization and Global Governance*, New York : Rowman and Littlefield.

Wallerstein, Immanuel (1980), *The Modern World System II*, Academic Press.

______ (1989), *The Modern World System III : The Second Era of Great Expansion of the Capitalist World–Economy, 1730–1840s*, Academic Press.

Walt, Stephen M. (1987), *The Origins of Alliances*, Ithaca : Cornell University Press.

______ (2000) "Two Cheers for Clinton's Foreign Policy," *Foreign Affairs* 79 :

2, 63–78.

Walter, Andrew (1993), *World Power and World Money : The Role of Hegemony and International Monetary Order*, rev. ed., Harvester.

Waltz, Kenneth N. (1979), *The Theory of International Politics*, Reading : Addison–Wesley.

______ (1993), "The Emerging Structure of International Politics," *International Security* 18 : 2, 44–79.

______ (1997), "Evaluating Theories," *American Political Science Review* 91 : 4.

______ (2000), "Structural Realism after the Cold War," *International Security* 25 : 1.

Weaver, R. Kent and Bert A. Rockman (1992), *Do Institutions Matter : Government Capabilities in the United States and Abroad*, Brookings Institution.

Wendt, Alexander (1999), *Social Theory of International Politics*, Cambridge : Cambridge University Press.

Wildavsky, Aaron (1996), "The Two Presidencies," *Trans–Action* 4, 7–14.

Williamson, John H. (1977), *The Failure of World Monetary Reform, 1971–74*, New York University Press.

Winthrop, John (1997), "A Model of Christian Charity," in Hollinger, David A. and Capper, Charles (eds.), *The American Intellectual Tradition, Vol. I : 1630–1865*, Oxford University Press.

Young, James P. (1996), *Reconsidering American Liberalism : The Troubled Odyssey of the Liberal Idea*, Westview Press.

Zebel, Sydney H. (1940), "Fair Trade : An English Reaction to the Breakdown of the Cobden Treay System," *The Journal of Modern History* 12 : 2, 161–185.

지은이 **백창재**

현 서울대학교 정치학과 교수

미국 캘리포니아(버클리) 대학교 정치학 박사

Politics of Super 301 : The Domestic Political Basis of U.S. Foreign Economic Policy 외

저서 · 논문 다수

미국 패권 연구

초판1쇄 / 2009년 1월 25일

지은이 **백창재**
펴낸이 **여국동**
펴낸곳 **도서출판 인간사랑**
인 쇄 **백왕인쇄**
제 본 **은정제책사**

출판등록 1983. 1. 26. / 제일 3호

정가 15,000원

ISBN 978-89-7418-270-0 93340

※ 잘못된 책은 교환해 드립니다.

(411-815) 경기도 고양시 일산구 백석동 1178-1
TEL (031)901-8144, 907-2003
FAX (031)905-5815
e-mail/igsr@yahoo.co.kr / igsr@naver.com